# 美國秩序

## 保守主義華人眼中的川普主義

American
Order

Chinese Conservatives' View
on Trumpism

王建勳、高全喜、許凱
劉軍寧、劉業進、劉澎、蕭三匝
蕭瀚、叢日雲

著

# 目　次

# 前言

　　我們該如何評價川普總統執政的四年，以及二〇二〇年美國大選所掀起的腥風血雨？暫且不論上述在西方文明演化的過程中所標誌的意義，對華文世界來說，最重要成果就是在全球範圍內催生了一個保守主義群體，包括政治團體、商業人士、知識菁英和具有常識的各界民眾。

　　一個時代催生一種價值，一種價值反過來也會引領一個時代。「川普主義」（Trumpism）就具備這樣的價值；它離我們很近，就在眼前，正在發生，但它又非常遙遠和深厚，源於西方文明的起點，集中於美利堅民族四百年的風霜雨雪。然而，實際上的影響究竟如何，甚至還在爭論之中。

　　本書《美國秩序：保守主義華人眼中的川普主義》邀請中外著名學者和政經評論家，針對川普主義，專門撰寫了近十五萬字的學術與時評文章，而諸篇文章雖然風格不同、觀點各異，但卻都獨具創見。在這群作者眼裡，川普總統只是

普通的個體，但是「川普主義」卻意義非凡：它擊中了今日美利堅、甚至整個西方的沉痾宿疾，突顯出一股撥亂反正的改制精神。川普總統的執政理念，以及其保守派政治家的本色，不僅正在喚醒美國人回歸傳統價值觀，也激勵著世界其他地區中，那些對作為「自由的燈塔」的美國寄予厚望的人們，能夠繼續堅守對自由與文明的信念。

在「左」風日盛的今天，川普以個人強大的魅力和智慧，團結了美國傳統價值的信仰者，以一己之力改變美國乃至世界政治格局。他的執政理念、政治思想，以及政治家風格，已經得到西方政治學、歷史學和法學學者的特別重視和研究，而川普主義也由此誕生。

當然，川普主義是一個極易引發爭論的主題。究竟川普主義是否存在？這樣的問題從川普作為政治素人走馬上任之日起，人們就議論紛紛、莫衷一是。此外，如果有所謂的川普主義，它是什麼，以及它與川普的施政乃至個人的性格習性之間的關係又是什麼等問題，也引發了一系列爭論，臧否褒貶，不一而足。

雖然川普主義研究在歐美逐漸得到越來越多的認同和討論，在中文世界卻依然不為人知。有鑒於此，《美國秩序》一書的出版，加上書中以更理性和深入的方式，全面檢視川普其人、其執政理念，以及其與美國政治傳統的關係，儘管從發想到成書的時間短暫，內容未必充分完備，但書中每篇都是鮮活錚亮的，具有思想上的穿透力和情感上的共鳴感。

美國社會已經陷入巨大撕裂，西方文明何去何從？本書的出版雖然與當下美國政治動盪有密切關聯，但我們更看重它與美國未來政治演化和世界趨勢的評估，以及保守主義思想論述在中文世界的傳播價值和意義。希望讀者們讀到這一層意思，也希望得到各方的批評與建議。

2017年1月20日，川普於國會大廈，準備向群眾發表就職演說。

數十年來，我們犧牲美國企業，讓外國工業致富，補助他國的軍隊，卻讓我國軍隊令人難過地耗損；我們捍衛別國的邊界，卻拒絕捍衛我們自己的邊界。

我們讓其他國家繁榮起來，但我們國家的財富、實力和信心逐漸消失。

一家又一家工廠關閉、離境，絲毫不顧千百萬美國工人被遺棄。我們中產階級家庭的財富被剝奪，被重新分配到世界各地。但這一切已經過去，我們現在只需放眼未來。

從今天開始，新的願景將會治理我們的土地。從此刻開始，將只是美國優先，美國優先。

——唐納 · 川普（Donald J. Trump），
《2017年美國總統就職演說》

# 後現代主義價值革命與川普的保守主義

叢日雲

中國政法大學政治與管理學院教授

我們討論的主題是川普現象，川普不但搞「亂」了美國，也搞「亂」了世界，並且讓許多中國人陷入了嚴重的困惑和焦慮之中。圍繞如何認識和評價川普，中國知識界陷入新一輪的大分裂。大家會接觸到各種解說，有的不著邊際，甚至根本就弄錯、弄反了；有些雖然還算可靠，但在我看來，大多也只有部分的合理性，沒有說到點上，或者沒有把真正的道理講出來。藉由這篇文章，我將說明我個人的見解。

## 橫空出世的川普

川普橫空出世讓許多人驚掉了下巴，無論在美國還是在中國，多數學者沒有想到他會當選。所以，在他當選後，人們只能用各種各樣的解釋來寬慰自己，比如說是俄羅斯干預

了這次大選，或者說這位民粹煽動家使美國民眾受到了一時的蒙蔽。說實話，我沒有這種驚訝。甚至可以說，我多年來觀察和思考美國問題時，朦朧中想像的，就是這樣的一個人來挽救美國的危局。我承認川普有許多個人缺陷，有的缺陷對他的政治生涯來說是致命性的，但他對美國社會存在的問題及其癥結的認識是正確的，而他解決美國問題的大方向也是正確的。所以，當他出現在舞臺中央時，我的感覺就是，美國需要的人出現了。

川普的執政也似乎給內部的反對派和外部的批評者來了個惡作劇：學者們把他定位為右翼民粹主義。民粹主義政客比較善於煽動無知的民眾，其地位也依賴於民眾起伏不定的情緒，所以其命運往往是「其興也勃，其亡也忽焉」。但他們想不到的是，川普獲得的支持越來越穩定。比如，在共和黨內部，他得到了約百分之九十五的支持率，讓共和黨簡直成了「川普黨」。共和黨長期以來是保守黨，但一個保守黨怎麼會轉變成民粹主義的政黨呢？

如果說美國民眾當初選擇了川普是一時的失誤，如今則迷途不返了。支持他的民眾沒有後悔，而是變得更堅定、更狂熱了。這讓那些自以為高明的知識菁英們跌破了眼鏡。在疫情之前和最近一段時間，在川普的競選活動、他走到各地舉行的競選集會上，都可以看到他的支持者所抱持的那種熱情。這種對政治家的熱情，在美國是罕見的，即使歷史上有過，也絕沒有達到如此的規模。

許多人斷言，川普不會做滿一屆，但是他闖過了一道道的險關，眼看就開始下一屆的競選了。

　　人們認為川普這個人是個大嘴巴，所以他競選時候說的話不能算數。但我們也可以說，在美國，兩百多年來都沒有一名總統像他這樣認真執著地兌現競選承諾；他不惜代價、非常固執，並且他有些被菁英認為十分荒唐的諾言兌現後，效果反而很不錯。

　　一些經濟學家（其中包括諾貝爾獎獲獎者）認為，川普的政策會導致美國經濟的崩潰。但事實上，美國的經濟發展非常強勁。

　　許多人認為川普的人品很差，私德上有很多瑕疵，所以不適合當總統。但他在任期間，卻成了基督教傳統道德倫理的熱情的提倡者和堅定的維護者，也得到那些維護和實踐傳統美德的美國人的支持。

　　有人認為川普好鬥、好戰，會不負責任地將世界投入戰爭的災難，甚至這個人的心理狀態有問題，把核按鈕放在他手裡太危險。但事實上，他沒有發動新的戰爭，還努力從各地撤軍。他的以色列政策被美國菁英和主流媒體視為瘋狂舉動，會引發伊斯蘭世界普遍的暴動或嚴重反美騷亂。然而，這些不僅都沒發生，中東甚至比以往更和平，以色列與阿拉伯國家關係開始有所改善。他對北韓和伊朗的高壓政策曾令許多專家驚恐，認為會將美國拖入戰爭；但事實上，這兩個國家在川普執政四年期間，從未將矛盾升級。我相信，如果

川普還有四年，會妥善處理這兩個地方。

在中國，有些人認為川普上台就會搞垮、搞亂美國，然後就會給中國機會。曾經有一位準國師級的學者公開說道，若川普上台，中國領導世界的機會就提前到來了。但事實上，川普給中國帶來了空前嚴峻的挑戰。人們認為他只懂得賺錢，是用人民幣就能搞定的商人，但他執政期間造成的國內和國際上的輿論氛圍，對中國而言是相當負面的。甚至連他的對手也不得不順著他製造出來的輿論走。

有些人認為川普是一名逐利的商人，但是他卻制定了系統明確的對華戰略，將中國視為對手或敵人。這種做法是從美國的整體和長遠利益來考慮而得出的。如果他僅僅是一名由利益驅動的商人，他不會這麼做。因為他和中國的對抗，不管是制裁也好、脫鉤也好，美國都要做出巨大的犧牲。我們經常嘲笑川普搬起石頭砸自己的腳，對他有種種調侃。但他的做法至少是殺敵一千、自損八百的。如果川普從個人利益著想，就不會做這種事。但如果他從美國國家的長遠利益考慮，把你當作對美國而言威脅最大的敵人，他無論如何都會不惜倒過來，殺敵八百、自損一千。這種方式其實是成熟、長遠的戰略考慮，而不是從他個人的利益出發來思考問題的。

我們很熟悉一種說法，說國際組織是受美國控制的工具，但是現在川普說，我退出了，你們自己玩。中國媒體也經常說美國在推行普世價值，搞文化霸權。現在川普說，我

不再關心你是否接受普世價值，我只關心美國的價值不要受你們的侵蝕。你們不是要追求文化多元嗎？好，現在川普說，我也要文化的多元，我要保護的是瀕臨滅絕的基督教白人文明。

中國這邊經常批評美國駐軍世界各地是一種殖民主義的行為，那麼美國駐軍一定是對美國有利的，對吧？有些人認為，美元就是靠駐軍各地支撐著的。那些有美國駐軍的國家，在中國媒體上都相當於美國的殖民地。但現在川普說，這些美國駐軍的國家都要交齊它應交的費用，不然我就撤走，而他真的就從德國撤軍了。

此外，中國這邊也經常控訴美國主導的全球化損害了中國的利益。如今中國面對的，是川普開始不斷地控訴。他說全球化損害了美國的利益，並且他真的不想要這種全球化，於是他採取行動，從這樣的全球化中脫身。

我們在中國常聽到一種控訴，說跟美國的交往不平等，我們是受剝削、受欺負的。有一種非常生動的說法，說我們用裝滿幾輛火車的襪子也換不來一架波音飛機。現在，川普卻說美國才是受害者，並且真的不顧一切地採取脫鉤措施。

我們知道有兩本代表性著作講述了中國激進民族主義的興起：一本是二十世紀九〇年代的《中國可以說不》，另一本則是二十一世紀初的《中國不高興》。這兩本書都是難登學術殿堂的地攤文學之作，但影響卻很大。這些激進的民族主義者就是像前述那樣控訴美國的，然後號召和西方「有限

的決裂」。我們現在可以看到，川普好像就按照這些人的想像出現了，做了他們一直認為美國在做的事情。如今是川普不斷地表達他的「不高興」，成了「不先生」。這邊的不高興遇到了那邊的不高興，這邊的「不先生」喚來了那邊的「不先生」。不知道這邊的「不先生」有何感想？他們要求「與西方有限的決裂」；中國政府沒滿足他們，但川普準備滿足他們，終於如他們所願了。你想跟人家決裂，但人家卻先主動要跟你脫鉤。這就叫「預言的自我實現」。一直喊狼來了，終於把狼喊來了。由於你把他當敵人，然後按照對待敵人的方式對待他，結果一來二去，他真的就成了你的敵人。

中國這邊經常控訴美國主導的全球治理機制侵犯了國家主權。現在川普說，是美國的國家主權受到了全球治理機制的侵蝕。他現在要維護美國的國家主權。

中國的學界和媒體經常批評美國搞單邊主義，但現在川普告訴你，什麼才是真正的單邊主義。

多年來，中國的學界和媒體一直在控訴美國，說美國在遏制中國的崛起。川普上台之後，反而是他告訴了我們什麼才是真正的遏制，令很多中國學者失語。在這些人眼裡看來，美國一直不懷好意，遏制中國崛起，結果川普上台後說，美國要實現一個根本的戰略轉變，把中國當對手，遏制中國的崛起。這是怎麼回事？美國不是一直在遏制中國的崛起嗎？有什麼轉變發生了嗎？但事實告訴我們，轉變是真實

的。中美關係曾不斷被我們控訴，如今有了這個轉變，反而令許多人懷念起以往的美好時光。

上述羅列這麼多，就是要大家看看，川普讓美國和中國的主流學術界和媒體陷入了多大的波動。我們要問，人們為什麼會誤判川普？人們為什麼沒有注意到，美國社會已經凝聚起如此強大的社會力量來支援川普？這是因為，大家都被社會潮流裏挾著向前走，思維完全被這股潮流同化了，沒有對它清醒的警惕和反思。所以當川普上台、猛烈地煞車和轉向時，大家被震撼到了，變得不知所措。

## 川普是民粹主義嗎？

西方學術界在解釋川普現象時，提出了一個很方便、也很流行的說法，就是把它視為「右翼民粹主義」的興起。一般說來，民粹主義主要是左翼現象，但歷史上也有一些右翼勢力被學者歸為民粹主義。當代西方學界的主流認為，以川普現象、英國脫歐、法國的國民陣線為代表的右翼民粹主義，才是民粹主義的主流。但我認為，這是西方知識界圍剿川普的「獵巫」行動的一部分。我曾特別寫過一篇文章來反駁這種觀點，名為〈民粹主義還是保守主義？論西方知識界解釋川普現象的誤區〉，刊登在二○二○年第一期的《探索與爭鳴》雜誌上。

二○二○年五月，中國也翻譯出版了普林斯頓大學哲學

系教授揚－維爾納・米勒（Jan-Werner Müller）的著作《什麼是民粹主義？》（*What is Populism?*）。這本書比較新，也比較流行，而人們談到民粹主義必定引用這本書，使其幾乎成了研究當代民粹主義的經典。北京大學曾專門請米勒來講過學，國內學者也已經寫了好幾篇關於米勒這本書的書評。出版社推出米勒這本書的時候，在書腰上給了它一個評價叫「民粹主義診斷之作」。

在我看來，米勒這本書正是美國左派學者的典型代表。他把原本就比較混亂的民粹主義概念搞得更加混亂，根本上就是張冠李戴，也把左派學者的謬誤推向了極端。他認為，只有川普和美國的茶黨運動、英國的脫歐勢力和法國的國民陣線才是民粹主義，而歐美的左翼勢力則都不是民粹主義。事實上，米勒專門為川普現象量身定做了一個民粹主義標籤，從根本上顛覆了學界一直以來對民粹主義的標準理解和定義。即使如此，他對民粹主義的定義也與他所指的經驗事實嚴重脫節。這樣一本充滿理論且邏輯混亂的書，基本上可以說是為民主黨政治服務的偽學術贗品，在中國學術界受到熱列吹捧。中國學術界研究美國問題，往往跟著美國人走，而且主要是跟著美國的左派學者走。許多所謂研究，無非是一項美國學術研究成果的綜述。

我已寫了一篇文章（尚未發表）專門批評米勒的這本書，文中徹底地否定了米勒的理論，一層層扒了它的皮。我認為川普現象是右翼保守主義，而不是右翼民粹主義。保守

主義和民粹主義是正相對立的兩種勢力。在思想譜系上，一個在左邊，一個在右邊。甚至，保守主義可說恰恰是抵抗民粹主義的力量，是民粹主義難以逾越的堤壩。我從理論到邏輯上，都徹底地駁斥了米勒這位美國學界民粹主義研究的權威。我的觀點很簡單：川普是一名真正的保守主義者，他的當選和執政，標誌著美國一場強勁的保守主義復興運動，而它的聲勢和影響甚至超越了雷根當年發起的那場保守主義復興。

因此，用民粹主義無法讓我們理解川普現象。這樣一種張冠李戴造成了理論上的混亂，而理論上的混亂就會導致現實中的誤判。無論中國學界和西方學界，對川普的誤判都根源於理論上的失誤。如果把川普視為一名民粹主義者，我們就會處處被動，就無法理解川普的所作所為；對川普可能要做什麼，也難以做出正確的預判，因為我們沒有準確地掌握他的價值觀和政治思維邏輯。

## 西方社會的後現代主義價值革命

接下來，我要從西方社會政治文化變革的角度，特別是後現代主義價值革命的角度，來解釋美國保守主義復興的原因。在中國，我還沒有看到有人提出這樣的視角，而這在西方學界也是少見的。即使有一部分西方人是從這個角度來理解川普現象，但是由於現在左派掌握著學術霸權，所以對於

川普現象的理解往往都是負面的。我對這場價值革命持否定態度，而川普現象作為對這場價值革命的抵抗，在我看來，是積極和正面的現象。

我們知道保守主義一般說來是一個被動的現象，它往往是應勢而起、應時而興，是對當前出現的某種激進主義潮流的反應和抵制。保守主義的創始人是英國思想家柏克（Edmund Burke）。他的思想就是對法國大革命中的激進主義所做出的一種反應，而他的一整套論述奠定了保守主義的基本原則。後來，從經濟學家海耶克（Friedrich von Hayek）到雷根時期（1981-1989）的保守主義，是對西方社會出現的新自由主義、民主社會主義潮流做出的反應，同時也是對東方出現的蘇聯模式，以及西方出現的納粹主義與法西斯主義的一種反應。

川普所發起的美國保守主義復興針對的是什麼呢？它是受到什麼刺激才興起的？答案是後現代主義的價值革命。也就是說，川普的保守主義復興，是在美國社會從現代社會轉向後現代社會的轉型時期，保守主義對激進的後現代主義潮流的抵制。由現代社會向後現代社會轉型時期的保守主義，這就是對川普的保守主義的準確定位。

接下來，我們先談一下西方社會的後現代主義價值革命。我們知道價值觀是政治的基礎，而價值觀的變革會引發根本性的政治變革。所以，一個時代流行的價值觀，是這個時代的政治思想不言自明的前提。

在西方思想史上有過三次價值革命，或者說西方價值觀念的歷史可以分為四個時期。

首先是**古典時代**，也就是古希臘羅馬城邦時代。這個時期占主導地位的價值觀是城邦公民的整體主義價值觀。當時，公民把城邦視為一個有機的整體，個人是有機體裡的一個有機組成部分，是一個細胞或者一個器官。部分只有結合在整體裡，在整體裡承擔職責、履行義務、做出奉獻和犧牲，其個人價值才會得到實現。整體是第一位的、是本源的，而個體則是第二位的、是派生的。

接著，第二次重大的價值革命，是**基督教的價值革命**。基督教起源於東方，然後征服了羅馬帝國，接著在西羅馬帝國滅亡之後，又傳播到西歐各民族之中。基督教征服了西方，為西方社會帶來了一場價值革命。基督教的價值觀，我們稱其為超驗主義價值觀。基督教從古典城邦時代那種整體主義裡部分地解放了個人，使個人在上帝面前成為獨立、自由、平等的個人，而且是有尊嚴的個人。經過一千多年的滋養，基督教孕育了個人的成長和成熟。

在基督教之後，隨著時代變遷而來的，是**現代個人主義價值觀**。基督教的價值觀與其他條件一起，造就了「現代的人」，促成了現代的個人主義價值觀。這種價值觀，其實就是基督教的超驗主義價值觀的世俗化（又稱此世化），把原來神學意義上的人在上帝面前的定位滲透到世俗社會結構，改變了世俗社會、孕生了現代的個人，並且將人在上帝面前

和彼岸意義的關係，變成了人與社會、人與國家之間的基本關係。於是，我們比較熟悉的獨立、自由、平等的個人出現了。人有了此世意義上的尊嚴。集中反映這種變化的就是自由主義或者古典自由主義思想，其內涵就是這樣一種個人主義價值觀。

最後，到了最近一次的價值革命，誕生的就是所謂的「**後現代主義價值觀**」或「**自我表現價值觀**」。這就是我們接下來要講的內容。現代化達到頂點之後，開始向後現代社會過渡。在後現代社會，「自我表現價值觀」就是後現代人類這種「新新人類」的價值觀。接下來，我們就要具體地談一下這種新的價值觀。

西方社會由現代向後現代的轉變，是一場價值革命，或者說，正是這場價值革命推動了西方社會由現代向後現代的轉變。這樣一種後現代的價值革命的研究，主要來自一位美國教授羅納德·英格爾哈特（Ronald Inglehart）的貢獻。

英格爾哈特是美國密西根大學的政治學教授，是美國藝術與科學學院的院士，也是政治學界的重要獎項「約翰·斯凱特政治科學獎」（The Johan Skytte Prize in Political Science）的獲獎者。這是一個全球性的獎項，每年只會有一個人獲獎，是政治學界的最高獎項，可以說是政治學界的諾貝爾獎。他的主要著作在中國都有譯本，大多數是我主持翻譯的。目前已經出版的包括《靜悄悄的革命》（*The Silent Revolution*）、《發達工業社會的文化轉型》（*Culture*

*Shift in Advanced Industrial Society*）與《現代化和後現代化》（Modernization and Postmodernization）。此外，《現代化、文化變遷與民主》（*Modernization, Cultural Change and Democracy*）和《文化的演進》（*Cultural Evolution*）這兩本書已經翻譯完成；後者正在出版的過程中，但在現在的政治氛圍下出版恐怕很難。英格爾哈特還有一本最新出版的著作《文化的反挫：川普、英國脫歐與威權民粹主義》（*Cultural Backlash: Trump, Brexit, and Authoritarian Populism*）；他曾跟我聯繫，希望我們能翻譯出版，但是看中國的出版情勢，我們覺得沒多大的希望，到現在也還未動手翻譯。這本書是針對川普現象的，而他的立場則是左派的。

英格爾哈特在一九七一年曾發表一篇文章，提出了「後物質主義」理論。他認為，已開發的工業社會開始了從物質主義轉向後物質主義價值觀的轉變。他的後物質主義理論主要依據大規模且歷時性的價值觀調查資料，也就是一九七〇年開始定期進行的「歐盟晴雨錶調查」（Eurobarometer），以及一九八一年開始的每五年一輪的「世界價值觀調查」（World Value Survey）。它們主要測量人們價值觀的變遷和價值觀變遷所帶來的社會生活與政治生活的變化。調查內容涉及宗教、性別、工作動機、民主、善治[1]、社會資本、政治參與、寬容、環境保護、主觀幸福等等許多方面。

這兩項調查都是由英格爾哈特主持的，在學術界的威信

相當高。其特點，一是規模大、涵蓋面廣，二則是持續時間長，放到人類歷史上來看也是前所未見。英格爾哈特在一九七一年正式提出後物質主義理論後，到現在近五十年，他追蹤著全世界的發展動向，而世界價值觀調查證明，向後物質主義轉變的發展趨勢是存在的且日益明顯。所以，政治文化研究的奠基人阿爾蒙德（Gabriel A. Almond，1911-2002）曾說，英格爾哈特的後物質主義理論是政治學科當中少數幾個能夠成功做出預測的實例之一。

那麼，什麼是後物質主義呢？英格爾哈特把強調經濟和人身安全的價值取向稱為「物質主義價值觀」（materialism），把強調自我表現、生活品質勝過經濟和人身安全的價值觀稱為「後物質主義價值觀」（postmaterialist values）。兩者的本質區別在於，前者將人身和經濟安全視為最高優先順序，後者則把與人的解放相關的非物質層面需求視為優先，也就是將與歸屬感、自我表現、生活品質、智力和審美滿意度相關的價值排在優先地位。

要注意的是，相較於物質主義價值觀，後物質主義價值觀的價值排序發生了變化。也就是說，在價值排序上，後物質主義者更強調個人的解放、自我表現、個人價值的實現、個人在生活方式上的自由選擇、以精神品質為核心的生活品

---

1　編注：善治（good governance），即「良好的治理」。從國際發展的觀點來看，善治是一種衡量政府是否以合宜的方式處理公共事務、管理公共資源，使公共利益達到最大化。

質、和諧的人際關係、優美的環境、更多的參與，以及在性別、種族、宗教、性取向、生活方式等方面的更大程度的寬容。相應地，他們降低了傳統上比較看重的那些價值，比如物質收入、經濟上的需要、社會秩序、人身安全，甚至傳統文化和傳統道德規範強調的家庭、宗教、國家和國防的價值。

英格爾哈特認為，從物質主義向後物質主義價值觀的轉變，帶來了範圍更廣的從「生存價值觀」（Survival values）向「自我表現價值觀」（Self-expression values）的轉變，也就是向「後現代主義價值觀」（Postmodern values）的轉變。這一廣泛的文化變遷從優先考慮經濟安全和人身安全，強調個體服從群體的規範，轉向了越來越強調個體有選擇生活方式的自由。所以，自我表現價值觀強調性別平等，接受男女同性戀者、外國人及其他外國團體，重視自我表現的自由以及在經濟和政治生活中的參與。作為農業社會標誌的嚴格的文化規範，正在讓位給允許個人自主和自由選擇的文化規範。

在現代社會，物質的匱乏仍然是人們最關心的問題，但西方社會現代化的成功，特別是二戰後持續的經濟繁榮、福利國家與國際和平使生存和安全得到了保障，在這樣的環境中成長起來的一代人，把生存和安全視為理所當然。於是，他們開始追求在生存和安全之外、更高的精神層面的價值。

英格爾哈特認為，向後現代主義的轉變源於現代化的成

功，現代化的中心特徵是使生活更具安全感，消除了饑餓並提高了預期壽命。高水準的發展帶來了人類動機的普遍改變，使人們的生存策略發生了轉變。人們由基於不安全的生存策略，轉向基於生存安全為理所當然的生存策略，從而賦予許多超出生存與安全之外的其他願望最高的優先順序。

這並不是說現代文明的價值觀不再是正面價值或不再有意義，而是說傳統的價值觀，比如物質的富足、人身的安全、國家和國防的價值、宗教和家庭的價值，就排到後物質主義價值之後了。它們也許仍然是正面價值，但是並非優先價值。也就是說，這些價值在價值排序上的地位被降低了。

對於自我表現價值觀，英格爾哈特在不同的地方有不同的解說，並從不同角度闡釋了它的涵義。他指出，這種價值觀是「高度的個體主義、高度的自主性和高水準的自我表現價值觀並行不悖」；是「自我表現／個人主義／自主性價值觀」三者的一致性；是「以解放為內在本質」的自我表現價值觀。自我表現價值觀的核心，是對個體自主性的強調，屬於「支持個體選擇的價值觀」。不過，自我表現價值觀不是自我中心的，而是人性化的，它強調的不僅是個人的自主性，也包括他人的自主性。也就是說，我要解放，也接受和希望別人同樣解放。

這樣一種價值觀的革命，從二十世紀七〇年代開始發生於已開發的工業國家，到了世紀之交，後物質主義者在多數已開發國家已經達到了人口的大約半數。此後這個趨勢還在

不斷地發展，難以逆轉。今天，在有些西方國家，按英格爾哈特的標準，後物質主義者已經達到了人口的三分之二。但是，由於二○○八年以後，西方社會發生的經濟危機和許多其他問題，這種文化方面的變革或者變遷遇到了「文化反挫」。激進的後現代的轉向遇到了抵制。英格爾哈特對這種「反挫」是持否定態度的。他肯定後物質主義文化變遷，認為文化反挫是一種逆流。

我個人大抵認可英格爾哈特基於資料對西方價值革命的發現和描述，但是不接受他對這個現象的評價。我認為，由傳統社會向現代社會的轉變是一種進步、是人類的解放，由現代向後現代的轉變則是另一回事。

# 向後現代文明轉型

後物質主義或後現代主義的價值革命，帶來一整套文化變遷，從根本上改變了政治、經濟，改變了整個社會。人們的價值觀變了，一切都變了。價值革命看起來寂靜無聲，但卻深刻地改變了社會面貌，甚至推動了現代文明向後現代文明的過渡。英格爾哈特稱其為「寂靜的革命」（silent revolution），而我認為這場革命的影響，超過歷史上任何一次革命。

後現代主義價值觀帶來了基本政治概念內涵的根本變化，像自由、人權、平等、民主、多元主義這些正面價值的

概念，都被賦予了新的含義。國內一些學者對這樣一種變化不敏感，或者說沒有注意到西方社會發生了這種變化，仍以過時的眼光去看今天西方社會的問題。他們認為，如果有人被控訴反自由、反民主、反平等、反多元主義，反的還是幾十年前的自由、平等、民主和多元主義。其實，當西方一些人控訴保守派種族歧視、法西斯主義、反多元主義等的時候，他們使用的概念已經是後現代的概念、後現代化的標準。我們不能一聽到有人被說成是種族主義者，就想到希特勒、三K黨。不是的，實際上絕非如此。

在西方，民族主義成了貶義詞。因為西方社會在二戰之後深刻反省納粹主義，其結果是走向另一個極端，民族主義倒成了一種忌諱。所以，當川普有一次在集會上說「我是一名民族主義者」，結果招來媒體一片罵聲，他又怎敢公開自稱民族主義者？我們可能難以想像，一名國家領導人不是民族主義者，而是世界主義者或國際主義者？那就意味著這人是賣國主義者！國家領導人當然首先是民族主義者；他有一點兒世界主義精神和全球主義情懷是好事，中和一下民族主義，使其不致太極端，但他總得是個民族主義者才行。

種族主義一詞也被濫用。西方有很多人動不動就給人戴上種族主義的帽子。但是，我們得先知道他們所說的種族主義是什麼意思。實際上，他們是站在一種多元文化主義、世界主義和全球主義的立場上，控訴保守派是種族主義者。按照他們的標準，可以說中國人絕大多數都是種族主義者。因

為那種多元文化主義、世界主義和全球主義在中國沒有什麼
市場。

後現代主義價值觀在意識形態和政治文化領域裡的表
現，特別是一些極端的表現，我想分別地解釋一下。這裡也
就把前文說的一些基本政治概念的含義變化包括在裡面了。

## 極端的平等主義

現代文明所謂的是平等是什麼？它首先是人格平等；這
是由基督教孕育的，也就是所有人在上帝面前的平等。上帝
提升了人，賦予人獨有的價值和尊嚴。到了文藝復興之後，
形成了世俗社會人格平等的概念，接著由這種人格的平等衍
生出了一個底線，也就是基本人權的平等。由此才又引申出
在法律面前的平等、機會的平等，以及政治權利的平等。

這個政治權利是利益的「利」，也就是right。政治權利
意味著所有人都能夠平等地參與公共事務，在選舉當中，每
人一票，效力等值。舉例來說，比爾・蓋茲（Bill Gates）
和川普去投票是一人一票，而給他們開車的司機、掃廁所的
工人各自投的那票也是一票，是等值、平等的一票。這相當
平等了吧？每位成年公民有選舉權和被選舉權，這是政治權
利的平等。但是這種政治權利的平等必然會帶來結果的不平
等。

後現代主義者要的是什麼？是結果的平等、享受的平

等。在經濟上要平均主義和社會主義，在政治上則按文化身分群體所占人口的比例，均等地分享政治「權力」（不是權利），這就是他們要的結果。

不過，什麼是按文化身分群體所占人口的比例均等地分享政治權力？比如，若說女性占總人口的一半，激進的女性主義者認為，既然事實如此，所有的權力、機會等，女性都應該擁有一半。若以總統選舉為例，就應該是單數這一屆由男性當總統，雙數這一屆則由女性當總統。總統就應該男女輪流當，這才平等。國會的議員、部長、州長、億萬富翁、大學教授，女性都得占一半。又比如說，黑人占人口的百分之十三左右，所有的機會他們就都得占百分之十三，不然就是不平等。

這種身分政治繼續下去就比較麻煩了，會達到非常荒唐的地步。黑人如果要百分之十三的分額，那麼黑人中的黑人女性，就應該占有百分之六點五，而黑人女性中還有同性戀、變性人等等，他們也應該占有相應的分額，這才平等。

現代文明的平等主要是政治法律領域的平等，但後現代主義者將其擴展到了社會文化領域，要在所有領域實現平等。平等的主體也不再是個人，而是一種文化身分，和性別、性取向、種族、宗教等相關。如此，後現代主義就將平等從權利和機會的平等，發展為結果和享受的平等。

回過頭來看，後現代主義平等的基本邏輯是什麼？人是平等的，那麼人在所有方面都要是平等的才行。現代文明講

人是平等的，指的是人的人格是平等的，然後由人格的平等衍生出我前述所說的那幾種平等。現在，它要再進一步讓人在所有的方面都平等，這才是真正的平等。

這種說法的邏輯，就是從後果反推過程：由結果的不平等倒推，認定這個過程必然帶有歧視。如果我這個身分群體的收入不如你們，窮人比你們多，離婚率比較高，犯罪率比較高，甚至連這次新冠病毒（COVID-19）造成的死亡人數都比你們多，由這樣一種結果反推，這一定是我們受到了歧視，而這本身就意味著社會和國家的不公正。在西方，這樣一種推理邏輯已經被人們廣泛接受和使用；人們一看結果不平等、不平均、不均等，就反推出自己一定是受到了歧視，而過程中，個人先天的條件與後天的努力，都被忽略不計。

對結果平等的追求，必然形成一種逆向的身分歧視。也就是說，某種占有先天優勢或因個人努力而占有優勢的群體，就要遭受剝奪；美國的平權法案、亞裔細分政策、在SAT（美國高考）中增加「逆境分」政策、中小學實行的校車接送政策等，都有這樣的問題。但這些措施注定還是解決不了問題，或滿足不了少數的要求，達不到少數的平等標準，而他們還會無限地繼續追求。

在現代文明階段，少數族裔爭的是身分平等，後現代主義者開始要的是身分特權。馬丁‧路德‧金恩（Martin Luther King, Jr.）在民權運動中要的是黑人和白人都一樣，要美國成為色盲的國家。現在，激進的身分政治推動者要為

各種特殊身分群體爭取特殊待遇，給予他們特權。從爭平等到爭特權，這是後現代身分政治演變的內在邏輯。

## 放縱的個人主義

所謂放縱的個人主義，指的是在個人生活方式領域中，對自由選擇的允許和寬容，讓追求放縱的個體獲得徹底的解放。

英格爾哈特在他比較晚近的著作中，比較多地使用了「人類解放」的概念來描述這種後現代的趨勢。他把這種價值觀的革命和文化的變遷，定性為一種從權威中得到解放，並且是所有戰線上人類的解放。這邊要注意的是，英格爾哈特說的是「所有戰線上人類的解放」。也就是說，在所有的生活領域裡，人們都享有更多、更自由的選擇權，或者對人類自主性的日趨重視。英格爾哈特有的時候還借用了「解放價值觀」這個概念，與自我表現價值觀意思相同。

英格爾哈特認為，以解放為內在本質的自我表現價值觀，旨在創造一個日益以民為本的社會。這反映了現代性的一種人性化轉型，從而將現代化進程轉變為一個人類解放的進程，即讓人類在所有生活領域中的選擇權和自主性都不斷擴大的過程，由此帶來了西方社會全方位的轉變。

現代文明讓人類在政治法律上和經濟上獲得了解放，現在則要深入到所有生活領域，在社會生活、私人生活和文化

等所有領域，都使人獲得解放。它針對的不再是傳統的政治權力和法律規範，或是古代農業社會的文化規範，而是針對全部傳統的文化規範，包括現代文明社會的文化規範，都要從這些文化規範甚至文化禁忌中解放出來。

這樣一種自由就演變為個人選擇生活方式的自由，包括像同性戀結婚的自由，墮胎的自由，吸食娛樂性大麻的自由，選擇性別的自由，按自己的性別認同選擇廁所、更衣室、浴室的自由，選擇家庭模式的自由，以及暴露身體的自由等等，五花八門，在此就不一一列舉。激進的女權主義者不是提出「我的身體我做主，我的乳房我做主，我的子宮我做主，我的陰道我做主」嗎？這樣的要求很典型，就是在尋求個人的選擇權和自主性的擴大，無限地擴大。

二〇二〇年六月，美國麻塞諸塞州波士頓附近的一座小城市薩默維爾（Somerville），正式成為美國第一座通過承認多重伴侶關係合法化的城市。所謂多重伴侶關係就是在所有參與者完全同意的條件下，擁有多種親密關係的性行為。這座城市的法律把家庭夥伴關係定義為由多人組成的實體，而不是由兩個人組成的實體。這條法律還用「他們」取代「他和她」，用「所有人」取代「兩者」。也就是說，組成一個合法的家庭，不再限於兩個人。同性戀婚姻在美國已經合法化，婚姻不再只限於一男一女的模式，但畢竟仍屬於兩人組成的家庭。然而，美國現在又有了新的突破，家庭可以是多人組成的。

這麼做的根據是什麼？就是個人要在所有的領域全方位地解放，或者個人有在不影響別人的狀況下選擇生活方式的自由和自主性。如果這個原則成立，並照現有趨勢發展下去，人會自由到什麼地步？人們盡可以發揮自己的想像力。

## 民粹式的民主

民粹式的民主是民主的另一種形式，是民主的墮落。它奉行越民主越好的原則，盛行對下層民眾或文化上的弱勢群體的崇拜。現代社會帶來了人民崇拜，人民崇拜發展為平民崇拜，然後到後現代社會又加上了弱勢身分群體的崇拜。民主由社會下層民眾或文化上的弱勢群體主導，讓菁英被邊緣化，使自己成為下層民眾的追隨者，無原則地透過討好下層民眾或弱勢群體來獲得選票。

古代民主基本上都是菁英的民主。現代社會由菁英民主走向了大眾民主，到了後現代則開始從大眾民主走向民粹化民主。這種民粹化的民主有哪些特色？

第一是大眾的過度參與，包括媒體的過度參與。本來媒體有告知和監督的作用，它是民眾的耳目，現在卻在追求媒體治國。第四權成為墮落、不負責任和專橫的權力。這種權力借助現代傳播工具後，掌握了越來越可怕的力量，但卻沒有被憲政制度所規範。

第二是菁英和大眾關係的失衡。健康的民主應該是菁英

與大眾間的平衡結構，美國憲法本身就是這樣一種設計。但今天的美國，菁英失去了引領、平衡民眾，以及過濾和提升民意的作用，完全成了大眾的尾巴，討好和取悅於大眾，追隨大眾的意願，失去了菁英本來的作用。今天的美國菁英集團整體上左轉，大多數接受了後現代主義價值觀，已經成為「烏合之眾」的一部分，甚至是其中最積極的一群人。

第三是弱勢群體占據道德高地，掌握了國家的主導權。社會弱勢群體應該是被尊重、被照顧的對象。他們的基本權利要得到保障。但是，如果讓弱勢群體成了國家的主導力量，甚至把他們的看法視作道德標準，這恐怕就是民主的敗壞。

第四是無原則地迎合大眾的公共政策。這種政策對國家、對社會，或者從長遠來說都是錯誤的。但是，一些政客們為自己的選票，無原則地討好普通民眾。這種政策的結果往往是失敗的，或者是災難性的，而大眾最後也成為受害者。

民粹式的民主還有最後一項特色，是政客和民眾都陷入非理性和極端的群體心理和行為模式。西方的激進左派所推動的民主，就是民粹化的民主。他們把這標榜為民主的進步，而這在西方已開發國家，是一種後現代現象。


## （準）無政府主義

後現代主義者不斷在解構現代國家及其權力結構，對現

代法律和秩序模式提出挑戰。它天生就有一種無政府主義傾向。

比如，美國的激進左派認為，移民受人身自由的天賦人權所保護，所以美國移民和海關執法局是他們的眼中釘，成了他們心目中侵犯人權的犯罪機構。侵犯誰的人權呢？就是那些非法移民的人群。人家要來，你就應該讓人家來，人家要來實現美國夢，你為什麼不讓來、還抓人家？還要把他送回去？所以，激進左派要求廢除移民和海關執法局。我們知道，每天都有非法移民成群結隊地進入美國，讓美國現在有1100萬名非法移民。我看到MIT和耶魯的一份研究資料，最高估計美國境內共有2900萬名非法移民。以前非法來的，現在大部分都合法化了。今天，美國的拉丁裔移民已經快達到6000萬人，還有更多不斷湧入。任何一個國家都要保衛領土，保衛主權邊界，拒絕非法移民吧？但在美國激進左派的眼中看來，這麼做就是侵犯人權，就是種族歧視。他們不是去想辦法阻擋非法移民，而是要廢除移民與海關執法局。

二〇二〇年五月，在最近一次的「黑命貴」（Black Lives Matter）運動，就有許多無政府主義者高舉的標語、喊的口號是「Kill the Police」（「殺死員警」或者「幹掉員警」）。他們正式提出要廢除警察局，取消和削減警察局的經費。他們還曾經在美國西雅圖的城市中心地區建立一座烏托邦，建立一個國中之國。

## 非宗教和反宗教的世俗主義

現代文明的一大成就是世俗化。它意味著教會與國家分離，宗教不再享有控制世俗事務的權力，而國家則保持宗教中立，不再控制宗教事務。但後現代的世俗主義是取消宗教本身。並且，這種世俗主義是針對本土宗教的；它仇恨本土宗教，處處壓制和排擠本土宗教，對外來宗教反倒特別寬容，甚至是抱持鼓勵的態度。這種世俗主義在歐洲發展得比較嚴重；在歐洲，有好多教堂都沒辦法繼續生存，賣給了穆斯林、成了清真寺，而這是因為歐洲人也已經很少有人像過去一樣上教堂了。美國的情況會好一些，但是也遇到嚴峻的挑戰。美國這種「瓦斯普」（WASP）文明，即盎格魯－撒克遜白人新教徒（White Anglo-Saxon Protestant）的文明，是美國文化的根基，也是現代美國文明的母體。現在，它遇到了嚴峻的挑戰，受到侵蝕和面臨解體的前景。

## 無限制的多元主義或多元文化主義

在中國，關於多元主義的問題，有很多認識上的模糊不清。多元主義包括政治多元主義、文化多元主義和多元文化主義這幾個方面與層次。

首先，政治多元主義（pluralism）很簡單，它是由西方的自由民主政治自然產生的。比如人們熟悉的多黨制、三權

分立、司法獨立、聯邦制、獨立媒體、利益集團和NGO等形成的政治格局，再加上多元宗教和意識形態等等，這樣構成的多元政治主體相互競爭、相互監督的局面，就是政治多元主義。這是西方民主憲政制度的基本特徵，也是現代政治文明的成就。

文化多元主義（cultural pluralism）也是現代文明的成就。由於西方國家實行民主制度，尊重人的基本自由和人權，由此也自然會尊重不同的文化。現代國家往往有一種主流文化或主體文化，但主體文化保持主導地位的同時，也會尊重和寬容其他文化。它追求文化的融合，不過這種融合不是強制性的，而是文化發展的自然進程。

然而，後現代的多元文化主義（multi-culturalism）有所不同。多元文化主義不追求文化的融合，反而把文化融合的努力視為文化歧視。它持有一種文化相對主義的觀念，認定文化沒有高低、先進落後、文明和野蠻之分，大家都彼此平等，所以也就不追求文化的融合。相反地，它追求文化無限制的多元，無論是在質上和量上都是無限制的，而那些與本土主流文化異質性程度越高的文化，就越受到它的追捧。然後，它還要反過來解構本土的主流文化，形成一種逆向的歧視。

## 浪漫的世界主義或全球主義

民族主義是現代現象，但後現代主義者主張的往往是世

界主義或全球主義，至少可說是民族意識非常淡漠的一群人。他們反感、痛恨民族主義者與愛國主義者。在美國，你可以看到一個奇特的景象：在各種場合，舉著美國國旗、貼著美國國旗、唱著國歌的，一定是川普的支持者。民主黨支持者一般不做這種事，他們中的一些人動不動就燒國旗，在唱國歌的場合不立正致敬，而是單膝下跪，以抗議這個國家對他們不公。保守派政治學家杭亭頓（Samuel P. Huntington）曾經講過，美國的菁英們沒有普通民眾愛國，但他沒解釋為什麼。按英格爾哈特的研究，美國菁英之所以如此，是因為菁英更具有世界主義和全球主義的意識，屬於後現代主義者。持這種立場的人越來越多了，他們大都站在民主黨陣營那邊。

目前的世界還是以民族國家為基本單位，人民共同體是有邊界的，而國內法的人權保障與國際法的人權保障是不同的。但後現代主義者模糊這個界限；在他們心目中，國界已經沒多大意義，國家也就沒多大意義。所以當川普喊出「美國優先」（America First）口號時，他們非常反感。美國優先，這有多自私？在批評川普建邊境牆阻止非法移民的做法時，眾議院議長裴洛西（Nancy Pelosi）說，這樣做是「不道德的」。她要的首先就是敞開國門，讓全世界的人隨便進入。還有人大罵川普是法西斯，但法西斯怎麼會建牆阻擋外國人非法進入？實際上，在法西斯掌權的地方，人們都是往外跑的，若要建牆，也是阻止裡面的人往外跑。如果說如今

美國的納粹上台，但美國人不往外跑，外人還不顧一切成群結隊地進來，這樣還算是法西斯嗎？建牆一事反而說明美國對移民太好，最後不得不用建牆方式阻止他們來得太多。

在川普競選時，曾有一位美國教授跟我說，川普是納粹。我問他，那麼如果川普上台，你要參加抵抗運動，還是移民？移民加拿大，他回答。我於是接著說，你為什麼不移民墨西哥？看來你有種族歧視。但其實，他移民加拿大也是假的，他最後哪都沒去。

## 烏托邦式的和平主義

和平主義當然是很高尚的思想，但它得符合實際。當代世界仍然是一座險惡的叢林，一廂情願的和平主義帶不來和平，只能縱容和誘使野蠻的敵人挺身冒險，從而增加戰爭發生的可能性。

英格爾哈特主持的世界價值觀念調查，在調查各個國家國民的戰爭意願的時候，問了一個問題：「你願意為國而戰嗎？」一九八〇年代以來的五次調查中，在日本表示願意為國而戰的國民最低占其總人口的百分之十，最高曾達到百分之十九，是一百多個被調查的國家當中比例最低的。對這個問題說不的，也就是說「不願意為國而戰的」國民有多少呢？最低曾是總人口的百分之三十九，最高則曾達到百分之四十七，都快過半了。剩下那些就是不置可否的。也就是

說，不願為國而戰的和不置可否的國民占總人口的七成或八成以上。

　　確實，日本比較特殊，這是戰後日本對二戰歷史的反思的結果。當然，這也是美國幾十年包攬了日本國防的惡果。但是，資料證明，所有的已開發國家民眾的戰爭意願都比較低，落後國家民眾的戰爭意願則都比較強。也就是說，國家越發達，國民的戰爭意願就越往低走。英格爾哈特將這種現象稱為社會的「女性化」（feminization），而這也是一種後現代現象。

## 原教旨主義式的環保主義

　　最後，環保主義當然也是一種高尚的思想，這應該沒有爭議。但是在西方國家，有些人把環保主義變成了一種宗教。大家爭著去搶占道德制高點，爭著提高環保的標準。誰提出的環保標準最嚴格，誰提出了更激進的環保方案，誰就搶占了新的道德制高點。這樣就形成了一種競賽，將環保推向了一個不切實際的極端。有一句話說，「更好」是「好」的最大敵人，用在這裡十分合適。正是基於後現代主義價值觀，有些人把環保主義原教旨化了。為了他們心目中的環保標準或理想，建設環保的烏托邦；他們不惜代價，不惜拖垮經濟，不惜搞得民不聊生，不惜大肆擴張政府權力、控制人們的生活。人不再是這個地球的中心，特別是美國人 —— 他

們需要為這個地球、地球上的動植物付出巨大犧牲，而後者比他們更加重要。

# 後現代主義的新政治

接下來，我們再談談價值革命帶來的「新政治」（new politics）。價值觀變了之後，一切都變了。在後現代主義價值觀的驅動下，美國政治有了新的面貌。因此我們也需要從這個角度，來理解最近幾十年出現的新的政治現象和變化。

首先，新的價值觀帶來了一種新的政治文化，也就是帶來了一種新的政治信仰、政治價值取向、政治態度和政治情感，然後帶來了新的政治主題或議題，也改變了政治議題的優先排序。也就是說，政治主題發生了轉換，而文化變遷也把新的政治議題帶入了政治的中心舞臺。

當代的新政治改變了政治的內涵。傳統的政治以國家和國家權力為核心，面對的是人民的公共生活領域，新政治則將關注擴大到人們的日常關係，擴大到人們私生活領域，形成了微觀政治和日常生活的政治。這些領域傳統上不屬於政治的範疇，今天卻被納入了政治範疇。這種微觀政治的想像回應了當今各種「新社會運動」的政治訴求。這是後現代政治的徵兆，而基於後現代主義價值觀的政治議題則有：

（1）生態與環境問題。

（2）種族問題、移民問題、少數宗教和文化群體的權利問題。

（3）婦女權利和地位問題、性別角色（LGBTQ）與性道德（離婚、婚外性行為等）問題。

（4）個人選擇自由和個人生活方式（墮胎、單親家庭、撫養孩子、宗教態度），以及涉及生活品質的個人興趣、娛樂、休閒等問題。

（5）公眾參與（權力的分配，公共領域、企業和NGO的參與）問題。

（6）全球化與和平問題。


大家可以觀察，這些都是後現代主義者，也就是文化左派們熱衷的政治議題。

當新的政治議題出現，新的社會分化就圍繞著新的議題產生。經濟問題是傳統政治的焦點，討論的是生產資料所有制、國家對經濟生活的干預，以及物質財富的分配等。現在，焦點則轉向了以文化和生活品質為基礎的各種問題。如果說傳統政治分化是一條水平的軸線，主要是按照經濟的維度展開，現在則形成了按照文化維度延展的一條縱向的軸線。

如此一來，我們今天分析西方的社會分化，就要把基於經濟利益和基於價值觀念或文化利益的這兩條軸線綜合起來考慮。在中國學界，大多數人對第二條軸線沒有什麼概念，

仍然按照幾十年前的老思路，從經濟出發去分析西方政治。但這樣就很難把握住它的真正動向，看不到美國社會已經從傳統的階級衝突轉向文化和價值衝突，從以階級為基礎的政治轉向以價值觀為基礎的政治。

比如，有些藍領工人投川普的票，讓希拉蕊很意外；原來都是民主黨的鐵粉，現在怎麼背叛民主黨，轉投了川普呢？他們在經濟利益上可能希望得到民主黨許諾的那些福利，但是他們更重視價值觀——他們在價值觀上選擇了川普。中國許多學者仍然局限於傳統的思路，從全球化導致製造業流失、藍領工人利益受損的角度去解釋選票的轉移。這種解釋很方便，也有一定道理，但僅從這個角度認識是不夠的，還要從文化衝突的角度去理解，將兩個角度結合起來，才是完整的解釋。

美國人選總統，就好像你到飯店吃飯，這間飯店只提供兩種套餐，你只能從中選一種。兩種套餐中都有你喜歡的菜，也都有你不喜歡的菜，而這時就得看你的偏好、看你的優先選項是什麼。左派將後現代主義議程推進到如此程度，刺激了相當多的美國人，讓他們寧可放棄個人利益，改為基於價值觀的認同選擇了川普。

接著，基於新的文化標準，在新政治中又出現了新的社會文化弱勢群體。在現代社會中，存在經濟上和政治權力體系上的弱勢群體，現在則另外產生了文化上的弱勢群體。他們就是從上個世紀六〇年代的民權運動開始走到歷史浪尖

上，提出各種文化解放要求的那些群體。此後，隨著新政治的展開，新的文化弱勢群體不斷湧現。當然，並不是說這些群體當中的個體在整體上都屬於弱勢群體，而是這些群體的成員分別在特定的政治議題上屬於需要特殊關照的弱勢群體。比如說，在性別議題上的女性，性取向議題上的LGBTQ，在宗教議題上的少數宗教信眾，在移民議題上的新移民和非法移民等。他們中有的人可能是政治菁英、經濟菁英、文化菁英，但他們的某種身分屬於弱勢群體，比如一名億萬富翁若是變性人，那麼，雖然他是經濟菁英，在文化上則屬於變性人這個弱勢群體。

當新的文化弱勢群體出現，身分政治與文化衝突也接連產生。各種文化上的弱勢群體要求得到承認，要求平等（當然是他們理解的那種平等）。他們的文化鬥爭進入政治舞臺，由此產生身分政治（identity politics）。身分政治本來是前現代現象，即等級政治。決定身分及其地位的是血緣、門第、宗教等，它是歷史上自然形成的社會分化。到了現代社會，身分政治轉變為階級政治，階級的基礎則是經濟地位。而後現代的身分政治彷彿是傳統身分政治的回歸，但身分不再是由血緣和社會（或權力和財富）地位決定的等級，而是各種文化身分：民族與種族、宗教、性別、性取向等。現代政治產生了人民崇拜，然後轉向平民崇拜，到了後現代則開始轉向一種身分崇拜：崇拜少數弱勢群體的文化身分。現代政治要求對身分差異的寬容、認可和尊重，但在後現代

身分政治推動下，卻轉向對少數文化身分的讚賞、人為強化甚至崇拜。原弱勢身分群體要求成為特權群體、成為道德判斷的標準，按是否「冒犯」了他們這種非常主觀的感受，來設立「政治正確」的戒律。同時，如上所述，他們要求按身分均等地分配權力和各種機會，將逆向的身分歧視作為政治的基礎。

左派以往熱衷於階級鬥爭，如今把主要注意力轉向推動身分政治。他們找到了「文化無產者」作為依靠的對象，關心各種特殊文化身分群體的權利和平等要求（有的時候其實是對特權的要求）。在這樣的狀況下，左翼自由主義就變成了身分自由主義（identity liberalism）。如今講美國的左派，得包括政治經濟的左派和文化左派這兩種成分。有時兩者是重合的，但兩者的界限也是存在的。

所謂「歐巴馬廁所」就是左派操弄身分政治的典型例子。有人開玩笑說，同為美國民主黨總統的甘迺迪成功地將人類第一次送上了月球，而歐巴馬則成功地將男性第一次合法地送進了女廁所。這是歐巴馬很得意的一項政績，川普上台沒多久就將其廢除了。

身分政治在美國十分時髦。紐澤西州有七種性別選項，紐約公布了三十一個跨性別（transgender）類型。此外，著名的社群媒體臉書（Facebook）區分了五十六種性別。中國有五十六個民族五十六朵花，臉書則搞出了五十六種性別。

好萊塢有一位著名的影星，孩子出生了，卻拒絕給孩子

填報性別。通常,孩子出生時,護士拎起來看看,男孩還是女孩,就這兩種。現在不行了。二元化的性別觀念過時了、老土了。這位影星說,現在不能給孩子定性別,要等孩子長大了,讓孩子自己選擇性別。誰知道這孩子將來想當男還是當女,還是當五十六種或到那時更多種性別中的哪一個?

大家看到,美國正在發生一場文化戰爭,是一場由激進左派和進步主義者發動的、基於價值革命和文化革命的文化戰爭。不光是美國,在整個西方世界,左派都繼承了馬克思主義傳統,打開了法蘭克福學派的魔盒,開啟了一場沒有硝煙的文化戰爭。它將剝削者替換成了本土的白種男性、基督教徒及其精神傳統的繼承者、愛國人士、順性別者,把被剝削者替換成了女性、少數族裔或移民、少數宗教信徒、LGBTQ等少數性取向者。它透過操縱身分政治,製造和激化了族群與文化群體矛盾,將階級鬥爭以新的形式延續了下來。

所以,保守派把文化左派稱為文化無產者或文化造反派,認為後者不僅要摧毀資本主義,還要摧毀西方文明。杭亭頓其實比較早就看到了這種傾向,他說:「對多元文化主義和多樣性的崇拜,取代了左翼的社會主義者和工人階級的意識形態和同情。」今天,西方左派的戰場轉換了,從原本的經濟戰場轉向了文化戰場,熱衷於從事文化革命。

二○二○年五月的「黑命貴」運動也是一個典型。從一個可能過度執法的個案,一下子就上升為全面的種族歧視。

左派對黑人的歷史敘事很激進：黑人歷史上受奴役、受壓迫、被歧視，於是他們有翻身得解放的要求。換句話說，他們從受壓迫的經歷，反證他們目前造反的合理性，證成了「造反有理」的邏輯。至於目前他們是否仍受到系統性歧視，他們不允許有爭論的餘地。受壓迫者自然就具有一種道德優勢和神聖的身分。特殊膚色甚至成為身分優越的標誌；人們爭相炫耀自己的特殊膚色，還有白人為獲得較好的出身，冒充少數族裔。他人如果對他們說三道四，讓他們感到受到了「冒犯」，就是種族歧視，就是發表了仇恨言論，就是法西斯主義。同時，他們從結果的不平等反推出造成結果如此的原因一定是歧視，然後提出種族補償的要求等等。

黑命貴運動讓我這個年齡以上的中國人自然聯想到「文化大革命」。這是美式「文化大革命」：打砸搶燒、強迫白人認罪贖罪（或讓出身底層的白人主動給黑人洗腳）、強迫下跪、脅迫加入革命、廢除員警、毀壞歷史遺跡、思想言論審查（書籍、課程、文學藝術作品等），占領城市中心並建立國中之國。

二〇一六年的總統大選本身就是這種文化戰爭的一部分。有人稱它為「政治常識」（common sense）與「政治正確」（political correctness）之爭，但其實應是現代主義價值觀與後現代主義價值觀之爭。

另外，很顯然地，圍繞新的政治議題所形成的社會分化，就會產生新的政黨，而傳統政黨也會重新組合。在歐

洲，圍繞著新的政治議題出現了大量的新政黨，並且新政黨有上升的趨勢。一些傳統政黨、主流政黨，因為無法應對新的政治議題和新的政治分化而走向衰落。歐洲新政治政黨大多基於價值觀和文化訴求，其餘因經濟分化而起的傳統政黨失去了吸引力，這本身就是政治議題轉換的明顯證據。文化議題和價值觀上的分歧，成為政黨之間最突出的分歧。

在美國，傳統的兩大黨裡的建制派都受到了挑戰。在共和黨這邊，我們知道川普競選的時候，共和黨的建制派和他是對立的，大部分是反川普的。但是川普執政之後，共和黨進行了重新整合，現在川普在共和黨中的支持率相當高，基本上維持在百分之九十四至九十五的水準之上。人們說，共和黨成了「川普黨」。那些反川普的建制派大部分被邊緣化，因為他們在共和黨中已經沒有基本盤了；其中有些人則向川普靠攏，當然這種靠攏有些勉強，三心二意。

在民主黨這邊，引人注目的是桑德斯（Bernie Sanders）和寇蒂茲（Alexandria Ocasio-Cortez）這些激進左派的崛起。他們與民主黨的建制派其實存在嚴重的衝突，目前只是因為他們有共同的敵人川普，所以他們還持續合作。

在現代政治競爭，人們一般按照經濟地位和利益投票，也就是按階級投票，但在後現代政治條件下，人們更常按照文化身分和價值觀投票。在很大程度上，投票結果最終反映的是物質主義者與後物質主義者、現代主義者與後現代主義者之間的分化。英格爾哈特指出，物質主義／後物質主義的

維度已經成為西歐主要的、新的政治極化軸線的基礎。可能投票給環保主義政黨的後物質主義者是物質主義者人數的五到十二倍。美國綠黨（Green Party of the United States）[2]是典型的後現代主義／後物質主義政黨，因為該黨不僅僅是一個生態黨，它致力於建立的社會從根本上就不同於目前占主導的工業國家模式。綠黨積極地支持範圍廣泛的後現代事業，從單邊裁軍到婦女解放、同性戀的權利、身心障礙者的權利，以及移民的公民權利。

正因為如此，美國民主黨不再是工人階級的政黨，共和黨也不再是有錢人的政黨。前者聚攏了抱持後現代主義價值觀者和受到後現代主義價值觀關照的各種弱勢文化群體，後者則成為現代文明價值的守護者，成為文化革命中受到攻擊的各類群體的避難所。於是，我們看到兩黨的選民出現了重新組合：民主黨失去傳統支持者白人藍領工人，這不只是因為經濟政策，而主要是在文化衝突中重新排隊所致。此外，在經濟政治上的分歧上，全球化是導致轉變發生的嶄新因素，超越了傳統政治的範疇。因此，可以說「脫離民主黨」的運動的主體，應該是持保守主義價值觀的人。另一方面，共和黨失去了一大批菁英的支持，「永不川普」（Never

---

2　編注：美國綠黨於一九九一年成立，也成為全美國最主要的綠色組織。該黨在二〇〇〇年總統大選獲得大量關注，主因在於該黨推舉的總統候選人雷夫·納德（Ralph Nader）在該次選舉獲得了2.7%的得票率，遭民主黨指責吸走了時任副總統的民主候選人高爾（Al Gore）的選票，使高爾以極小差距輸了選戰。

Trump movement）[3]和「林肯計畫」（The Lincoln Project）[4]的參與者，大都是與川普價值觀相左的人。

　　一些量化研究表明，與文化議題相比，階級和收入不再是政治偏好的主要指標。比如說，那些反對墮胎和同性婚姻的人對共和黨總統候選人的支持，遠遠超過對民主黨總統候選人的支持。又比如，菁英群體和年輕選民大多支持民主黨，是因為他們大多持後現代主義價值觀。二〇一六年的美國總統選舉實際上顯示了負的社會階級選舉指數：白種的工人階級選民更有可能支持川普，而不是希拉蕊。選民從以階級為基礎的兩極分化，轉向了以價值觀為基礎的兩極分化，拆散了曾經帶來經濟再分配的聯盟。

　　最後，基於前述的新的政治議題，誕生了新的社會運動，這方面大家從媒體上都經常看到。我們可能會注意到，與女性、環境、移民和性取向（如同性戀）等有關議題的運動，聲勢往往非常浩大，而為漲工資而罷工的運動，且消停多了。這是後現代現象。美國社會正是在這種新社會運動推動下，向後現代一路狂奔。

　　英格爾哈特的研究得出結論，後現代參與模式的一個突

---

3　編注：「永不川普」運動是二〇一六年三月，由一群反對川普的共和黨人與
　　保守派人士，為阻止川普贏得共和黨黨內初選與當年度的總統大選所發起的
　　政治運動。
4　編注：二〇一九年十二月，數位知名共和黨人及前共和黨人成立名為「林肯
　　計畫」的政治行動委員會，而該會成立的宗旨正是阻止川普在二〇二〇年大
　　選取得連任。

出特徵，是官僚化、菁英主導型（elite-directed）的參與模式（如投票和擁有政黨黨員身分）的衰落，但是受內在動機驅使、表現性的、挑戰菁英型（elite-challenging）的參與模式則迅速崛起。人們看到，政黨成員數量下降，大城市的政治機器喪失了對忠實選民的掌控，而民眾對政府、國家基本制度和傳統的大型組織的信任下降，對制度化權威（特別是政治權威）則越來越挑剔。因此，挑戰菁英型的公眾行為顯著增加，以至於對後工業國家很大比例的公民來說，請願、遊行示威、抵制活動、占領建築物等挑戰菁英型的行為形式變得不再是非傳統的行為，而是或多或少的正常行為了。

後現代主義者熱衷於參與，導致政治參與的過分膨脹。透過民意測驗等現代手段，民意成為風向標，菁英被動追隨民眾，成為受民意操縱的木偶。結果，就導致大眾直接決策，民意直接成為公共政策。

後現代政治的一個突出現象，是媒體越位，讓媒體從被動的監督者變為前端的指揮者。作為軟性的第四種權力，媒體沒有被納入憲法的權力框架之內，不受剛性的監督和制約，也沒有政府那樣的問責機制。但借助於現代傳播手段，也借助於現代人生活和政府運作對訊息傳播的嚴重依賴（對這一點，新媒體平台尤其重要），媒體掌握了能夠興風作浪的巨大權力。因此傳統的政治運作受到媒體的嚴重威脅。

非傳統的政治行為將日常生活政治化，讓人們得以非政治方式表達政治訴求。比如，美國好萊塢女星艾莉莎・米蘭

諾（Alyssa Milano）在推特（Twitter）上號召女人「性罷工」，抗議喬治亞州通過的墮胎法。她說：「在女性對自己的身體有合法掌控之前，我們不能冒險懷孕……請加入我的行列，在我們拿回身體自主權之前，不搞性行為！」這段話說明了女人和男人的性行為都成為政治抗爭的手段，非常後現代。

## 後現代主義的侵蝕與威脅

我們在前文討論了向後現代主義的轉型，以及後現代主義價值革命的內容，而在討論過程中，我們大抵就能想到後現代主義帶來的影響是什麼。

首先，後現代主義有正面的價值。我在這邊引用英格爾哈特的一段話，他說：「新興的自我表現價值觀把現代化進程轉型為人類發展的過程，帶來了新型的人性化社會。該人性化社會在很多戰線上促進人類解放，從爭取同性戀、殘疾人士、婦女的平等權利，到爭取人的普遍權利。該過程反映了現代化的人性化轉型。」這段話比較簡要地概括了所謂後現代主義價值革命的正面影響。

後現代主義在很多方面看，確實是打造了更人道化的社會。特別是歷史上曾經受過壓迫和歧視的一些文化群體現在得到了進一步解放，甚至得到一定程度的優待，這都是社會的進步。一個社會的人道化、文明化水準，往往是由這個社

會地位最低、處境最差的這部分人狀況的改善與否來衡量的。過去，社會對政治上無權的人、經濟上貧困的人賦予更多關注，但現在這種問題解決得差不多了，於是社會開始關注更深層的問題，也就是文化問題，或者說文化上的弱勢群體的問題，以改善他們的狀況。籠統地說，這都沒問題，我對這些也都是肯定的。

人們很容易看到後現代主義的正面作用，而這也是人們的思維慣性使然。我這裡要強調，後現代主義也包含負面的作用，這是人們不容易認識到的。現代人的心靈比較脆弱，特別是知識分子，看到社會有些苦難就受不了。左派特別熱衷於訴苦，訴諸人們悲憫的天性，給人們許下一個消除各種苦難的烏托邦。但政治不是文學。從事政治要有現實感和審慎的美德，這讓我們不信任烏托邦，讓我們知道無法完全消除社會弊病，無法建立一個讓每個人都滿意的社會，也知道為了消除一些社會弊病，可能會帶來更大的弊端。幾千年流傳下來的文化規範是社會秩序的基礎，而要打破經過現代文明洗練過的文化規範，是非常危險的嘗試。只要人類過社會生活，就得受到約束，就得忍受一些約束和由此帶來的痛苦、甚至犧牲，不可能完全「解放」。如果為了個人的解放而廢除這些規範，國家、社會和文明就解體了。個人獲得完全解放，便沒有了社會。

接下來，我要具體地談一下後現代主義價值革命帶來的問題。

第一，後現代的基礎是富足安全的生活。沒有富足安全的生活，就是無根的後現代。但是後現代主義侵蝕或犧牲了其自身的物質基礎和安全環境。

　　很顯然，在物質富足和生存環境安全的條件下，人們才有條件去追求更高層次、精神層面的種種價值。但是當人們玩這樣高大上的事物的時候，忽略了後現代主義的物質基礎，把它掏空了。沒有了這樣的物質基礎，後現代主義也玩不下去，就成了無根的後現代。其實近幾年來，西方國家在經濟和財政上出現困難，都與他們向後現代主義的激進轉型有關。

　　英格爾哈特曾說過，從二〇〇〇年起，美國中年非拉美裔的白人的預期壽命持續下降。預期壽命的下降主要集中在那些沒有受過大學教育的人群中，原因在很大程度上是由吸毒、酗酒和自殺造成的。這是全球化導致美國製造業流失所產生的後果。左派跟這些人高談氣候變遷、海平面升高，以及拉美非法移民的權利，這些人會怎麼想呢？

　　第二，後現代主義瓦解了社會的精神根基，導致社會空虛無根。

　　美國社會的精神根基就是基督教傳統。美國之所以立國，之所以在兩百多年中繁榮強大，成為一個自由和富裕的國度，一座全世界人都去那裡追尋美國夢的山巔之城、燈塔之國，靠的就是基督教的精神根基。如果瓦解了這個精神根基，美國便成了沒有內在生命的空殼。

第三，個人過分的膨脹，社會無限的分化，導致社會整合的失敗，讓社會變得支離破碎。

　　個人主義是現代文明的精髓，而西方社會能夠繁榮昌盛，靠的是個人的解放，以及對個人的承認和保障。但現代文明之所以能在個人與整體間達到恰當的平衡，並不是個人徹底地被解放所致。個人的解放如果超過限度再進一步，就走向了極端，就可能導致社會的解體。要維繫基本的社會秩序和效率，就必須在個人和社會整體之間，在個人的解放和社會的統一和諧之間，找到平衡點，不能過分偏重哪一邊。後現代主義推動的個人解放，以及所謂的「解放價值觀」，已經過分地傾斜於個人，威脅到社會整體的秩序和生命。

　　第四，後現代主義無力抵禦前現代勢力的水平和垂直競爭以及入侵，並且也沒有意願與後者競爭，甚至與後者合流。這是多元文化主義帶來的後果，是一股很危險的趨勢，也是美國文明面臨的現實威脅。當然，歐洲的問題更嚴重。

　　我們看到，在美國出現了後現代和前現代的奇怪聯姻。以兩性關係、婚姻家庭的模式來看，前現代主義是男尊女卑，有著歧視和壓迫女性的習俗與法律，包辦婚姻，認為婚姻是兩性的結合，接受一夫多妻的家庭模式，禁止墮胎、婚前或婚外性行為與懷孕。到了現代，現代主義的男女關係和婚姻家庭模式其實起源於西方，起源於基督教傳統，大抵上認可男女平等（人格平等、基本權利平等、法律面前的平等，以及機會平等）、人格獨立、自由戀愛、婚姻自主、一

夫一妻家庭模式、性別角色分工（女性要生兒育女，側重於家庭角色），並且限制墮胎、反婚前和婚外性行為與懷孕，重視家庭價值。

率先進入後現代主義的社會是西方社會，背離了基督教傳統。這樣的社會認可男女在各領域的平等或分享平等分額，推動多元的家庭模式（單親家庭、同性戀家庭、契約家庭，甚至多人家庭），允許兩性擁有無差別的社會角色與家庭角色，接受墮胎自由，寬容或尊重婚前和婚外性行為與懷孕。

另一方面，伊斯蘭社會的現代化程度比較低，多數穆斯林還持前現代的性別、婚姻與家庭觀念。然而，正是西方向後現代的轉變，使持傳統價值觀的穆斯林民眾更加敵視西方文明，但後現代主義的價值觀卻內含著對他們的寬容、尊重，甚至縱容。

人們很困惑，為什麼穆斯林在美國是民主黨的鐵票呢？民主黨所提倡的男女平等（特指後現代意義上的平等）、LGBTQ的權利、墮胎自由、暴露身體的自由、多元家庭模式、反宗教和神權及社會世俗化、大麻合法化等，這些都跟穆斯林群體的價值觀相對立，可是雙方卻結成了同盟，同屬激進左翼的陣營。答案就在於，後現代主義按其本性，必然與前現代主義聯姻。他們共同的敵人是現代主義。

因此，正是西方社會向後現代主義的轉變，使伊斯蘭世界的現代派或開明派失去了方向。他們本來要推動伊斯蘭世

界學習西方的現代文明。但是，西方的文化左派與激進的進步主義者（基上等同于後現代主義者）推動後現代議程，使大多數穆斯林民眾無法接受，甚至更加仇視西方文明。這就讓那些伊斯蘭世界的現代派與開明派也轉向反對西方文明，也讓進入西方社會的穆斯林對西方文明的敵意增強。可是，西方的後現代主義者卻提倡、寬容、保護、引進，甚至鼓勵這種反西方的伊斯蘭文化。

最後，後現代主義價值革命導致的第五個問題是，人口結構的改變，以及異質文化的進入和興起，帶來美國文明的碎片化，甚至是劣質化。

由多元文化主義和全球主義觀念主導的移民政策，導致美國社會出現人口大換血。大量進入美國的移民不能融入美國的主流文化，必然使文明的整合失敗，大熔爐成為大拼盤，甚至導致文明的劣質化。如果到美國說這種話，無疑是種族歧視，更可能被認為是在散播種族主義言論。但我認為這種話就是常識。這樣的想法與種族無關。種族和膚色只是外表，民族文化的差異是實實在在的。此外，文明之間的鴻溝也不是短時間內能夠彌合的。近兩三百年，「瓦斯普」文化達到了現代文明的制高點，移民所在國的文化與之差距太大。你創造的文化只能由你來傳承，不要指望別人來傳承你的文化。要知道，別的民族來到你的土地，只能部分地接受你的文化，骨子裡仍然會傳承他們自己的文化。

很多人會說，美國是個大熔爐，是一個移民國家。但

這都是些空洞的口號，根本不接地氣。美國的確是個大熔爐，是個移民國家，但從一六二〇年五月花號在普利茅斯（Plymouth）登陸，一直到一九五〇年代，美國百分之九十五以上的人口都是歐洲裔的白人基督徒。他們那時所說的大熔爐或移民國家，都是指這類人組成的群體。也就是說，最初這個國家是「瓦斯普」，是盎格魯－撒克遜的白人新教徒建立的國家。然後來了天主教徒，來了法國人、德國人、義大利人、愛爾蘭人、俄羅斯人、波蘭人等。瓦斯普們融合了其他的歐洲裔白人，以及其他的基督教教派，比如說路德派的新教、天主教、東正教等。但無論如何，所有人都屬於歐洲裔白人基督教徒的範疇。到了一九六〇年代以後，非白人、非基督教的移民開始大量湧入。這對美國來說是一個新問題，不能拿前兩百年的移民歷史來看後來出現的移民問題。

其實，即使在前面那兩百年，美國也並不是沒有問題。在其融合來自歐洲的其他民族和宗教的過程當中，進入美國的各種異質的宗教和民族，幾乎都曾經受到過歧視。比較有名的，像愛爾蘭人、猶太人和華人在美國都曾遭受過歧視。義大利人也受過歧視，甚至在義大利人內部，南方的義大利人比北方義大利人遭到的歧視更嚴重，而且北方義大利人也歧視南方義大利人。所以，融合的過程並不容易，也並不是一帆風順，融合是在排斥的過程中進行的。今天，美國文明面對外來的移民的新問題在於：一是移民文化的異質性程度

太高；二是湧來的人數太多，來得太多又太快。在這樣的狀況下，熔爐就可能就融化不了他們，甚至這個熔爐本身就會被熄滅。到了那時，北美就會變成南美加上南非和黎巴嫩。

最後，後現代價值主義還造成了另一個比較容易理解的問題，也就是內在發展動力下降。後現代主義者不再有現代主義者那樣的熱情，去追求經濟發展、追求GDP、追求國家的強大。後現代主義（後物質主義）的生活態度使人們的生活重心轉向精神層面，專注於個人價值的實現，滿足個人的志趣愛好，認同享樂至上、娛樂優先，導致傳統工作倫理與進取心的喪失，工作效率被犧牲。此外，社會均等化之後，甚至出現了逆向淘汰機制，發展動力無疑就會下降。

最終，當國家內在發展動力下降，使其勞動力成本大幅提高，再加上較高的人權成本與難以承受的環境成本，就導致國家的對外競爭力與影響力下降，尤其是經濟層面。除此之外，後現代的多元文化主義盛行，也使西方文明失去了自信心，走上一種自殘自殺的道路，進而使其在文明的競爭和衝突中的競爭力下降。

前文提過，英格爾哈特曾談到西方社會的「女性化」問題，意味著西方已開發國家對外競爭和戰爭的意志正在下降。我在前文也講過後現代社會的和平主義問題。按英格爾哈特的說法，在第二次世界大戰中，美國每天死亡25,000人，而美國人並沒猶豫，堅決要把戰爭打到底。另一方面，美國在越戰中總共死了58,000人，伊拉克戰爭死了3,000人

之後，政府就失去了公眾對戰爭的支持。民眾不幹了，忍受不了這樣的生命損失。伊拉克戰爭期間，每天有數十名美國士兵死亡；儘管該戰爭期間，美軍的死亡總人數不到二戰時每三個小時的死亡人數，但美國人已經不能容忍了。我覺得英格爾哈特還有一點沒有提到：美國人不光是接受不了自己人的死亡，敵人傷亡太多，他們也不能容忍。

美國社會從整體上女性化了。如果單看後現代主義者，恐怕女性化一詞也難以概括他們的特點。其實，他們具有了頹廢派的特徵，而這個世界仍然是虎狼環伺的叢林世界。如果頹廢派越來越多，如果他們主導了美國政治，美國要怎樣在這個叢林世界中立足就成了問題。今天，美國依賴的是高科技，但這並不能保證它能立於不敗之地。

所以，西方文明面臨的重大且直接的威脅，不是環境汙染、全球暖化、不平等、種族歧視、貧困、不民主、獨裁、不自由，以及宗教對人們的限制等，這些方面當然還有問題尚待解決，但都不是主要的問題。真正的問題，是過分的自由、極端的平等；是自殺式地否定傳統、損害美國立國的精神根基、失去對超驗精神的信念；是過濫的福利、空虛的精神狀態、娛樂至死的生活方式；是生育率下降、政治正確禁錮言論自由、開放邊境導致移民過量湧入；還有一廂情願的和平主義和全球主義。簡單來說，後現代主義屬於美國文明內部成長和積累起來的敗壞性因素，而激進地推動向後現代社會的轉型，將會徹底瓦解美國文明。

# 川普的保守主義復興

　　說到這裡，我們應該對川普何以會在二〇一六年大選中獲勝，而他的保守主義是在什麼情境下興起及其使命是什麼，比較清楚了。簡單地說，川普的保守主義是在美國社會從現代文明向後現代文明轉型的過程中，作為現代文明價值的守護者而興起的。民主黨聚集了後現代主義的主要力量，以自由主義和進步主義者的身分出現，激進地推進後現代主義的議程，給美國社會帶來了嚴重的問題，並且危及美國的立國根基和美國文明本身。在這種情況下，川普則聚集了堅持現代主義價值觀的力量，起而反擊和抵制後現代主義浪潮。這就是最近五年美國發生的左與右、自由派與保守派衝突的本質。

　　英格爾哈特在他最早描述後物質主義價值觀興起的文章和著作中，將其稱為「寂靜的革命」。針對歐洲右翼政黨的崛起，義大利政治學家伊格納茨（Piero Ignazi）把其描述為「寂靜的反向革命」（silent counter-revolution）；這樣的說法同樣也適用於川普的保守主義的興起，只不過英格爾哈特將歐美右翼的興起稱為「文化反挫」（cultural backlash）。

　　川普的支持者是些什麼人呢？在後現代主義的洶湧大潮中，他們是被新社會運動攻擊的對象：女權主義攻擊他們是男權主義，因為他們是男人；LGBT攻擊他們是性歧視，因

為他們是順性別或常見的性取向；少數族裔攻擊他們種族歧視，因為他們是白人；外來移民攻擊他們排外，因為他們是本土居民；少數的和外來的宗教攻擊他們宗教歧視，因為他們是基督徒；環保主義者把他們的工作視為危害環境的破壞活動，因為他們是製造業和農業生產者；和平主義者和全球主義者攻擊他們是民族主義者和好戰分子，因為他們是愛國者。

面對數十年來洶洶而來的後現代新潮流，川普的支持者是被審判的對象。他們發現，他們的性別和性取向成為他們犯錯的根源；他們的膚色成了原罪的標記；他們的職業受到打壓和歧視；他們傳統的信仰必須保持謙卑；他們堅守的價值觀具有負面形象；他們必須貶低自己的文化讚賞別人的文化；他們的傳統生活方式備受指責；他們傳統的語言習慣也必須改變；他們的祖先罪惡累累，而他們被要求要為祖先贖罪。

在不知不覺中，他們的生活發生了變化。各種外來者理直氣壯地在他們面前「插隊」。他們淪落為「本土異鄉人」，處境越來越艱難。他們看到他們珍惜的價值遭受踐踏，他們熱愛的國家被菁英們拋棄。

掌握權力和話語權的是菁英，而這些菁英們大多是後現代主義者。他們大多出生在條件優越的家庭，接受高等教育，過著比較富裕的生活，有著比較高的社會地位，不直接參與創造財富，反而依賴社會的二次分配為生。除此之外，他們還容易

有一種理性的自負和烏托邦主義的浪漫情懷。這種人比較容易較早地擁抱後現代主義價值觀或持有自我表現價值觀。

這些菁英們共謀，積極推動社會向後現代的轉變。這被視為社會的進步。但普通的保守派民眾仍然站在現代主義的立場上，持有現代主義價值觀。他們不掌握話語權，無法對他們自己的處境做出解釋。他們發現什麼都變了，卻說不清為什麼都變了。他們總覺得有什麼地方不對，但也不知道什麼地方不對。他們持有一種由傳統、家庭、宗教教給他們的常識，但是這些常識都被菁英們否定。因為菁英們掌握著話語權。菁英們都這麼說，媒體都這麼說，課堂上的老師都這麼說，政客們都這麼說，而這些和他們想的都不一樣。菁英們是社會天然的權威，普通民眾缺少抗拒他們的勇氣。

直到二〇一六年，川普出來競選，說出了他們壓在心頭已久的話。他將他們朦朧的意識提煉為明確的口號和清晰的治國方案，他們才真正意識到自己也有知音。菁英們設定了「政治正確」的種種禁忌，營造了濃重的壓迫性氛圍。「政治正確」與普通民眾的「政治常識」是衝突的，但升斗小民作為個體，怯於挑戰這種「政治正確」。於是，當川普以總統候選人之姿，勇敢地衝破政治正確的禁忌，就獲得了一呼百應的效果，因為他把他們壓抑已久的心理感受表達了出來。從此，政治正確的壟斷地位被打破，政治常識開始與它爭奪話語權。

美國媒體對川普的評價是由掌握著話語權的左派來主導

的。他們對川普的獲勝非常恐懼，對他的執政所體現的保守主義價值觀非常仇恨，於是給他戴上了許多大帽子，說他反自由、反民主，好像他上台的話，美國的自由民主就完蛋了。他們說他反多元主義、反全球化，說他是種族主義、法西斯主義、好戰等。但從前文的闡述中，我們就可以看到這些媒體說的自由、民主與多元主義是什麼。如果不反抗這些事物，美國就完蛋了。

那麼川普是什麼角色呢？他就是一名保守主義者。他曾親口表示，人們不甚瞭解的是，在共和黨人和保守主義者之間，他更屬於後者。他是共和黨人，但在共和黨人當中，他又是保守派。這是他的自我認同。他的支持者也主要是保守派的公眾。

不過，作為二十一世紀初期的保守主義，它有特殊的使命，也就是對抗後現代主義的潮流。所以，川普的保守主義，是美國從現代文明向後現代文明轉型時期的保守主義。

這樣我們就能解釋，為什麼許多保守派的菁英不接受川普。共和黨、甚至保守派的菁英曾經發起過名為「永不川普」的運動，而到了二〇二〇年，又有「林肯計畫」等反川普運動。說起來，這些人也算保守派，只是他們屬於部分保守派；比如，他們當中有人是溫和保守派，對後現代主義的態度是部分拒絕、部分接受。畢竟，向後現代主義轉型是社會大趨勢，作為菁英，從整體上拒絕它並不容易。此外，他們有些人是傳統的經濟保守主義，只在經濟議題上反對左

派，在文化議題上卻與左派合流。但川普是全面、徹底地抵制後現代主義潮流，如此便與共和黨或保守派的部分菁英產生了衝突。

有人認為，川普這個人太不像保守主義者了，後來擔任他副手的彭斯（Mike Pence）那樣的人才像。川普沒有什麼理論；他在競選時，總體上沒有清晰的目標，在個人生活上也沒有恪守保守主義規範。但他有愛國情懷，保持著常識思考的能力，作為開發商和一名老人，沒有被時髦的後現代主義所同化。他是基於常識的保守主義者，保持本色的保守主義者。

正是由於上述基礎，川普執政後才能夠任用、親近和採納保守派閣僚的意見，使他成為典型的保守主義政治家。他四年來的內外政策是道地的保守主義，也是貫徹到各領域、全面的保守主義。如果我們瞭解保守主義價值觀和政治思維邏輯，就能夠預判川普的所作所為根本不是如一些將他妖魔化的人所說的那樣，似乎沒有章法地胡來，大嘴巴、不可靠、反復無常。不是的，他的施政有清晰的保守主義價值觀念為基礎。如果川普與以往的保守主義有什麼不同，那是因為他面對的社會環境是全新的。他要全方位地保守現代文明的價值，抵制美國向後現代轉型。所以，有的保守派政客說，川普做了我們多年想做而沒有做成的事，甚至是很多保守派做夢都想、但是沒想到能做成的事。川普做到了。

總之，在美國現代文明受到後現代主義價值革命的侵

蝕，面臨嚴重危機的時刻，川普代表了堅守現代主義價值觀的民眾，表達了保守派的訴求，凝聚了保守主義的力量，以一人之力掀起了一場保守主義的復興。執政四年來，他有力地阻礙了「進步主義」的潮流，也就是激進地向後現代轉型的傾向，深刻地改變了美國的社會面貌。雖然長遠看來，美國向後現代轉型的大趨勢難以逆轉，保守主義仍然是能夠延緩這個過程的積極力量。

川普這四年與洶湧而來的潮流頑強抗爭，讓人想起羅馬文明晚期「最後的羅馬人」（*Ultimus Romanorum*）[5]，或者像古希臘神話中推著石頭上山的薛西弗斯（Sisyphus）。短期來說，他的成就是非常突出的：他向人們證明，後現代主義是問題，不是出路，而解決後現代文明造成的問題，只有回到現代文明的軌道上來，也就是回到保守主義的立場上來。從長期來看，他的行為可能難以挽回美國走向衰落的命運。後現代主義釋放人們的欲望，而保守主義要維護文明的基本規範。一順一逆，順者易成而逆者難為。但他的成就告訴世人，延緩美國文明的衰落，只有選擇保守主義，別無他途。

---

5　編注：在歷史上，「最後的羅馬人」一詞被用來描述那些體現了古羅馬文明精神之人，包括羅馬共和末期演說家波利奧（Gaius Asinius Pollio）、西羅馬帝國最後一任皇帝羅慕路斯・奧古斯圖盧斯（Romulus Augustulus），而這些人的死亡也代表了某一羅馬精神的殞落。

1832年，克里夫蘭宣誓就職美國第22任總統。克里夫蘭在1887年行使總統否決權，否決《德州種子法案》（Texas Seed Bill）；他認為聯邦政府不應撥款救濟農民購買種子作為對災害的補償，表明了自己信奉的有限政府立場。

我認為，無視聯邦權利與義務等使命有限的普遍傾向應被堅決抵制，以實現該教訓應被時刻牢記的目的——儘管人民供養政府，但政府不應供養人民。

聯邦資助會鼓勵人們指望政府的家長式關懷，削弱我們剛毅的國民性，抑制我們民眾之間那種互助的友善情感與行動。

——格羅弗·克里夫蘭（Grover Cleveland）
美國第22及24任總統

# 川普主義的形成

高全喜

上海交通大學凱原法學院講席教授

**驚**心動魄的二〇二〇年美國總統大選即將塵埃落定，但
事情像是並沒有結束。伴隨著川普一方不接受現有選
票結果，試圖透過狀告到法院（直至最高法院）尋求司法訴
訟裁決，開始了另外一場法律之戰，並且引發了一系列超出
常態的憲法之爭。美國民眾乃至世界各地關心此次大選的人
們，吵嚷紛紜之心似乎並沒有沉靜下來，而是隨著事情的發
展越發急切難安。為什麼呢？因為這次大選非同尋常。無論
結果如何，究竟誰最終擔任總統，人們似乎都不會如釋重
負，而是必須面對一個客觀而真實的問題：川普主義的到
來。

## 非常態的總統大選

從形式上來看，二〇二〇年大選也是一次正常的、四年

一次的總統選舉，是美國政治制度的一次常規運行。藉由四年一個週期，憲法賦予人民重新選擇最高領導者的權利，根據各州選票的多少，並透過美國憲制特有的選舉團人制度，獲勝者當選、失敗者敗選，四年以後可以重新再來，政黨輪替，輪流執政——這是美國民主政治的常態。但是，從這一年的選戰來看，此次大選既是一次常態的選舉，又更像是一次非常態的選舉。且不說遭遇新冠疫情這類特殊事變，光就參與投票的選民人數之多，投票程式的分歧之大，計票過程的爭執之巨，以及伴隨著整個選舉過程中的各種未得到證實、但也未被證偽的造假作弊事件之糾紛，還有兩黨政治（甚至包括共和黨內部）的分歧、主流媒體傾向性的被質疑等，這一切事態都意味著此次大選已經超出了總統大選的常態選戰，具有了非常態的政治含義。

所謂非常態，就是它不僅僅是四年一次的總統大選，而是隱含著遠超出四年週期、蘊涵著數十年甚至百年歷史的總統大選。此外，它也不僅僅是總統職位的常態政治權力之爭，而是涉及政治系統、社會結構乃至文化認同等全方位聚焦於總統之上的政治之爭，也是一場關係著美國政治的性質與未來走向的憲法之戰。有論者指出，此次大選是美國政治從二十世紀六〇年代以來累積下來的一次整體性的爆發，是美國人民在近半個世紀以來、國內外社會大變革的嚴峻形勢下的一次具有決定性意義的大選戰。每個人、各個州、民主與共和兩黨、每個選舉團成員、乃至美國未來的內政外交，

總之，包括杭亭頓意義上的「我們是誰」這一根本性的問題，都與這次大選密切相關。

這樣一來，二○二○年大選所承載的意義就非常深遠而巨大了。它已經遠遠超出了川普和拜登兩位總統候選人各自代表的屬性，也超出了共和黨和民主黨兩黨所標誌的競選綱領，而是具有了在歷史變革時期，透過總統大選來決定國家命運的非凡意義。也正是在這個視野下，一道關於川普主義的政治問題被提了出來，或者說，川普主義正是在此次非常態的總統大選中被激發出來，使其悲壯而閃亮地登場。

當然，從日常政治的視角來看，上述所言有些危言聳聽。在這些人眼裡，此次選舉就是一次四年一次的總統大選，誰當總統並不具有如此重大的意義，不過是在既有情況下的修修補補。畢竟總統的權力是有限度的，美國還有一整套縱橫兩個層面的權力制衡的制度，立法、司法、行政，還有第四權媒體，尤其是人民的民主監督。所謂的非常時刻、國家命運、美國衰敗、深層政府、[1] 華盛頓沼澤[2] 等，不過是些誇誇其談，是好事者的蠱惑，為了擾亂此次大選的既有結果，為川普等一小群政治野心家的胡鬧說項背書，不值一

---

1　編注：深層政府（deep state）指的是由政府官僚、軍工複合體、金融業與情報機關組成，為保護其既得利益而在幕後實際控制國家的秘密集團。在二○一七年，川普就任總統之後，該詞越來越常被其幕僚與支持者使用。

2　編注：華盛頓沼澤（D.C. swamp）暗指的是盤結在華府的政商利益網絡。自二○一六年大選以來，川普便屢次在推特上宣稱要「抽乾沼澤」（Drain the Swamp）。

駁。但事情果真如此嗎？至少7,400多萬張投給川普的普選票是確確實實的。眾多州的人民對於川普的熱烈支持是有目共睹的。而除了疫情因素之外，川普執政四年，其在內政、外交、經濟社會民生，乃至族群問題上的成就，也是不可抹殺的。此外，美國社會一系列積重難返的問題，尤其是全球化導致美國經濟社會的分裂，以及非法移民、族群衝突和文化認同對美國主體價值和制度的衝擊，都因川普實施的諸多政策而得到緩解和矯正。雖說人們對此看法依然有很大的分歧，負面評價乃至批判多有發生，有些也不無道理，但川普畢竟是換了一條治理整頓的道路，誰也不能在短短兩三年內就明確地做出其長效的結果，尚需今後專家們客觀而冷靜的觀察、分析和研究。

就目前的情勢來看，兩黨與兩派選民對於上述問題的看法不盡相同，彼此相互對立。甚至，此次大選演變到今天，業已形成了某種川普與他的7,400萬選民，主要是中西部鐵銹帶的白人中產階級和藍領勞動者、中小企業主和工商業者，以及基督教福音派信徒為主體構成的一極，與民主黨拜登和其背後的整個建制派菁英群體，包括共和黨建制派、華爾街金融集團、高科技產業聯盟、各級政府機構、各大主流媒體（從傳統紙媒到新型媒體）、各類大學系統和好萊塢演藝界，加上由各類民眾（包括移民群體、領救濟金群體、少數族裔等數千萬選民）構成的另外一極，形成了某種尖銳而劇烈的對決。紅藍兩派的力量對比之下，儘管川普還是在位

總統，但他仍然處於弱勢，而對方則似乎占據著較大的資源優勢。就大選進程接近尾聲的狀況，以及主流媒體的報導來看，川普像是已經敗北，而拜登則贏得過半選舉人團票數，剩下的只是程序性的權力移交。但正式的憲法規定還是要以二〇二一年一月六日聯邦選舉人團的法定確認的統計數字為準，以一月二十日新總統宣誓就職為最後標誌，至此大選才能宣告結束。根據主流媒體報導，這已成定局，不可能有大的變化。不過，媒體畢竟是媒體；根據憲法（包括憲法性法律）的相關條款，在此之前任何人和機構的言行都不具有終局性的憲法意義，換句話說就是，在此期間還蘊涵著某些不確定因素。美國是否會出現憲法危機，只有各種猜測和理論推演，實際的情況不得而知。

但是，由於此次大選具有某種非常態的政治意義，憲法形式勢必就要受到選舉政治的內容影響。川普及其律師團隊提出的諸如在七個搖擺州出現的選舉舞弊、選票造假，以及「多米尼」（Dominion）投票機統計造假等一系列違法訴訟，均具有法律的正當性。至於由此衍生的諸多其他選舉中的政治問題及其如何採取司法的形式予以解決，涉及州法院和聯邦最高法院；再加上州議會和聯邦議會、選舉人團的構成等一系列憲法問題，這些問題能否得到有效的解決，甚至是否會發生憲法危機等，由於大選還沒有結束，一切都在演變之中，一切都有可能發生，在這邊對此不遑多論。但有一點需要指出的是，既然這是一次非常態的總統大選，那麼常

態的憲法程序可能就難以規範其實質政治的生命內容。這取決於美國人民的政治決斷；在此進程中，個人的作用並不具有根本性的意義，川普也好，拜登也罷，他們都不過是一種化身，是人民代表的一種人格化賦形。人民是否會以破局的方式重新塑造憲法政治，然後能否重返常態的憲法程序，這個問題在於究竟誰才代表了人民真正的心聲，表達了人民真實的意願。所謂民意即在此。

# 川普主義的困境

　　正是由於民意，川普主義被催生了出來。如果說數十年來，美國政治社會的另外一種民意遭受壓抑，但並沒有消逝而是慢慢滋生擴展，一直到二〇一六年由於川普當選而被他逐漸釋放出來，那麼在二〇二〇年的選戰中，這樣的民意就是被強勁地激發了出來，找到了名實相符的載體——這就是川普主義。川普當然也意識到了這一點；他一再訴說他的冤屈，即他獲勝的選票被偷走了，他要找回他的選票，要讓每一張合法的選票都能得到有效統計。而且，他不是為了自己再次當選，而是為了他的選民，是為了美國人民才來奪回他被偷走的選票。他是在為人民而戰。這樣一來，川普就不再是一個個人，也不再是一般意義上的總統。他成為川普主義的化身，身上凝聚著人民的意願。是人民的選擇造就了川普主義。從近半年的選戰活動，尤其是最後一個月以來的選戰

中，川普的言行確實得到了千萬選民乃至美國人民熱情而真摯的擁護。

也許有人會說，這不過是川普的表演做戲。那麼，同樣是在自由寬鬆的社會選戰平台，甚至有強大的主流媒體作後盾，拜登為什麼不出來表演一番呢？他能夠獲得千萬選民乃至美國人民的衷心擁戴嗎？當然有選票為證，他贏得了多於川普的選票，但如果其中有大量的假票、偽票呢？這當然要有確鑿的證據，但這是一個需要司法介入的緩慢過程，還需要真正公正的各級司法判決才能回答。川普的律師團隊正在進行這項艱難的工作，至於結果如何，還有待揭曉。雖然川普的律師團隊提出的大多訴訟或不被受理或敗訴，但並非全部，而且這也不影響川普主義的出現。或者進一步說，不管結果如何，不管最終誰當選美國新一屆總統，並不影響、也並不能阻擋川普主義的形成。我們甚至可以說，即便川普最終敗選、拜登當選，川普主義依然成型，依然會成為美國政治社會的一股強大力量，甚至更具有整合與後蓄待發的政治位能，為下一次總統大選勝出（未必是川普本人再次出場）奠定了更為紮實的基礎。

那麼，何謂川普主義呢？這個問題其實一直是近幾年美國乃至國際政治學界的熱門問題，人們對其有各種各樣的分析研究與理論定位。不過，雖然眾說紛紜、莫衷一是，但總體來看，大抵還是形成了一個基本的認識和定義——那就是把川普歸於民粹主義，或者說川普主義是一種美國版的民粹

主義。所謂美國版，指的是它不同於主流政治學界定義中的十九世紀俄國或當今拉美國家的民粹主義，而是一種代表美國中西部（主要是鐵鏽帶）中下層、失意落魄的白人群體激進的反菁英、反建制的民粹主義。這種激進主義的政治訴求，加上川普作為政治素人擔任總統四年來的行事做風和個人喜好，他口無遮攔、好大喜功、不會妥協、自我中心、獨斷專行等，就更加證實了他的民粹主義特性。從外在形式上看，川普確實具有民粹主義的某種特徵，他的行為心理、言語方式、做事風格，以及對抗菁英建制系統，親善勞工產業大眾，接受基督福音派價值觀等，這些都與美國的民粹主義有著某種密切的關係。

但是，如果從川普主義的實質內涵來看，川普主義就不是什麼民粹主義，而是一種保守主義，一種現代版的美國保守主義。為什麼這麼說呢？對此，叢日雲教授有過深入的分析；他認為川普主義屬於保守主義的理論譜系，從本質上，川普就代表著美國傳統保守主義在全球化語境下的現代版本。或許這個版本的保守主義不是那麼精當妥帖，不像雷根的保守主義那樣如入化境地應對了蘇美兩極對峙的時代難題，並且輝煌地勝出；相比之下，川普在全球化時代的內外應對甚至露出了很多粗鄙、低劣和凌亂的破綻。但在歷經了二〇二〇年這場驚心動魄的選戰之後，川普主義在血與火的洗禮之下，會逐漸走向成熟、拋棄某些民粹主義的外衣，成就出真正形式與內容合一的現代版保守主義性質。

為什麼川普主義不是民粹主義？因為民粹主義是一種左翼的激進主義，與下層民眾的反抗性（反建制和反菁英）與破壞性（打破現有秩序），以及烏合之眾的無組織性密切相關。他們極易被蠱惑和忽悠，為政治野心家們所操縱，喧囂一時，但最後仍土崩瓦解，成為強權統治的陪襯。這種現象在人類政治史中屢見不鮮。然而，川普主義與之迥然不同。川普主義的主體並非美國的下層平民，尤其不是領取救濟金的無業民眾、移民後裔、黑人和有色人群，以及各種同性戀等族群，而是年收入在五萬美金左右的中西部白人勞工、技術人員和工商業者等群體。後者認同美國傳統的主流價值觀，贊同現有的憲政體制和法治秩序，尊重法律權威，維護地方自治，信奉基督教教義（僅福音派就有2,500萬信徒），恪守傳統道德觀念，絕大部分在中西部（鐵銹帶）與南部工作和生活。換句話說，這些人的生活方式和美國東西沿海的商貿與高科技發達地區有著重大的差別。就是這個人數眾多的人群構成了川普7,400多萬選民主體，他們怎麼會是烏合之眾的民粹主義者呢？

或許，隨著四十年來日漸迅猛的經濟全球化浪潮與高科技的發展，這些人賴以為生的工廠、技藝、鄉鎮和城市都日漸衰落，使他們的經濟利益大規模受損，心理落差很大，因此較為激進地滋生了抗拒全球化和菁英建制派的怨氣。但他們的反抗是合理的，進行的方式也是合法的，與民粹主義和更為激進而有組織力的社會主義有著天壤之別。從美國歷史

來看，他們曾經有過一段輝煌的日子，曾經是美國社會的主體力量；他們不僅是經濟社會的主體，也是價值觀念的主體，身上凝聚著自由、民主、法治、共和與社群主義的精神。從思想理論的譜系來說，他們才是美國古典的自由主義的真正化身，其精髓表現為保守主義，即保守美國國父們所開創的自由主義的傳統和共和主義的體制。因此我們應該說，川普主義繼承的乃是這樣一種保守的自由主義傳統。

問題在於，過去四十年來，全球化把這個自由傳統的社會經濟基礎掏空了。美國的傳統製造業和各類中低端產業被轉移到中國和東南亞等成本窪地；隨著高科技的飛速發展與全球金融資本的自由流動，全球化的紅利被華爾街金融寡頭、高科技菁英、建制派政客、大學行政體系和主流媒體所壟斷和瓜分，使原先的社會主流階層日漸邊緣化，成為全球化和高科技發展過程的利益受損者。此外，隨著美國東西海岸發達社會日益進入後工業和後物質化的時代，移民群體、黑人、領取救濟金者、同性戀、女權主義者等不但人數眾多，而且煥發出文化認同上的道德與政治訴求，象徵高度平等和多元文化的後現代業已到來，形成了對於傳統主流人群和文化價值觀強而有力的衝擊。這就是川普主義所面對的時代境況，也是傳統保守主義所面臨的時代困境。

在此境況下，美國各界的社會菁英和由此構成的政治建制派，他們又是如何應對的呢？說起來，他們屬於進步主義的自由主義。其中，所謂進步主義指的是他們自以為美國社

會的進步在於全球化進程，在於金融和高科技對於美國乃至世界的主導，所以他們推崇後現代主義的進步方向。另一方面，所謂自由主義則指的是他們認同既有的憲政架構和政治正確的道德正當性，高揚平等主義和世界主義，強調極端的個人主義。就實際層面來說，這種進步主義的自由主義最有益於他們的利益最大化；他們一方面分享著全球化的超高額利益，另一方面又彰顯著平等、自由和普惠主義的道德高調，這個菁英群體及其政治建制派可說是獲取了兩方面的所有好處。當然，在民主政治中，他們也需要付出一些代價，要為大眾民主買單。於是，他們大力宣導福利國家的經濟政策，要建立大政府，放寬移民政策，吸收大量拉美和第三世界的移民入籍，擴大救濟金的適用人數及額度，以福利換取選票。此外，他們宣導多元文化主義，消除傳統基督教信仰，讓同性戀合法化、大麻吸毒合法化、大學錄取有著逆向歧視等，這一系列策略固然在某些方面體現了自由平等主義的價值，但更重要的還是為了增加選票，以鞏固主流建制派（民主共和兩黨皆有）的統治地位。這種固化的制度竟然被標榜為自由主義，並昌行於世，難怪引起保守主義的反彈並與之訣別。至此，在歐美思想理論界也就有了保守主義與自由主義的分野。

但是，這種分野歷史其實並不悠久。至少在英美國家，則是晚近六十年的事情。追溯起來，在現代化的早期，英美的保守主義就是自由主義，或者說保守的、古典的自由主

義，激進的平等主義則是社會主義和社會民主主義的標誌。在社會公共政策上，前者主張小政府、低稅收、自由市場經濟等，後者主張大政府、高稅收、國家計畫經濟。二戰之後，政治社會情況改變，社會民主主義者登堂入室，逐漸成為政治主流。他們大力宣導平等主義、福利國家和多元文化主義，搖身一變為自由主義的真身，而真正的自由主義反而遭受前後夾擊，逐漸邊緣，於是才有了柴契爾和雷根的絕地反擊，以保守主義的面目挽狂瀾於既倒。但這股英美保守主義也支撐不了多時。全球化浪潮席捲而來，在社會結構上嚴重地侵襲了傳統自由主義的根基。

回到美國當今十餘年的政治、經濟與文化的攸關問題。我們不得不指出，由民主和共和兩黨上層菁英把持的建制派，加上紛繁複雜、各階層的數千萬民眾的支持，他們以平等、普惠的自由主義相標榜，再冠以政治正確的道德高調，以世界主義為藍圖，挾持著經濟全球化和高科技產品自由市場化的強大紅利，已經固化和統治了美國數十年，可謂江山永固。如果說這也是自由主義的話，那也是墮落、變質的自由主義，其精神已經死亡，僅剩下一具空殼。令人遺憾的是，兩百多年演變形成的美國憲政共和體制及其形式和程序機制，卻外化附身於日漸固化和僵硬的假自由主義政治之上。這是一種深度的形式與內容矛盾，也是美國四十年來眾多有識之士呼喚社會政治變革的內在緣由所在。誰都知道：這種僵化的體制需要變革！這也是美國人民的心聲。

但是，變革的動力機制在哪裡呢？這就涉及川普主義。且不說川普主義是否真正能夠擔負得起這種動力，至少使人依稀看到了某種希望。因為就算指望建制派菁英群體，他們享受著全球化和高科技的超額成果正樂不思蜀，哪裡有變革的動力訴求？他們所做的，不過是些小打小鬧的局部微調，仍然維護現有政經兩層面的政策格局，進一步推動全球化的進程，以及高科技的節能減排、清潔環保、生物工程和人工智慧等。當然，這邊應該進一步指出，發展全球自由貿易和新技術不是不好，而是要審慎而有節制；其實保守主義也並非反對高科技和全球化進程，而是認為要提高規則與法制門檻，要維護國家利益。至於各個階層的民眾，指望沙拉拼盤式的移民群體、黑人群體、領取救濟金的群體，以及其他有色族群等形成社會變革的主體，如同癡人說夢。那麼，擁戴川普的7,400萬選民呢？他們是否能夠成為社會變革的主體呢？顯然，僅僅就鐵銹帶的紅脖子[3]大眾乃至2,500萬名福音派基督徒，似乎也難以形成支撐變革的真正力量。雖然他們有變革的願望、共同關心的議題，能夠團結起來，形成一定的乃至強而有力的組織性力量，但如果他們的訴求僅僅是回歸過去的好時代，試圖以現代的職業身分重新成為經濟社會的主流群體，並以他們的道德文化和宗教信仰為主流價值，

---

3　編注：紅脖子（redneck）又稱大老粗，原本是指在美國因長期務農，使得脖子被太陽曬得通紅的南方農夫，後來則被用來影射思想保守、頑固且教育程度不高的鄉下白人。

那也有些天方夜譚。他們也應該清楚地意識到，過去既然已經過去，就再也不可能回來。

　　前述就是川普主義面臨的困境乃至絕境。以現有的社會結構來看，目前任何一個群體都不可能獨自擔負起政治變革的主體責任，但美國社會又迫切地需要進行一場合法的大變革，以打破積重難返的固化與僵硬的建制派格局。川普如果真是一位偉大的政治家，那就應該為川普主義灌注新的生命力，進行一番促使其7,400萬選民進入一次升級版的社會塑造運動，使他們成為社會政治變革的真正動力。其實，美國歷史上這樣的非凡之舉並不鮮見：從獨立戰爭經邦聯條約到費城立憲，國父們就是完成了一次美國人民的鍛造，而南北戰爭時期的林肯也是如此。未來，美國社會也需要這樣一次美國人民的鍛造來完成變革。當然，川普主義也不是唯一的道路，其他各種主義也有同樣的機運從事一場人民鍛造的政治變革。歐巴馬主義—希拉蕊主義—拜登主義是否形成了呢？他們是否有這樣的政治變革的訴求呢？其他的菁英群體提出過類似的主義嗎？倒是有美國版的激進社會主義之流在登高一呼。凡此種種，人們都在拭目以待！

## 川普與川普主義

　　回到川普主義。接下來，我們細數川普這位政治素人執掌總統大位四年來究竟做了什麼：哪些與川普主義相契合，

並且有望提升變革主體力量的凝聚力；哪些則是敗筆或錯誤，說明他不過是一名右翼的民粹主義者（據說這個憑空編造的詞彙是為川普專門量身定做的）或一名誇誇其談、謊話連篇的政治狂人。如果不是那麼抱有偏見而是大抵公正地來看，川普四年來至少在如下幾個方面兢兢業業地從事著他的總統志業。

首先，在治國理政綱領方面，川普提出了「讓美國再次偉大」的理念。平心而論，這個口號放在任何一個國家、任何一個執政黨都沒有什麼錯。現今世界依然是一個主權林立的民族國家體系，儘管全球化浪潮洶湧而至，也仍然脫離不了國家主權之藩籬。讓美國偉大，這是美利堅合眾國一直以來的國家根基，重鑄這個政治傳統有什麼錯呢？其實，讓川普廣受責備的還是與此相配套的政治經濟政策，概括起來，大致有三：

一是過於迅猛地反對經濟全球化，透過相關政策鼓勵製造業等基礎產業重回美國，這是對中西部飽受全球化經濟損害之彌補，並調整美國產業失衡之舉。這些究竟能否做到、效果如何是另外一個問題，但這個方向總體來說是對的，而這也是菁英建制派的最大短處。他們為了東西部高額的經濟利益，捨棄了美國的中低端基礎產業，並置億萬名中西部和南部曾經為美國的崛起和二戰勝利立下汗馬功勞的主體民眾之民生於不顧，任憑他們自生自滅。川普抓住了這個重大的社會結構問題，致使他的選戰選票有了基本盤。時至今日，

這個問題並沒有自發地消逝，而是越演越烈。如何重塑美國的基礎製造業和各種中低端產業，並且顧及億萬民眾的工作與生活之民生利益，這是迫切需要解決的社會結構問題。川普在競選中提出的綱領之一就是：給他們工作而不是給他們救濟，這顯然擊中了問題的要害。這些人不是靠領取救濟金的低端無業人群，他們不需要政府救濟，而是要工作崗位，要繁榮的家園。他們不甘貧困和懶惰，而是訴求能夠依靠自己的能力持家治業。

二是讓美國不再擔任維護世界和平與國際秩序的冤大頭，而是要求各國分攤相關經費。批判者認為，川普是在搞美國單邊主義或孤立主義，甚至在搞貿易壁壘、反對全球自由貿易。從形式上來看，川普很多做法確實如此，因而遭到歐洲等西方主要國家的強烈反對。但如果究其實質，川普要的是真正對等的自由貿易，是零關稅的單邊協定，而這對於日益弱化的WTO等國際貿易機制無疑是一種扭轉。至於他究竟做得如何、用的方法是否得體，以及促成的結果是否正確而有效，則是另外一回事。把川普的做法視為美國要孤立於世界、閉關自守，這不是無知就是誤解。川普乃至美國既不可能也不需要如此。川普對於全球化有他基於保守主義的理解，他要的是能夠保護基礎產業不流失、全球化紅利不流走的自由貿易秩序，這也符合讓美國重新偉大的國家利益。

三是重新樹立美國傳統以來的基督教主流價值觀和道德理念。這促使川普與福音派結盟，讚揚傳統美國的自由高於

平等的價值觀，反對各種過激的左翼政治正確的價值理念與絕對平等主義和世界主義的超前訴求。也正是這一點讓川普被視為反動的保守主義、白人種族主義，甚至法西斯主義。這些漫畫式的指責和嘲諷，其實都言過其辭，甚至居心叵測。一個連自己的行政團隊都難以有效指揮，根本沒有黨、軍、宣傳大權的總統，備受建制派的制衡和主流媒體的羞辱，怎麼會是法西斯主義？他在自己的推特上發表一些口無遮攔的狂人廢話，又怎麼會是法西斯主義？至於說他是白人種族主義和反動的保守主義，那也是誤讀。從歷史上看，美國確實是英國和歐洲移民建立起來的。白人在國家建構過程中厥功甚偉，這是事實不能抹殺，也要尊重這個傳統。但我們也得要與時俱進。現代社會宣導的是族群融合、平等相待，尊重美國各個族群的文化、信仰與生活方式、價值偏好等，截至目前還沒有看到川普作為總統有什麼嚴重的錯誤和劣跡。不過，需要指出的是，美國的基本制度及其主流價值應該基於憲法，所以美國的政治文化也應該是一元之下的多元主義，是憲法制度與價值之下的多元主義，而不是無節制的多元主義。因此，外來移民要歸化和宣誓效忠憲法，打擊非法移民無可厚非，限制移民額度並提高移民條件；這些都是主權國家的分內之事，屬於具體政策問題，適宜變動也無不可。

四是宗教信仰問題。固然美國憲法規定政教分離，但這個「教」指的是教會，不是個人信仰。國家不得設立國教，也不得限制個人的信仰自由。既然基督教信仰是美國建國以

來人民信仰的主流傳統，對於這個傳統也要高度尊重，這是保守主義的基本特徵。美國的自由主義也是從這個大傳統中誕生的，而自由主義如若反對基督教信仰，也就斬斷了自己的生命之源。美國憲法的權利條款還是有一個高級法的大背景的，也就是說，美國憲法向來就隱含著基督教的淵源，這是不爭的歷史事實。當然，這個傳統要與時俱進，但不等於攔腰斬斷，而現代自由主義的建制派像是在斬斷其生命之源，所以才成為一具空殼。從上述意義上來看，川普提倡的是美國的保守主義，但它並不反動；他恪守憲法制度和憲法價值，尊重美國的政治文化傳統，反而是真正的自由主義（或古典的自由主義）。至於在當今美國，認同平等至上、世界主義、多元放任主義、為菁英建制派唱高調並鼓勵各種機會至上的自由主義，不過是偽自由主義而已。

接下來，讓我們談談川普在政治經濟方面的作為。在政策上，川普實施的是「小政府、低稅收」的政策。執政四年來，川普大刀闊斧致力於一系列政策，這些政策的理論支柱其實並不新鮮，仍然是雷根經濟學的遺產，也是保守主義經濟學和政治學的基本內容。對此，經濟學和政治學界有過各種形式的研討乃至激烈的爭論，這裡不準備過多涉及，因為相關問題不可能是純粹客觀、科學中立的分析研究，此外還有效果研判的時間週期問題。我在這邊僅提供一點補充性意見，也是卑之無甚高論，但又經常為人們所忽視。

從政治與經濟學常識來說，小政府並不是政府越小越

好，而是恰切的政府，即與政府職權相匹配的政府，說到底就是責任政府或法治政府。另一方面，稅收也不是越少越好，而是恰切的稅收，與政府的職權施為相匹配的稅收，說到底也是法定稅收。這種保守主義的政策是與歐洲的福利國家政策和全能政府相互對立的，也與民主黨一貫推行、到歐巴馬時期更為顯著的美國版福利國家政策截然對立。川普實施的是美國共和黨的一貫政策，接續的是雷根主義的傳統。

由此來看川普的限權施為，其目標對於美國社會經濟的持續發展無疑是正確的。他反對政府包攬社會功能，把屬於社會的交還社會，而政府則要精兵簡政、限制財政支出、收縮管制事項，把更多的經濟事務和社會事務交給各州和社會組織來辦理。這就釋放了較大的社會和地方自由與自治，促進了社會與民間的經濟創造力。那麼，川普是否要廢除國民福利制度呢？對此的指責確實是冤枉了他。川普從來沒有說過、更沒有真的去廢除基本的國民福利待遇，他只不過把其中由聯邦政府大包大攬的一塊，轉交給各州酌情處理。除此之外，他提倡的是政府盡可能提供工作職位，而不是發放救濟金；他之所以賣命也要把製造業和中低端產業召回美國，也是繫於此。至於稅收問題，其原理和川普的做法也是如此，就是盡可能使勤勉的勞工大眾獲得低稅收的好處，並且鼓勵企業家更多且更有效地擴大經營力度，而不至於使得一些國際投資者從中牟取暴利。當然，事實上究竟效果如何，這是另外一回事；經濟學家們對此莫衷一是，一般人更是不

知深淺。但川普四年來的艱辛努力,使他在今年的選戰中獲得如此巨量的中等收入選民的熱烈支持。世道人心,經驗常識,不能說這些人都是腦袋進水為花言巧語所騙。

最後,我們再看川普在外交與國際秩序上的基本思路的釐定。美國是當今的頭號超級大國,二戰以來就在國際秩序中占據舉足輕重的領導地位。面對晚近數十年來風雲變幻的世界格局以及全球化的新局勢,作為政治素人的川普執政僅有短短的四年,對他提出一些過分的要求實在是強人所難,也是不切實際的。從白宮的外交政策來看,川普還是在一系列重大失誤和挫折中,逐漸釐清了一幅基本的國際秩序的經緯線路圖;諸如如何對待歐洲傳統盟國,如何梳理東北亞和東南亞各國關係,如何處理與阿拉伯世界及以色列的關係,如何與中國、俄國和日本等政治、軍事和經濟大國應對等,有些錯誤百出、有些則厥功甚偉,有些端倪初開、有些則還在迷霧之中。對此,讚譽者有之,詬病者有之,謾罵者有之,種種評價不一而足。但有一個事實是,他確實是素人入場,不受陳規所限,但也草莽任性,破除了舊有的格局,尚沒有確立新的格局,具有很大的不確定性。此外,川普未必能當選下屆總統,換一個許多人不看好的拜登,這就使得未來的世界秩序處於莫測難猜的迷茫之中。

綜上所述,大致就是川普四年施政的基本內容,也是川普主義的要點。但這些並不是川普主義本身。因為川普主義作為一種主義,除了上述內容,還需要一場政治運動意義上

的冶煉和鍛造，還需要注入憲法的生命形式，還需要凝聚起社會變革的主體力量，這些都是川普四年施政所缺乏的。就川普的個人風範和政策內容來看，固然可圈可點之處甚多，但也有重大的短處；除了缺乏社會變革的主體動力機制之外，川普個人的心理情緒與言談方式，他的遊移不定、獨斷專行和意氣用事，也極大地損害了他的群眾號召力和接受度。雖然這些都是外在的，與川普主義的本質沒有多少關係，但現代民主政治又特別突顯這一點。因此，無論是內容還是形式，川普主義要正式出道，勢必需要一次血與火的冶煉和鍛造。或許這次二〇二〇年的大選，可以是一次不期而至的機運，川普主義能藉此而真正形成，成為未來社會變革中不可小覷的政治力量。

一旦川普主義塑造完成並登上美國政治社會的大舞臺，那麼二〇二〇年大選的結果，最終誰勝誰負就不甚重要，而川普本人也並非不可取代了。社會改變的動力才是關鍵所在。把社會各個階層、日漸分裂的數千萬名民眾，塑造成為憲法意義上的「我們人民」（We the People），解決美國人民究竟在哪裡的問題，才是本次大選催生出來、至關重要的真問題，也是川普主義所要回答的問題。如果這個憲法問題尚沒有得到美國社會的清楚認識，美國社會的各界菁英還對此置若罔聞，那美國政治社會的任何主義都將偃旗息鼓，而美國不過是憑藉過去軌道的慣性殘喘延續下去。若真如此，這無疑是美國的悲哀，也是文明社會的悲哀。

保守主義的起源可追溯至18世紀的英國。1789年,法國大革命爆發,震驚了全世界。當時,英國政治家柏克認為,革命倘若持續延燒,將可能對歐洲的文明與秩序產生劇烈衝擊。柏克於是寫下《反思法國大革命》,從此標誌了保守主義作為政治思想的發展開端。

保守主義很少以格言、公式或目標來自我展示。它的精髓難以言說……但是，保守主義是能夠表述的。在面臨危機的時候，要麼是迫於政治上的需要，要麼是迫於對理論的呼喚，保守主義能夠盡其所能地表述，儘管並不總是對於其找到的辭藻，是否能夠與呼喚它們的天性相吻合感到自信。

這種缺乏自信並非出於羞怯或沮喪，而是源自對人世複雜性的認識，源自對於無法以空想學說的抽象清晰性來理解的價值觀念的忠誠。

——羅傑·斯克魯頓（Roger Scruton），
英國保守主義理論大師

# 文化戰爭、保守主義與西方文明的未來

王建勳

中國政法大學法學院副教授

至少自二十世紀六〇年代以來，美國社會中就出現了觀點極化且難以妥協的現象。譬如，一些人堅決支持墮胎，另一些人則強烈反對；一些人高倡同性婚姻，另一些人則只接受傳統婚姻；一些人極力主張嚴格控槍，另一些人則為擁槍權而戰；一些人大力宣導福利國家，另一些人則竭力捍衛自由市場。這些分歧反映在政治和公共政策領域，就導致了不可避免的黨派攻伐和政治極化，進而造成整個社會的撕裂。這種極化和撕裂的背後，有著深刻的文化原因，因而，它被稱為一場「文化戰爭」（culture war）。[①] 儘管它是一場沒有硝煙的戰爭，但其火藥味十足，只要瀏覽一下各種媒體和輿論平台就可見一斑。

二〇一八年八月二十四日，喬治城大學一位歷史學教授在《紐約時報》撰文，題目是「美國無休止的文化戰爭」（America's Never-Ending Culture War）。他本人參加過

一九六八年芝加哥街頭抗議越戰的活動，發現五十年前推動人們走上街頭的那些問題，至今仍然是造成美國黨派分裂和政治極化的重要因素，而且這種深深的分歧根植於難以妥協的文化和信條。[2]一位記者也曾驚呼，在今天的美國，一切都成了文化戰爭，任何一項議題都成了黨同伐異和輿論大戰的對象。[3]甚至有人說：「我們（美國人）正生活在一個全面文化戰爭的時代。」[4]

如果說美國社會現在發生了一場全面的文化戰爭，那麼這場戰爭究竟體現在哪些方面？為何會發生這場文化戰爭？我們該如何理解和看待它？此外，這場戰爭可能如何影響美國社會乃至西方文明的未來？本文嘗試對這些問題提出初步的回答，旨在對美國社會中的文化之爭進行解剖和梳理，探究這場文化大戰的社會政治影響，並將其置於西方文明發展演變的大背景中解讀。值得一提的是，雖然本文的討論基本上局限於美國，但西方其他國家面臨的社會撕裂和文化挑戰大致類似。

## 文化戰爭在美國：分歧何在？

我們若仔細觀察美國社會，就不難發現這場文化戰爭幾乎席捲了社會的方方面面。有些方面比較突出，或者輿論和媒體關注較多，有些則沒有那麼明顯，或者沒有引發討論。交戰雙方主要是進步主義者[1]（或民主黨的支持者）與保守

主義者（或共和黨的擁護者）。雖然雙方陣營都會因為議題或時間等因素而發生一些變化，甚至出現內部分裂或倒戈的現象，但總體而言，交戰雙方的主體是比較穩定的。

對於這場文化戰爭的具體表現，我們不妨從政治、經濟、社會等層面展開梳理和分析。就政治領域而言，這場文化戰爭主要集中表現在雙方如何看待政府的權力和職能上。進步主義者認為，政府的權力和職能應該隨著時代的變化而變化，不應局限於憲法原意，尤其是在提供社會保障和福利方面。他們迷戀福利國家，認為政府應該提供醫療、教育、養老等服務，甚至有不少人主張全部或部分免費。只要看看二〇二〇年美國總統大選時民主黨候選人提出的施政綱領，這一點就一目了然。雖然進步主義者的政策傾向存在細微的差別，但他們對待政府權力的基本態度大抵相同。

但是，保守主義者則認為必須恪守有限政府的原則。政府的權力在任何時代都應該受到嚴格限制，而且政府不應該介入社會保障領域，或者至少應該審慎介入，並且不應該介入得太廣太深，因為那是民間的事務。儘管今天美國和其他西方國家在不同程度上都提供了社會保障，但在十九世紀末之前，這幾乎還是不可思議的事情，不僅共和黨，就連民主

---

1　作者注：或者是「自由主義者」（liberals）。這裡所說的「自由主義者」主要是指「左翼自由主義者」（left libertarians），在美國語境中通常如此。「右翼自由主義者」（right libertarians）的基本立場是，在一些問題上與左翼自由主義者一致，比如在墮胎和同性婚姻問題上，而在另一些問題上則與保守主義者一致，比如在自由市場和私有產權問題上。

黨也會極力反對。譬如，一八八七年，當德克薩斯的幾個郡因乾旱而導致農作物歉收時，一些國會議員動議聯邦政府撥款救濟那裡的農場主，但民主黨總統克里夫蘭（Grover Cleveland）否決了這一動議。在其否決聲明中，他強烈地批評政府提供賑濟的做法，重申有限政府的基本主張，並且意味深長地指出：

> 我不認為聯邦政府的權利和義務應該擴至對遭受苦難之個人的救濟，它與公共服務或公共利益不存在任何適當的關聯。我認為，無視聯邦權利與義務等使命有限的普遍傾向應被堅決抵制，以實現該教訓應被時刻牢記的目的──儘管人民供養政府，但政府不應供養人民。我們總是能夠依賴民眾的友善與愛心為其不幸的同胞提供救濟。這一點是被反覆且最近才剛剛證明過的。這種情況下的聯邦資助會鼓勵人們指望政府的家長式關懷，削弱我們剛毅的國民性，抑制我們民眾之間那種互助的友善情感與行動──而這有助於加強手足之情的紐帶。⑤

保守主義鼻祖柏克（Edmund Burke）指出：「為我們提供必需品不是政府的權力。政治家們認為他們可以這麼做的想法，是徒勞無益的傲慢。人民供養他們，而非他們供養人民。政府的權力是阻止邪惡，而不是在這方面──或者也許任何其他方面──做好事。」⑥保守主義者擔心，當政府過

多地介入社會經濟生活之後，它就會蛻變為一個「全能型政府」，人們在一切事務上都指望和依賴它。

另一方面，進步主義者大都認為，政治制度越民主越好，而美國的政治制度不夠民主，或者，美國民主制度運作不理想，因而應當對其進行改造。譬如，他們主張總統大選採用的選舉人團制度是間接選舉，不能很好地體現一人一票式的民主，因而應當修改憲法，廢除選舉人團，改為選民直接選舉總統。皮尤研究中心（Pew Research Center）在二〇一八年三月進行的民意調查發現，百分之七十五的民主黨支持者主張通過一人一票直選總統，而共和黨支持者則只有百分之三十二贊成。民主黨的支持者對美國民主的運作更不滿意，更傾向於改變美國國父們設計的憲法和政體安排；調查資料表明，在民主黨的支持者中，只有百分之四十八的人認為它運作得還不錯，而共和黨的支持者中則有百分之七十二的人如此認為。此外，有百分之六十八的民主黨支持者認為美國政治制度需要根本性的變革，但只有百分之三十一的共和黨的支持者認為需要這樣的改變。⑦

文化戰爭在經濟領域的反映是，雙方對私有產權、自由市場和資本主義的看法存在較大分歧。進步主義者認為，私有產權、自由市場和資本主義造成了貧富差距、經濟不平等、壟斷與剝削等問題，因而應該對其進行干預或限制。他們主張透過累進稅（再分配）、反壟斷、最低工資、限制工作時間、提供社會福利等措施，對私有產權和自由市場進行

干預和控制。從十九世紀的范伯倫（Thorstein Veblen）到凱因斯（John Maynard Keynes），再到二十世紀的加爾布雷斯（John Kenneth Galbraith），以及當代的經濟學家史迪格利茲（Joseph E. Stiglitz）、克魯曼（Paul Krugman）、皮凱提（Thomas Piketty）等，都為這樣的主張提供了理論資源。因《二十一世紀資本論》一書而迅速走紅的經濟學家皮凱提認為，資本主義必然導致經濟不平等，因為資本回報率總是高於經濟增長率，所以財富集中在少數人手裡。為了解決這種不平等，他提出了一種激進的再分配方案，徵收一種全球性的累進財富稅（wealth tax），連同累進所得稅，最高可以達到80％。[8]

從民主黨國會議員提出的「綠色新政」（Green New Deal）中，可以清晰地看出進步主義者的社會經濟主張。譬如，他們主張聯邦政府為所有人提供高品質的醫療服務和教育、便宜且安全寬敞的房子、乾淨的水和空氣、物美價廉的食物，確保個人的工資能夠養活家庭，有能夠陪伴家人和生病時使用的充分休假、帶薪度假及退休保障。此外，聯邦政府也應該確保一個沒有壟斷——無論是國內還是國際範圍內——的商業環境，對美國所有的建築物進行升級改造，以確保其節能環保。[9]

與此相反，保守主義者認為，私有產權、自由市場和資本主義對於一個社會的自由與繁榮是必需的。雖然它們可能會導致貧富差距和經濟不平等，但是貧富差距不可能、也不

應被消滅。經濟平等不值得追求，因為它將削弱人們勤奮的動力，而且是不公正的；經驗表明，凡是私有產權和自由市場得不到保護的地方，都是經濟發展緩慢且發展水準比較低的地方，而且，最終必然走向奴役。[10]在保守主義者眼中看來，資本主義在短短幾百年的時間裡，讓所有人的收入和生活水準都大幅提升，這是人類歷史上此前所有的經濟制度都無法匹敵的。因此，資本主義不是一種零和博弈，而是一種讓所有人都受益的制度，儘管有些人可能比另外一些人獲得更大的利益。

在社會領域的文化戰爭，是雙方在墮胎、同性婚姻等問題上存在著嚴重分歧。如果說政治和經濟領域的文化戰爭聚焦的是老問題的話，那麼社會領域的文化戰爭針對的則是新問題。但是，人們在這些新問題上產生的分歧卻令雙方劍拔弩張，幾乎看不到妥協的可能。進步主義者認為，女性有權利支配自己的身體，胎兒在出生之前不是人，婦女擁有墮胎的自由。保守主義者則主張，胎兒的生命權應該受到保護，墮胎是對生命權的褫奪，在道德上是不正當的，應該受到法律的限制。

就民意而言，雙方在墮胎的爭論上不相上下、旗鼓相當。二〇一八年，蓋洛普（Gallup）的一項民意調查表明，在美國，支持和反對墮胎的人數都是百分之四十八；認為墮胎在道德上是錯誤的人占百分之四十八，認為墮胎在道德上是可 以接受的則占百分之四十三。[11]在司法上，一九七三年

的「羅伊訴韋德案」（Roe v. Wade）對墮胎之爭劃了一個暫時性的休止符。當時，聯邦最高法院裁定，墮胎的自由度取決於婦女處於懷孕的哪一個階段：在第一階段（懷孕之後的前三個月），婦女幾乎可以自由墮胎；在第二個階段（懷孕之後的中間三個月），為了保障母親的健康，可以有條件地允許墮胎；到了第三個階段（懷孕之後的最後三個月），為了保護胎兒的生命，除非是為了挽救母親的生命或保障其健康，否則不允許墮胎。[12]但是，該案判決之後，圍繞墮胎的爭論並沒有降溫，更別說結束了。

與墮胎一樣，同性婚姻也是雙方爭論處於白熱化的問題。進步主義者認為，婚姻不應限於異性之間，同性之間也有結婚的自由，否則就是一種歧視。保守主義者則主張，婚姻只應限於男女之間，這不僅是歷史和傳統，而且也是基督教和《聖經》的教導。就民意而言，支持同性婚姻的人數在過去十幾年迅速增加，目前已經大大超過反對者。皮尤研究中心在二〇一九年五月的調查表明，同性婚姻的支持者達到了百分之六十一，而反對者則只有百分之三十六。而在二〇〇四年的時候，同性婚姻的支持者還只有百分之三十一，反對者卻有百分之六十。[13]

二〇一五年，聯邦最高法院在「奧貝格費爾訴霍吉斯案」（Obergefell v. Hodges）中判決，各州必須給予同性婚姻進行法律登記，使同性婚姻走向了合法化。本案的多數法官主張，結婚的權利是一項基本權利，同性之間與異性之間

一樣有結婚的權利；雖然傳統上婚姻限於男女之間，但當人們的觀念發生了變化，就應當與時俱進，承認同性婚姻。不過，本案的異議法官反駁了這種看法，認為聯邦最高法院無權替各州決定是否應當承認同性婚姻，它是各州民眾自治的事務；此外，婚姻是一項基本權利，無法推導出它可以擴至同性之間。他們認為，婚姻只限於異性之間是一個悠久的傳統，而打破這一傳統必然對家庭、社會造成嚴重的衝擊。⑭

除了上述這些領域之外，文化戰爭還反映在很多其他問題上，譬如擁槍權、移民、環保等，無法一一在此詳述。但這些問題足以表明，進步主義者和保守主義者之間的分歧究竟有多大，又是否有妥協的可能性。由於雙方爭論的很多問題，答案都是非此即彼式的，要想讓雙方妥協的確很難；譬如，對於同性婚姻，人們要麼贊成、要麼反對，不存在第三種選擇。而且，很多爭論涉及深層次的觀念、道德和信仰問題，讓步的空間非常有限。雖然沒有硝煙，雙方爭論起來真像一場戰爭；人們在公共輿論中唇槍舌劍，甚至有時會惡言相向。

## 為何會爆發文化戰爭？

文化戰爭的出現至少有半個世紀了，不斷從一個領域擴至另一個領域，大有越演越烈之勢。但原因究竟何在？哪些因素導致了這場沒有硝煙的戰爭？從雙方的分歧來看，這場

戰爭的一個基本特點是，進步主義者一直處於攻勢，而保守主義者則始終處於守勢；進步主義者總是「與時俱進」，不斷「推陳出新」，提出新的看法、新的觀念，甚至新的道德標準，很多堪稱是革命性的，而保守主義者則一直「不思進取」、「墨守成規」，對新的看法、觀念和道德標準抱持懷疑，甚至想方設法加以抵制，竭力捍衛傳統的觀念和道德準則。因此，我們可以說，這場戰爭主要是由於進步主義者的進攻導致的。在這樣的狀況下，釐清進步主義者在哪些方面的觀念和看法發生了變化，方能有助於揭示這場戰爭爆發的真正原因。

就對政府的看法而言，在十八世紀的美國，人們的基本共識是政府的權力必須十分有限，理想的政體就是一個有限政府。這一點在《美利堅合眾國憲法》中反映得再明顯不過了；它用雙重分權制衡（橫向的三權分立和縱向的聯邦主義）嚴格限制政府的權力，並且對政府可以行使的權力採用了明確列舉的辦法，以防止其僭越。但是，到了十九世紀末、二十世紀初之後，隨著一人一票式的民主（大眾民主）的出現，人們越來越渴望政府在社會經濟生活中扮演更重要的角色，致使其權力不斷擴張。而且，人們希望越來越多的權力都集中在聯邦政府手裡，喜歡全國整齊劃一，因而導致聯邦政府不斷走向中央集權。每一次戰爭，從南北戰爭到兩次世界大戰，都加劇了這一趨勢，使得美國國父們的政治理想和制度設計，也就是有限政府，不斷受到挑戰。[15]

我們僅僅從政府開支增加的層面，就可以將聯邦政府擴張的程度看得一清二楚。一八五〇年，聯邦政府的開支僅占GDP的百分之一點五左右，而一九〇〇年的時候，這一數字也僅為百分之二點七。到了一九五〇年，數字上升到了百分之十三，二〇〇〇年高達百分之三十四，但到了二〇一〇的時候居然到了百分之四十二。[16]即使不斷有人警告聯邦政府將會走向破產，[17]但民意調查顯示，人們依然希望增加政府開支，尤其是在醫療、教育與基礎設施建設等領域。而且，進步主義者比保守主義者更加希望增加政府開支，尤其是在社會保障和環保等方面。與進步主義者相比，保守主義者更加偏愛小政府。[18]

在十九世紀法國思想家托克維爾（Alexis de Tocqueville）眼裡看來，在身分平等的時代，人們自然會喜歡政府權力的擴張和集中，因為每一個平等的個人都是孤立的、渺小的、無助的。個人的力量總是非常有限，只有政府能夠超越個人，實現更加宏大的目標。平等和大眾民主時代讓人們渴望一個包辦一切的「監護型政府」：

在這樣的一群人之上，聳立著一個權力無邊的監護型當局，獨自負責確保他們的享樂和監督他們的命運。其權力是絕對的、無微不至的、有條不紊的、有遠見且十分溫和的。如果說它是一種父權，目的在於教育孩子們如何長大成人，那麼它最像父權不過了。但是相反，它只

是企圖把人永遠當成孩子。它喜歡人們貪圖享樂，如果
他們別無所求。它竭力為人民謀幸福，但它要充當民眾
幸福的唯一代理人和裁判官。它為民眾的安全提供保
障，並預測和滿足他們的需求，幫助他們尋樂，管理他
們主要關心的事務，指導他們的事業，規定財產繼承，
分配他們的遺產，這豈不是不用他們勞神費思和操勞生
計了嗎？[19]

　　就人們在經濟領域的觀念而言，自十九世紀後半期以
來，人們就以懷疑的眼光打量私有產權、自由市場和資本主
義。它們被認為是剝削壓迫、貧富分化、物欲橫流、道德淪
喪的罪魁禍首，如果不是被消滅的話，也必須受到嚴格的限
制或約束。它們常常被認為只有利於富人，對於窮人弊大於
利。曾有些人提出了大膽的社會革新建議，期望用公有代替
私有、用計畫代替市場、用社會主義代替資本主義，並在一
些國家進行了實驗，夢想實現一個「烏托邦」。上個世紀
二、三〇年代的經濟計算大論戰告訴我們，離開了市場，經
濟計算就是不可能的，因為價格會被扭曲，不再能反映真實
的供需關係，而資源配置必然是任意、武斷的。[20]計畫經濟
的問題在於，經濟決策所需要的知識或訊息分散在無數個人
手裡，沒有一個人或機構有能力將這種分散的知識或訊息蒐
集起來。[21]
　　雖然「烏托邦」實驗的結局盡人皆知，但人們記住了私

有產權、自由市場和資本主義的罪惡；或者說，它們的罪惡已經深入人心，並在世代傳遞。難怪在馬克思的《資本論》出版了近一百五十年之後，法國人皮凱提又寫了《二十一世紀資本論》，並且立即成了風靡世界的暢銷書。今天，儘管主流經濟學者依然認為私有產權、自由市場和資本主義不可或缺，但無論是理論家，還是普通民眾，都對福利國家產生了大麻般的迷戀，而這必然會對經濟政策產生深遠的影響。

民主時代的民情加劇了人們對私有產權、自由市場和資本主義的反感。因為在這樣的時代，人們對平等的渴望遠遠超過自由，而私有產權、自由市場和資本主義恰恰被認為是造成不平等（尤其是經濟不平等）的根源。人們喜愛平等，是因為平等的好處一目了然，而其壞處則不易察覺，而且獲得平等不需要付出太大的代價，它是大勢所趨。與此正好相反，自由的好處則不易發現，而其壞處是卻顯而易見；此外，獲得自由往往需要付出沉重的代價。雖然民主社會中的人們也熱愛自由，但他們對民主的激情是熾熱的、不可阻擋的、不會休止的。如果他們不能在自由中得到平等，他們寧願接受奴役下的平等。[22]

就社會問題而言，之所以有越來越多的人支持墮胎和同性婚姻，在很大程度上跟美國社會的世俗化有關。從殖民地時代到十九世紀末，美國都是基督教占主導的社會，而基督教徒的人數也占絕對優勢。但是，隨著理性主義、實證主義、現實主義與各種無神論思潮的影響，美國社會逐步走向

世俗化。[23]二戰釋放出來的現代性力量，以及科技的發展和大眾文化，對傳統的道德觀念造成了相當大的衝擊，而自由主義知識菁英卻沒能在這一背景下，提供一以貫之的替代性道德理論和未來路線圖。[24]

一九六〇年，世俗主義者在美國總人口中的占比低於百分之二，到了一九七〇年早期升至百分之五，一九九〇年代後期達到百分之十二，而到了二〇〇九年則已經達到百分之十五至十七。[25]二〇一九年，無神論者和不可知論者在美國總人口中的占比達到了百分之二十六，而雖然基督徒的人數仍占總人口的百分之六十五，其比例卻在過去十年中下降了百分之十二。[26]在很多政策制定者和輿論領袖眼裡看來，宗教越來越被視為保守主義勢力試圖重塑美國社會的力量，於是他們千方百計提防或阻止其影響，彷彿宗教與美國社會無關，與每個人的生活和靈魂無關，結果導致宗教越來越被邊緣化。[27]

美國社會的世俗化在很大程度上與教育領域的變化密不可分。在過去一個世紀中，學校和教育與宗教離得越來越遠離。不僅公共輿論，法院的很多裁決也在一定程度上切斷了基督教和學校教育之間的聯繫。[28]譬如，在一九六二年的一樁案例中，聯邦最高法院判決，公立學校鼓勵學生們誦讀州官員起草的學校官方祈禱文是違憲的，違反了憲法增修條文第一條中不得確立宗教的條款。[29]次年，聯邦最高法院又在另一案件中裁決，學校組織的閱讀《聖經》活動是違憲的；

大法官克拉克（Tom C. Clark）說，無論美國公民的宗教信仰如何，各個層級的政府都必須在宗教事務中保持中立，並保護所有宗教，不得偏愛或歧視任何宗教。[30]除此之外，在一九九二年的一項裁決中，聯邦最高法院判定公立學校在畢業典禮時請牧師祈禱是違憲的。[31]二○○○年，聯邦最高法院也宣布，在高中橄欖球比賽時由學生自己組織和領導的祈禱違憲。[32]

然而，在一八四四年聯邦最高法院的一項判決中，《聖經》和基督教仍被認為是學校的道德教育中必不可少的。大法官斯托里（Joseph Story）說：「為什麼《聖經》，尤其是《新約》，不可以不加評論地被作為神啟，而在這所學院裡被閱讀和教授呢？為什麼它的普遍信條不可以被闡明，它的證據不可以被解釋，它光榮的道德原則不可以被灌輸？……哪裡能像《新約》裡一樣，如此清晰或如此完美地學到最純粹的道德原則？哪裡能像這部神聖經文一樣，如此有力和熱烈地宣導仁慈、對真理的熱愛，以及節制與勤勞呢？」[33]

在一百多年前的美國，幾乎所有的公立大學中都還有強制性的教堂服侍活動，其中有些大學甚至要求學生和老師都必須參加星期天的禮拜儀式。私立大學則就更不用說了。實際上，直到二戰之前，州政府贊助的教堂服侍活動還是司空見慣的，而且很多大學都認同自己是基督教學校。今天，這些都發生了根本性的變化，大學與宗教劃清界限，變得高度世俗化，在「自由主義」和「寬容」的名義下，課堂

上基本上只剩下世俗的理論和學說。[34]對此，哲學家諾瓦克（Michael Novak）評論道：

大多數美國學生和教授都來自基督教家庭，我們所有人——不論是否為基督徒——都生活在一個基督教占主導地位的歷史中……然而，我們的哲學家卻無視基督教對我們的政治、經濟和道德生活的思想意義。這是一件令人恥辱的事情，彷彿基督教不存在似的。[35]

此外，在一些人眼裡看來，宗教領袖對美國社會的世俗化也難辭其咎，因為他們步步退讓，不斷遷就無神論者。譬如，美國聖母大學歷史系退休教授透納（James Turner）就認為，人們之所以逐漸放棄了宗教信仰，在很大程度上就是宗教捍衛者和宗教領袖們本身造成的。在社會歷史進程中，他們竭力讓宗教信仰適應社會經濟變化、新的道德挑戰、新穎的知識問題，以及科學的嚴格標準，結果是他們逐步勒死了上帝。[36]

最後，知識菁英和新聞媒體不斷強調的多元主義、多樣性以及無條件寬容，也對社會的世俗化起了推波助瀾的作用。在很大程度上來看，美國的歷史就是一部多元主義在各個領域不斷擴張的歷史。從宗教多元主義到文化多元主義，從種族多元主義到性別多元主義，這種擴張對於美國國家認同和公民文化的傳統理解造成了有力的衝擊，可以說多元主

義的每一次擴張，公共文化（public culture）的穩定性都會受到一次挑戰，衝突和暴力經常難以避免。而美國歷史上一些最嚴重的災難，恰恰就是在這種擴張的節點上發生的。㊲

## 保守主義與西方文明的未來

根本而言，美國社會的文化戰爭是關乎如何理解美國的兩種根本對立的看法，包括美國曾經是什麼、現在是什麼，以及應該是什麼。㊳那麼，到底該如何理解美國？若說美國是西方的領袖，我們甚至可以問，到底該如何理解西方及西方文明？它是進步主義者所宣導的那樣，還是保守主義者所主張的那樣？在回答這些問題之前，我們有必要先弄清楚保守主義到底是什麼，以及保守主義者到底主張什麼。

保守主義者不喜歡給保守主義下一個簡潔清晰的定義，正如他們不喜歡那些動聽的口號和簡單的教條一樣。英國當代著名的保守主義理論家羅傑・斯克魯頓（Roger Scruton）曾說：

保守主義很少以格言、公式或目標來自我展示。它的精髓難以言說，倘若不得不加以演說，其表述方式又是懷疑論的。但是，保守主義是能夠表述的。在面臨危機的時候，要麼是迫於政治上的需要，要麼是迫於對理論的呼喚，保守主義能夠盡其所能地表述，儘管並不總是對

於其找到的辭藻是否能夠與呼喚它們的天性相吻合感到自信。這種缺乏自信並非出於羞怯或沮喪，而是源自對人世複雜性的認識，源自對於無法以空想學說的抽象清晰性來理解的價值觀念的忠誠。[39]

在斯克魯頓眼裡看來，對保守主義的鬆散定義，是把它理解為一種「保守的願望」，因為每個人都具有某種保守、倚靠熟悉事物的衝動。他說：「保守主義直接源於這樣一種觀念：個人從屬於某種持續的、先驗的社會秩序，這一事實在決定人們何去何從時是最重要的。」[40]另一位二十世紀知名英國保守主義哲學家麥可·歐克秀（Michael Oakeshott）也表達了類似的看法：「作為保守主義者，就是喜愛熟悉的事物勝過未知的事物，可信賴的事物勝過未經試驗的事物。事實勝於玄理，眼前之物勝於遙遠之物，充足勝於完美，現時的歡快勝於虛幻的極樂。」[41]

保守主義者很少用一句話來定義這種政治哲學，但這並不意味著它沒有自身的基本理念和主張。美國二十世紀的「保守主義教父」羅素·柯克（Russell Kirk）總結了保守主義的十大原則：

（1）相信一種永恆、超驗的道德秩序的存在。這意味著保守主義者承認宗教信仰的根本重要性。

（2）珍視習俗、慣例和社會連續性的價值。

（3）遵循約定俗成或「先例原則」（the principle of prescription），相信那些古老的、被長久實踐的智慧。

（4）恪守審慎原則。

（5）強調多樣性，反對整齊劃一和均等主義。

（6）相信人的不完美性。

（7）認為自由與私有財產密不可分。

（8）支持自願結社和地方自治。

（9）主張對權力和人類的激情進行嚴格的限制。

（10）主張在恆久和變革之間保持平衡。[42]

這十大原則可以被看做保守主義的基本主張。雖然並非每一位保守主義者都支持所有這些原則，但由於它們基本上都是柏克以降的保守主義傳統的核心理念，幾乎所有的保守主義者都會認同其中的大部分內容。

保守主義與進步主義的主要區別之一在於，前者強調宗教（基督教）對於自由和秩序的根本重要性，而後者則看法相反。保守主義鼻祖柏克認為，人在本質上是宗教動物，有神論才是人的本性。他說：「人天生就是宗教動物；無神論不僅與我們的理性不符，而且與我們的本能相違背，它的壽命不可能長久。」[43]在柏克看來，基督教是西方文明的泉源，如果人們拋棄了基督教，有害的迷信將會取代它。[44]

托克維爾也表達了同樣的看法：「宗教不過是另一種形

式的希望，它對人心的自然程度不亞於希望本身。人不可能在心智沒有錯亂和本性沒有嚴重扭曲的情況下，放棄其宗教信仰。更加虔誠的情感會不可抵抗地回到他們身上。無信仰是一種偶然，有信仰才是人類唯一永恆的狀態。」[45]

而且，當托克維爾考察了美國之後，他發現宗教（基督教）與自由在美國密不可分：

　　我一踏上美國的土地，這個國家的宗教領域就是引發我關注的首要事物。我在那裡待的時間越長，我就越發意識到這種新情況造成的政治後果。在法國，我幾乎總是看見宗教精神和自由精神背道而馳；但是在美國，我發現它們緊密相連，共同主宰著同一個國度。[46]

　　美國人把基督教的觀念和自由的觀念在其頭腦中如此緊密地結合在一起，以至於他們無法想像，若其中一個不存在了，另一個還能存在……[47]

　　在美國，宗教不直接參與社會的治理，但是，它必須被當做首要的政治制度。因為如果說它沒有使人們偏愛自由的話，那麼它也促進了人們享受自由。[48]

在民主社會裡，由於人與人之間的平等和獨立導致社會的道德紐帶變得鬆弛，社會才因而格外需要宗教信仰。於是，托克維爾也說：

專制統治的社會可能是沒有信仰的社會，但自由政體的社會卻不可能如此。宗教在他們讚揚的共和國裡比在他們攻擊的君主國裡更加必需。民主共和國（democratic republics）比其他任何政體都更加需要宗教。如果道德紐帶的增強不與政治紐帶的鬆弛成正比的話，如何才可能避免社會的毀滅？對於一群成為自己主人的人，如果他們不聽命於上帝，還能做什麼呢？[49]

他注意到，基督教對美國人的影響超越了其他任何地方：「在美國，主權權威是宗教性的，因此虛偽必定很普遍；但是世界上沒有任何國家比美國人的靈魂受基督教的影響更大，並且沒有任何證據比這種對地球上最文明和自由的國度帶來強大而有力的影響這一點，更能證明基督教的益處及其與人性的契合了。」[50]

實際上，美國就是一個基督教國家。美國精神的核心就是基督教文化，或者用杭亭頓的話來說，就是「盎格魯新教文化」（Anglo-protestant culture）。[51]創建北美殖民地的先驅把他們的殖民地稱作「山巔之城」（city upon a hill），把自己視為「上帝的選民」。[52]一六二〇年的《五月花號公約》（The Mayflower Compact）是一群清教徒訂立的「聖約」（covenant），他們是為了「榮耀上帝」和「推動基督教信仰」，來到北美開疆拓土的。[53]麻薩諸塞灣殖民地的創始人溫斯羅普（John Winthrop）在登船去北美之

前，發表了著名的布道演講《基督教仁愛典範》（*A Model of Christian Charity*），在其中他講到：

> 當上帝賦予人們一項特殊使命的時候，他指望人們嚴格遵守每一個條款……我們為此和上帝簽訂了聖約。我們致力於完成一項使命……我們必須認為，我們應當是一座山巔之城。全人類的眼睛都在盯著我們。因此，如果我們在此項事業中背叛了上帝，整個世界將會知曉並蔑視我們。[54]

締造美利堅合眾國的國父們大都是虔誠的基督徒，他們是按照基督教的原理和精神創建一個共和國的。[55]《獨立宣言》四次提到「上帝」或「造物主」，儘管《美利堅合眾國憲法》沒有提到上帝，但它的制度設計體現了基督教的原則和精神，而它所確立的分權制衡原則是建立在「原罪」假設基礎之上的。[2]此外，聯邦主義的思想則來自於「聯邦神學」（federal theology）傳統。[56]

---

2　作者注：麥迪遜在《聯邦黨人文集》第五十一篇這樣說道：「如果人是天使，政府便無必要。如果天使統治人，對政府的內外控制便無必要。在構建一個人治理人的政府時，巨大的困難在於此：你必須首先讓政府能夠控制被統治者；其次，使其控制自身。依賴人民無疑是對政府的主要控制手段；但經驗告訴人們，輔助性的預防措施是必需的。」見Hamilton, Alexander, John Jay, and James Madison. 2001. *The Federalist: The Gideon Edition*. Ed. George W. Carey and James McClellan. Indianapolis, IN: Liberty Fund. P. 269.

在一八九二年的一項判決中，聯邦最高法院大法官布魯爾（David Brewer）明確指出，美國是一個「基督教國家」（Christian nation）。[57]他追溯了殖民地創建以來的重要憲法和政治文獻，說明從《五月花號公約》到《獨立宣言》，以及大量的立法和司法判決，都承認了基督教在美國民眾生活中的根本重要性，承認基督教對於殖民地的開拓和美利堅合眾國的建立不可或缺。他指出：

> 基督教和第一批殖民者來到這個國家，強而有力地影響了殖民地和建國之後的迅速發展。今天，基督教在共和國的生活中是一個至關重要的元素。這是一個基督教國家。[58]

> 把這個共和國稱為一個基督教國家，不是一種純粹的說法，而是對一種歷史、法律和社會事實的承認[59]……人們常說，基督教國家是文明國度，而最徹底的基督教國家，就是最高級的文明國度。這只是一種巧合嗎？深入考察基督教與這個國家的歷史就會發現，它不是巧合，兩者之間有一種因果關係：基督教原則對國民生活影響越深，這個國家文明的邁進就越確定。[60]

曾長期擔任耶魯大學校長的伍爾西（Theodore Dwight Woolsey）也表達了同樣的看法。他說：「（美國）大多數人都相信基督教和福音書。基督教的影響無所不在。我們的

文明和智識文化建立在基督教基礎之上，而在幾乎所有基督徒眼裡看來，制度需要適應促進我們信仰和道德的擴散，並傳給子孫後代之最好希望。在這種意義上來說，美國是一個基督教國家。」[61]

定義美國是什麼的元素，除了基督教傳統之外，還有有限政府和資本主義。美國是世界上第一個根據雙重分權制衡原理（三權分立和聯邦主義）建構的聯邦共和國，對政府的權力進行了嚴格、明確、細緻的限制，意在為自由提供雙重保障。[62]美國國父們設計這樣一個複合共和國（compound republic）的初衷在於，讓國家僅僅做它被授權做的事情，也就是提供必要的公共物品和公共服務，其餘的則都留給各州和人民，留給公民社會。他們心目中的理想政體是一個小政府，無法想像由政府提供醫療、教育與救濟。在一百多年前，即使民主黨的支持者也認同這種有限政府觀。

美國從殖民地時代開始，就是一個商業共同體。那些清教徒先驅同時是一群商人，他們帶著經營貿易的目的去開拓殖民地。美國國父們，尤其是漢彌爾頓（Alexander Hamilton），他們所設想的美利堅合眾國是一個經濟繁榮的「商業共和國」（commercial republic）；人們具有企業家精神，敢於冒險並不斷創新。[63]國父們的政治理想加上韋伯強調的新教倫理，[64]使得資本主義在美國成為必然的選擇。資本主義必然意味著保護私有產權和自由市場，因為它們是資本主義得以有效運轉的前提。沒有私有產權，財產安全得

不到保障，人們不會有動力去從事商業活動；沒有自由市場，交易活動必將受到阻礙。

回到進步主義者和保守主義者在文化戰爭的爭論：到底什麼是美國？什麼是美國精神？概而言之，美國精神就是基督教加上有限政府和資本主義。這是美國的獨特之處，也是西方文明的獨特之處，因為西方文明的核心就是猶太－基督教傳統（Judeo-Christian tradition）。[65]這種傳統塑造了西方文明，也塑造了美利堅合眾國。在很大程度上來說，有限政府和資本主義也是在這種傳統的影響下發展演變而來的，基督教的人性觀和律法觀使得有限政府成為可能，基督教的倫理觀使得資本主義成為現實。難怪有限政府和資本主義都是首先在西方社會與基督教國家中出現。

在這個意義上，若要捍衛美國精神（美國文明）、捍衛西方文明，就應該捍衛基督教、有限政府和資本主義，而核心是要捍衛基督教傳統。沒有了這種傳統，美國將不再是原來意義上的美國，西方也將不再是原來意義上的西方。換句話說，西方文明的內核將徹底發生變化。發生質變之後的西方，是不是還有有限政府、私有產權與資本主義，是不是還是自由民主政體，恐怕都是未知數。

從歷史的角度來看，今天的文化戰爭在很大程度上不是因為保守主義者太右、太保守了，而是因為進步主義者太左、太激進了。僅僅在一百多年前，即使是進步主義者，即使是民主黨的支持者，大多也很難想像和接受今天進步主義

者的主張；他們無法接受無神論，無法接受一個權力膨脹的大政府，無法接受對社會經濟的過多干預和控制。在一個世紀，甚至在很多方面只是半個世紀左右，美國（以及歐洲）的社會文化發生了翻天覆地的變化：雖然基督教還在，有限政府尚未蛻變成暴政，資本主義被套上了鎖鏈。倘若美國國父們還活著，他們恐怕已經無法識別出眼前的美國。

## 面對文化戰爭，美國何去何從？

美國正在經歷一場前所未有的文化戰爭，歐洲也是如此。它發生在進步主義者和保守主義者之間，雙方在政治、經濟和社會領域上發生了嚴重的分歧，涉及有限政府、私有產權、資本主義，以及墮胎、同性婚姻等。它正撕裂整個社會，讓政治辯論和公共言論不斷走向極化，因為它是一場觀念與信仰之戰。究其根本，雙方的主要分歧在於如何定義或理解美國，以及如何理解美國精神。保守主義者眼中的美國，是清教徒和美國國父們締造的國度，是《五月花號公約》、《獨立宣言》和《美國憲法》塑造的國度；在那裡，基督教信仰昌盛，政府權力十分有限，私有產權得到尊重，資本主義經濟繁榮。而進步主義者（自由主義者）卻認為那樣的國度不夠「進步」；他們想要一個政府類似家長、私有財產被再分配、資本主義受到改造、女性可以自由墮胎、同性之間可以自由結婚的社會。

這場戰爭注定會十分激烈。因為很多深層觀念和信仰問題是無法調和的，沒有中間地帶，也沒有妥協的餘地。保守主義者認為，他們在保衛一種經歷了若干個世紀的文明——一種讓西方自由和繁榮的文明。反觀，進步主義者則認為他們的任務是要努力掙脫這種文明，或者徹底改造這種文明。在這種局面之下，西方文明的未來如何？保守主義者能不能守住這種文明？這無疑是個未知數。但有意思的是，在美國歷史上，每一次出現宗教衰落、信仰鬆弛與道德危機的時候，都會出現一次「大覺醒」（Great Awakening）運動，[66]重新喚起人們的宗教熱忱，重新讓人們信仰虔誠，重新校正道德準則。

（本文刊於《當代美國評論》二〇一九年第四期）

1776年6月，約翰·亞當斯（John Adams）、班傑明·富蘭克林
（Benjamin Franklin）、湯瑪斯·傑弗遜（Thomas Jefferson）、
羅伯特·李文斯頓（Robert R. Livingston）與羅傑·謝爾曼
（Roger Sherman）起草《獨立宣言》，並於該月28日上呈大陸會
議。文中四次提及「上帝」或「造物主」，顯示除了共和精神，
美國也以基督教原理建國。

我一踏上美國的土地，這個國家的宗教領域就是引發我關注的首要事物。我在那裡待的時間越長，我就越發意識到這種新情況造成的政治後果。在法國，我幾乎總是看見宗教精神和自由精神背道而馳；但是在美國，我發現它們緊密相連，共同主宰著同一個國度。

美國人把基督教的觀念和自由的觀念在其頭腦中如此緊密地結合在一起，以至於他們無法想像，若其中一個不存在了，另一個還能存在。

——亞歷西斯‧托克維爾（Alexis de Tocqueville），十九世紀法國思想家

# 川普主義與
# 美國保守主義的興起

王建勳

中國政法大學法學院副教授

二〇一六年當選美國總統之後，川普這位「政治素人」就把美國政治乃至世界秩序攪動得波濤洶湧。他的表達方式、行事風格以及政策取向，讓政客們和普通民眾意見對峙，社會撕裂和政治極化越加明顯，喜歡他的人毫不掩飾，憎惡他的人立場鮮明。不過，無論一個人對川普的看法如何，都不能不正視他對美國和國際社會所造成的影響：在過去幾十年中，還沒有哪一位美國總統能像他一樣「一石激起千層浪」。不論川普是位一屆總統還是兩屆總統，他注定都會被載入史冊，而且會被史學家們大書特書；此外，幾乎可以肯定的是，他們對其評論既褒且貶。

　　不能不說，很多人之所以反對川普，主要是因為他的表達方式和行事風格；人們指責他信口開河、口無遮攔，甚至謊言連篇。姑且不論這種指責是否公允，重要的是，對一個政治人物的評價應該主要看其做了些什麼，而不是說了些什

麼。否則，一個言談得體但政策有害的政治家，甚至一個花言巧語的獨裁者，都會得到更高的評價。那麼，川普到底做了些什麼？什麼是他的政治遺產？它與美國的保守主義之間的關係是什麼？川普的政治遺產將如何影響美國保守主義的未來？如果人們打算認真對待「川普現象」，而不是停留在口誅筆伐，那麼，這些問題都值得深入探討和辨析。

## 川普的政治遺產 —— 川普主義

在短短四年的任期中，川普推出了許多政策和制度，有些相當重要，對美國的社會政治生活，甚至對世界政治經濟秩序，都產生了（或者即將產生）不小的影響。譬如，在經濟領域，他大刀闊斧地推行了減稅、減少政府管制，以及增加就業等措施；在社會政治領域，他修改了歐巴馬健保（Obamacare）、限制了非法移民，也改革了刑事司法制度等；在外交領域，他則推行了撤軍、重新簽署貿易協議，以及推動中東和平等。[1]至少有部分人得益於這樣的政策；在二〇二〇年大選前的幾個星期，民意調查顯示，大多數的美國人都表示，他們的境況比四年前有所改善，而且，這麼認為的人多於在任總統為第二個任期競選時的一九八四年、一九九二年、二〇〇四年，以及二〇一二年。[2]

儘管川普推行的政策五花八門，儘管其施政綱領看起來缺乏一以貫之的主導思想，但如果觀察家們仔細考察和辨

析，仍不難發現其政策選擇和施政綱領背後的政治理念，那就是「川普主義」。而且，即使川普的某些政策在他離開白宮之後被修改、甚至廢除，川普主義可能還會長期存在；因為它不僅影響了大量的普通選民和政治菁英（尤其是共和黨人和保守主義者），讓他們認識到了美國當下面臨的諸多挑戰，此外還可能會影響今後兩黨之間的博弈策略和政治選擇，甚至可能導致更深層次的法律制度（譬如選舉制度）變革。[③]這就是川普的政治遺產。

很多不喜歡川普或其行事風格的人，往往傾向於給「川普主義」貼上民粹主義、威權主義、法西斯主義、納粹主義、種族主義、民族主義、排外主義、保護主義、孤立主義等標籤——幾乎所有在現代社會中被認為是負面的標籤，都會貼在他身上，而這麼做的人甚至包含一些飽學之士。[④]他們的論證不是揪住川普的某句話不放，就是對其某項政策進行「上綱上線」的解讀，抑或是讓意識形態和政治立場左右了整個討論，而不去分析美國社會面臨的真實問題和川普的有效回應。譬如，當川普主張清理建制派和屏棄官僚主義時，他被指責為民粹主義；當他限制一些穆斯林國家公民入境時，他被指責為法西斯主義；當他主張限制非法移民時，他被指責為排外主義；當他反對破壞南方邦聯將領或美國國父們的雕像時，他被指責為種族主義；當他因為貿易不公而徵收關稅時，他被指責為保護主義。這些帶著有色眼鏡的指摘和攻訐，對於認識美國社會面臨的挑戰和川普主義的興

起，幾乎沒有什麼幫助。

那麼，「川普主義」究竟意味著什麼？或者說，它體現在哪些方面？從競選的時候開始，川普就提出了一個響亮的口號：「讓美國再次偉大」（Make America Great Again）。從美國歷史上來看，它不是一個空洞無物的說辭，而是一個有著特定含義的政治理想。「讓美國再次偉大」意味著，美國曾經偉大過，偉大是美國人的夢想。

這一夢想可以追溯到四百年前，當清教徒漂洋過海到北美開疆拓土，他們認為自己是「上帝的選民」，是帶著特殊使命去殖民的，而他們的目標是建立一座「山巔之城」。⑤後來，美國獨立之後，有眼光、有抱負的美國國父們又致力於建立一個偉大的共和國。他們發現，一個聯邦共和國，也就是透過雙重分權制衡建立的有限政府，有助於他們實現這個目標，有助於建立一個自由、繁榮、安全的社會。他們認為，一個偉大的美國，不僅能讓民眾生活得自由而幸福，而且能在國際社會得到應有的尊重。⑥不久，美國國父們的理想實現了。美國成為世界上最自由、最繁榮、最強大的國家之一，甚至成了一個政治、經濟和軍事實力都無可匹敵的超級大國。這就是「讓美國偉大」的意涵。

可是，在過去幾十年中，隨著全球化和國際貿易的發展，美國面臨著一系列問題和挑戰。製造業外流，外來移民搶奪了本地公民的工作機會，中下層民眾的生活狀況沒有改善；傳統道德和價值觀不斷潰敗，物質主義和消費主義泛

濫；宗教信仰遭到藐視；傳統婚姻和家庭不斷解體，離婚率升高、同性婚姻成為時尚，單親家庭劇增。[7]這種社會生活的劇烈變動，導致了不同群體的不同回應和社會撕裂。少數族裔、同性戀群體、無神論者，以及科技教育菁英等族群支持這種變化，而生活在鄉村和小鎮的白人、虔誠的基督徒等則反對這種變化。[8]

正是在這種時代背景下，川普出場了，「川普主義」誕生了。川普主義就是對這種社會政治變化的回應：它要讓美國重新成為一個自由、繁榮且得到尊重的國家，讓它再次偉大。這一目標定位，不僅在白人工薪階層中獲得廣泛的讚譽，在其他群體中也頗受關注。[9]值得一提的是，不少人認為，川普應該為美國當下的政治極化和社會撕裂負責；然而，如果人們對美國過去半個世紀、甚至一個世紀的社會政治變化稍加研究，就會發現川普和川普主義是政治極化和社會撕裂的結果，而不是原因。[10]

分析其基本主張之後不難發現，作為政治理念的「川普主義」主要體現在以下幾個方面。首先，它反對官僚主義和行政國家（administrative state），重申民眾自治的政治理想。自從參與競選的時候開始，川普就再三表示，美國危機的根源之一在於華盛頓的建制派政客和官僚群體，以及一個幾乎不受約束的行政國家。他譴責那些政客和官僚醉心於背後交易和撈取好處，無視選民的生活和處境。川普一再申明，自己的任務之一是「排乾（華盛頓的）沼澤」（Drain the Swamp），讓民眾的聲音被聽到，讓民眾的利益得到關注。

至少自十九世紀後半期以來，隨著進步主義、經濟干預主義、福利國家等觀念的興起，加上大眾民主的實踐和授權立法的泛濫，聯邦政府的規模變得越來越大，在首都華盛頓特區和一些地方形成了一個龐大的官僚群體，掌控著政府運作的命脈。他們之間的利益相互關聯、盤根錯節，造就了相對封閉且沉迷於幕後交易的「建制派」。就這樣，一個托克維爾讚賞的自治社會，一個看不到政府的社會，變成了一個政府龐大、行政集權、官僚主導的行政國家。[11]

令人沮喪的是，在很多人眼裡看來，官僚主義和行政國家是現代社會所不可避免、甚至是理性化的結果。韋伯為此提供了具有廣泛影響的理論支持：在他看來，官僚化是現代社會中，法律、經濟與技術理性化的必備條件；等級制和科層制是這種官僚化的基本特徵，而且跟其他組織形式比較起來，它具有精確、快速、有效、統一和嚴格服從等優勢，其運作像機器一樣，是非人格化的。[12]從總統伍德羅・威爾遜（Woodrow Wilson）到當代的進步主義知識分子，都對這種官僚化行政深信不疑。[13]

在這種官僚化和行政化的國家，神聖的憲法越來越被擱置一旁——就算沒有遭受藐視，有限政府的觀念也越來越被人嘲笑，而自治的理想越來越不被當真。「民眾是美國的主人」曾經是一句令每個人激動不已的真實描述，但這句話在

許多人眼中幾乎逐漸變成了一句空話。儘管川普之前的總統們也都知道建制派政客們和官僚主義的問題，卻沒有任何總統願意或敢於公開挑戰這個群體，沒有人無所顧忌地指出這個群體不關心選民的利益，指出他們為了利益相互交易、嚴重腐敗。只有川普這個不屬於華盛頓圈子的「局外人」，才敢挑戰建制派政客和職業官僚們。川普反覆強調，華盛頓的官僚政客們富了自己、窮了選民。⑭

川普主義的作用在於喚醒美國民眾回到由他們自治的時代，而不是被無原則的職業政客和腐敗官僚統治。美國人從殖民地時代開始，就是一個崇尚且迷戀自治的群體，而國父們建國時的政治理想就在於建立一個自治的社會。針對這一點，沒有人比在一八三一年訪問美國的托克維爾有更敏銳的洞察了；他發現，美國是一個看不見政府、但治理得卻井井有條的社會，在那裡，「社會為了其自身而自主治理」。⑮

其次，川普主義極力主張回歸自由市場和資本主義。過去幾十年來，美國政客們和菁英階層大都崇尚大政府、高稅收、福利國家，以及對經濟的干預和管制，甚至出現了不少迷戀社會民主主義和社會主義的人。在美國歷史上，首次出現了自稱為社會主義者的總統候選人桑德斯（Bernie Sanders），還有一批國會議員步上小羅斯福（Franklin Roosevelt）的後塵，鼓吹所謂「綠色新政」（Green New Deal）。川普在數次演講中都強調，這些人將把美國帶入深淵，他們的主張與美國精神格格不入，他們的綱領是一條通

往奴役之路。

　　一進入白宮，川普就開始著手於減稅、減少管制，意在藏富於民，讓中小企業恢復活力，增加就業機會。由於川普的減稅政策，每個家庭平均每年增加了1,600美元的收入。[16]同時，部分製造業逐漸回到了美國，非裔和拉美裔美國人失業率創新低。[17]川普知道，過去兩百年來，美國的繁榮和強大靠的就是資本主義和自由市場，因為它造就了無數「白手起家的人」（self-made man），讓普通人的「美國夢」得以實現。

　　此外，川普主義挑戰政治正確、身分政治、多元文化主義，重申猶太－基督教傳統的根本重要性。至少自民權運動、女權主義運動，以及同性戀運動以來，關心「弱勢群體」、「邊緣化群體」或「少數群體」，就占據了意識形態、公共輿論和道德制高點。身分政治和多元文化主義穿上政治正確的外衣，在美國社會乃至歐洲各國中暢通無阻、所向披靡。在過去幾年，美國數十個地方和多所大學紛紛拆除或搗毀了政治不正確的雕像與象徵物，尤其是美國內戰時南方邦聯將領或支持奴隸制的人物雕像。同時，政治正確和身分政治的鼓吹者對言論自由構成了很大的威脅；尤其是在大學校園裡，阻撓保守主義學者在大學演講的事件頻繁發生，而原因只在於他們對政治正確和身分政治持批判態度。如今，這種政治正確的病毒已經入侵網際網路和社交媒體：推特封禁川普和大量保守主義者用戶的做法，就是一個明顯的例子。

毫無疑問，身分政治和多元文化主義已經滲透到美國社會的每個角落，對社會政治生活產生令人不安的影響。它們高舉「政治正確」的大旗，挑戰、甚至摧毀美國秩序和自由社會的根基。從競選的時候開始，川普就向選民展示了他對政治正確和身分政治的反感，而且透過打破慣例來身體力行。他發出其他政客們通常不願或不敢發出的聲音，讓那些被遺忘或被忽視的選民感受到尊嚴。[18]

　　鼓吹多元文化主義的人無視美國精神的核心就是猶太－基督教傳統。就在一百多年前，「美國是一個基督教國家」一事，還是美國人的基本共識。正如聯邦最高法院大法官布魯爾（David Brewer）所明確指出的：

　　　基督教和第一批殖民者來到這個國家，強而有力地影響了殖民地和建國之後的迅速發展。今天，基督教在共和國的生活中是一個至關重要的元素。這是一個基督教國家。[19]

　　　把這個共和國稱為一個基督教國家，不是一種純粹的說法，而是對一種歷史、法律和社會事實的承認[20]……人們常說，基督教國家是文明國度，而最徹底的基督教國家，就是最高級的文明國度。這只是一種巧合嗎？深入考察基督教與這個國家的歷史就會發現，它不是巧合，兩者之間有一種因果關係：基督教原則對國民生活影響越深，這個國家文明的邁進就越確定。[21]

在這個政治正確和多元文化主義盛行的時代，川普透過任命保守派大法官來捍衛猶太－基督教傳統。在短短四年的時間裡，他任命了三位最高法院大法官和兩百餘位聯邦地區和上訴法院法官。這些任命必將產生長期的影響，因為聯邦法官們都是終身任職的，此外由於川普的任命，聯邦最高法院保守派大法官占了多數。

川普主義倡導真正的愛國主義，重申美國的光榮與夢想。今天，很多美國人不再熱愛美國，甚至把美國稱為「帝國主義」，認為美國的歷史就是一部種族主義歷史，是一部壓迫的歷史——是白人男性壓迫黑人、女性和其他少數族裔的歷史，是推行奴隸制、資本家剝削工人的歷史，是排外和侵略的歷史，是少數人富有、大部分人貧窮的歷史。

川普指責這種看法的錯誤，指出它是政治正確和扭曲歷史之後得來的產物。川普主義反對種族主義，同時也反對利用種族主義來醜化美國，扭曲美國的歷史。美國有過奴隸制和種族歧視的歷史，不意味著那就是美國的立國精神，不意味著那就是美利堅合眾國的特性。美國的立國精神是「人人被造而平等」（All men are created equal），是所有的人都享有天賦人權。奴隸制是美國歷史上的不幸插曲，但在當時，奴隸制的存在有著特定的時代背景，尤其是聯邦的建立需要南北之間的妥協，需要蓄奴州和自由州之間的妥協，否則這個聯邦共和國根本無法建立。美國國父們大都反對奴隸制，包括華盛頓（George Washington）、傑弗遜（Thomas

Jefferson）、麥迪遜（James Madison Jr.）這樣的蓄奴者，但有鑒於當時建立聯邦的需要，他們選擇了妥協。

自從萊克星頓的槍聲[1]響起，美國的國父們都自稱為「愛國者」，以區別於那些支持英王的保皇派。作為愛國者，他們熱愛那裡的土地，熱愛那裡的民眾，更加重要的是，他們熱愛那裡的自治，熱愛那裡的獨立和自由。他們熱愛美國的生活方式。托克維爾曾經區分了兩種不同的愛國主義：一種是「本能的愛國主義」，即一個人出於本能熱愛自己的家鄉和祖國，是一種盲目、狹隘的愛國主義；另一種則是「反思性的愛國主義」，即一個人熱愛自己的故鄉和祖國是建立在理性反思基礎之上，一個人愛國是因為那裡自由，因為個人在那裡的權利得到保障，因為他是那裡真正的主人。托克維爾發現，美國人的愛國主義就是後者這一種。[22]

川普主義主張，種族歧視在制度上早已不存在，而心理或文化上的歧視是無法消除的；它或許會永遠存在，而且不限於白人歧視黑人，也可能黑人歧視白人，黑人歧視亞裔，拉美裔歧視黑人等。川普比過去任何一位共和黨總統都贏得了更多黑人和其他少數族裔的選票，不是透過許諾更多的福利，而是更多的工作機會、安全和自尊。[23]他繼承了林肯時

---

1　編注：一七七五年四月十九日的萊克辛頓與康科德戰役（Battles of Lexington and Concord）通常被認為是美國獨立戰爭的首場戰役。

代的共和黨的政治理想：「自由的土地、自由的勞工、自由的人」。

最後，川普主義強調國家認同的根本重要性，倡導「美國優先」（America First），反對世界主義和國際主義。川普知道，國家需要安全的邊境，需要有力的國家認同。在一個民主社會裡，公民身分比狹隘的經濟利益或討好選民重要得多，而在整個世界仍然是由民族國家構成的地球上，如果美國的自由政體還想得到維繫，就不能不保護公民身分和國家認同。㉔

在歷史上，美國人透過同化和吸收，接納了大量的移民；先是歐洲人，然後是亞裔、非裔與拉美裔移民，他們都在「大熔爐」裡經過歷練之後，變成了認同美國精神和生活方式的美國人。但是，隨著身分政治和多元文化主義的興起，同化與吸收的做法和「大熔爐」觀念都受到了挑戰；來自世界各地的移民要求保留自己的文化和語言，崇尚「沙拉拼盤」的理想。一些全球主義者和世界主義者認為民族國家已經過時，聲稱人們有權移民到任何國家。他們甚至拒絕使用「非法移民」這樣的用詞，代之以「未記錄在案的移民」或「未經授權的移民」，任何反對這些移民的人都會被扣上「種族主義者」或「排外主義者」的帽子。㉕大量支持川普的人生活在小鎮或鄉村。他們不喜歡大政府，不喜歡華盛頓的「沼澤」；喜歡自己生活的社區，熟悉自己的鄰居，不喜歡大都市及其所代表的世界主義。他們認為，

美國人正在失去自己的文化和身分認同。他們害怕「文化驅逐」（cultural displacement），擔心原本的生活方式受到威脅。[26]

大量的美國人支持限制移民或「美國優先」，並非意味著他們是種族主義者或排外主義者。他們絕不敵視生活在墨西哥的墨西哥人或生活在越南的越南人，只要他們沒有威脅到美國公民的生活。與其說川普的支持者排斥外來者，不如說他們更愛自己的家鄉、愛自己的社區、愛自己的文化傳統。他們對美國在國際舞臺上扮演重要角色一事不太感興趣，甚至不太關心國際事務。「美國優先」對他們而言很簡單，那就是美國應把重要的精力和資源，放在解決自身的問題、應對自身的挑戰上。處理好自己的事務是第一位的。美國要讓美國公民——尤其是美國中下層民眾——的生活得到改善，要讓美國經濟繁榮強勁，要讓美國社會安全有序，像以前一樣。[27]

川普強調，政府存在的目的是保護和服務本國公民而不是外國人——包括那些非法移民，美國政府沒有理由不把美國公民放在首位。[28]儘管此前也有總統表達過對非法移民的擔憂和不滿，但在過去幾十年中，沒有任何總統像川普一樣，對待非法移民的態度如此明確、如此堅決。[29]美國建國兩百四十多年來，他是第一位下令在美墨邊境建牆的總統，而且在如此短的時間內，就幾乎完成了此項任務。

在一些人眼裡看來，川普的「美國優先」論和具備附加

條件的全球化政策體現的，是一種應受譴責的民族主義，因為世界主義和國際主義才符合歷史的潮流，才是進步的，才是人類應當追求的。但是，對於川普主義而言，雖然狹隘的、反自由的民族主義對國內和國際的自由和平秩序有害，但健康的、開放的、自由的民族主義卻有助於實現國內和國際的自由和平。綜觀歷史，只有當民族國家興起之後，隨著政體理論和制度設計的不斷完善，自由社會才逐步成為可能，人們才實現了自由而和平地生活在一個共同體中的政治理想。此外，這樣的共同體讓不同族群的人既找到基本共識，又能保持自己的多樣性。經驗表明，民族國家既有助於實現自由，也有助於捍衛自由。無論是英國，還是荷蘭、瑞士或美國，都是隨著民族國家的建立，才實現自由共和國的理想，並且能夠捍衛這一理想的。[30]

那種拋棄民族國家的世界主義和國際主義聽起來十分動人。但是，放在現實世界來看，這種觀點一方面缺乏實現的可行性，決定了它不過是個烏托邦理想，至少在可預見的未來是如此；另一方面，由於它過於強調統一性而忽略多樣性、強調中央性而忽略地方性，因而即使有一天能夠實現，也很難保證它不以犧牲自由為代價。歐盟的有限實驗表明，世界主義和國際主義的推行對自由構成威脅，而英國脫歐就是一個明智的選擇。

川普的外交政策讓左右的建制派都難以理解。譬如，他從阿富汗和伊拉克撤軍，退出和伊朗的核協議，退出巴黎氣

候協定，退出世界衛生組織，退出眾多多邊貿易協議，重新簽訂雙邊協議，甚至發起了「貿易戰」。這樣的做法被很多人認為是讓美國回到孤立主義，回到貿易保護主義。其實，他們不知道川普主義的外交政策秉持的是一種「有原則的現實主義」（principled realism），它是「美國優先」綱領下的明智選擇。這種政策的核心在於，美國應當把本國公民的利益放在第一位，不應把大量的資源浪費在其他國家——尤其是伊拉克和阿富汗這種看不到希望的地方。很多國際組織都被不講正義的國家綁架了，大量的多邊協議對美國都是不利的。[31]

支持或反對川普主義，在一定程度上反映了人們對美國本性的兩種不同理解，反映了兩套不同的美國敘事：一個是「舊美國」，認為美國精神的奠基者清教徒是定居者而不是移民，贊同大熔爐而非多元文化主義，認為猶太－基督教信仰是公民宗教等；另一個則是「新美國」，認為美國的過去是種族主義的、壓迫主義的，白人享有特權，而美國是個移民國家，宗教信仰會禁錮自由等。[32]川普的當選和政策傾向喚醒了沉睡在很多人心中的「舊美國」，那個由清教徒和美國國父們建立的「山巔之城」，那個以猶太－基督教傳統為核心、堅守有限政府和資本主義的美國，以及那個篤信國家認同和「大熔爐」的美國。

# 川普主義與美國保守主義的走向

　　從川普參與競選開始，有些人就認為川普不是共和黨人。而且，其中有不少建制派共和黨人反對他，甚至組成了所謂的「永不支持川普的人」（never-Trumpers），而他們也認為川普主義不是保守主義。在我看來，這種看法是錯誤的，因為他們要麼是基於川普的行事風格或其對建制派的挑戰，才拒絕將川普視為共和黨人，要麼是基於他們秉持的「新保守主義」（neoconservatism）來看待川普主義。[2]

　　從政策傾向與政治綱領的角度來看，川普主義無疑屬於（古典）保守主義，繼承的是柏克開創的政治哲學和社會治理理念。無論是川普對內的經濟自由、社會保守政策，還是對外的移民限制、公平貿易等措施，不僅是（古典）保守主義所支持的，也是美國歷史上的保守主義者曾推行過的。[33]即使是「美國優先」這樣的政治口號，也不是由川普首創。[34]

---

2　作者注：「新保守主義」是美國在二戰後興起的一種政治哲學和社會思潮，其代表人物包括著名記者克里斯托（Irving Kristol）、社會學家貝爾（Daniel Bell）等人，布希父子分別擔任總統時的政策（尤其是外交政策）被認為深受新保守主義的影響。對於「新保守主義」的基本主張，見Irving Kristol. 2011. *The Neoconservative Persuasion: Selected Essays*, 1942-2009. New York: Basic Books. Pp. 148-150。對於新保守主義的政治遺產，見Clarke, Jonathan and Stefan Halper. 2004. *America Alone: The Neo-Conservatives and the Global Order*. New York: Cambridge University Press; Fukuyama, Francis. 2006. *America at the Crossroads: Democracy, Power, and the Neoconservative Legacy*. New Haven: Yale University Press.

很多人錯誤地視川普為美國政治中的異類，但他所代表的施政理念，其實始終都是美國政治文化不可分割的一部分。甚至，川普的大部分支持者都不是意識形態極端主義者，否則他很難當選總統。相反地，很多認為他們的生活方式和工作受到威脅、甚至正在消失的美國人——尤其是那些生活在美國鄉村和小鎮的中下層白人，都認為川普是自己的代言人。[35]在很大程度上來說，川普主義並非異類，而是美國文化傳統的一部分；即使是在川普的反對者當中，也有人這麼認為。[3]

就川普的社會經濟政策而言，減稅、減少管制、反對福利國家等無疑是符合（古典）保守主義的，因為經濟自由、有限政府向來是（古典）保守主義的基本主張。（古典）保守主義鼻祖柏克對市場的力量充滿信心，並曾說：

> 市場就是消費者和生產者在互相發現自己需求時的會合之地。我相信，任何對市場是什麼這一問題進行過深思熟慮的人，無不被（市場）平衡需求的解決這樣的真相、確當、迅捷與大抵公正而感到吃驚。[36]
> 我們民眾不應當違背商業交易的法則，它們是自然

---

3　作者注：Peter J. Katzenstein. "Trumpism is US," March 20, 2019, https://www.wzb.eu/en/news/trumpism-is-us。2021年1月5日查閱。卡岑斯坦（Peter Katzenstein）認為，川普主義是建立在三個支柱基礎之上的：族群民族主義（ethnonationalism）、宗教、種族。

法，因而也是上帝的律法。這樣做不會有望緩解上帝的不滿，使其消除任何我們正在遭受的或懸在我們頭頂的苦難。[37]

在談到社會保障或福利國家時，柏克也意味深長地說：「為我們提供必需品不是政府的權力。政治家們認為他們可以這麼做的想法，是徒勞無益的傲慢。人民供養他們，而非他們供養人民。政府的權力是阻止邪惡，而不是在這方面——或者也許任何其他方面——做好事。」[38]保守主義者擔心，當政府過多地介入社會經濟生活之後，它就會蛻變為一個「全能型政府」，人們在一切事務上都指望和依賴它。

對於國家的行動邊界，柏克提出的原則是：

國家應該把自己限制在真正嚴格的公共事務（公共和平、公共安全和公共繁榮）的範圍之內……有自知之明的政治家，會帶著智慧應有的尊嚴，只在這樣的高層領域、他們責任的原動力處，穩健地、警覺地、堅韌地和勇敢地來從事政治活動。其餘的一切事務，某種程度上都會自有安排。[39]

這種有限政府的觀念被後來的保守主義者們普遍認同。而作為一名商人，川普深知高稅收、政府管制與福利國家對社會繁榮和個人自由的危害。儘管二戰後興起的新保守主義

者也大抵認可市場經濟和經濟自由的重要性，但是他們對自由市場和資本主義還是有所保留。譬如，記者歐文・克里斯托（Irving Kristol）和學者丹尼爾・貝爾（Daniel Bell）都認為，自由市場傾向於導致幾乎無休止的社會衝突和破壞，而資本主義則孕育著削弱社會根基的「文化矛盾」。[40]對於福利國家，新保守主義者在態度上明確表示「一點兒也不敵視」，他們支持社會保障、失業保險，以及某種形式的國家健康保險等。[41]由此可以看出，在這個問題上，新保守主義者和進步主義者或民主黨沒有太大區別。以歐文・克里斯托的兒子威廉・克里斯托（William Kristol）為代表的新保守主義者成為「永不支持川普的人」，也就不難理解了。

就川普主義的社會層面而言，它捍衛猶太－基督教傳統，反對墮胎和同性婚姻，而這與（古典）保守主義無疑是完全一致的。大多數福音派基督徒之所以支持川普，在很大程度上就是因為他護衛作為美國精神核心的猶太－基督教傳統。這一傳統也是（古典）保守主義者始終珍視的。無論是柏克，還是托克維爾，都強調過猶太－基督教傳統對於自由和西方文明的根本重要性。

柏克指出，人在本質上是宗教動物，有神論才是人的本性。他說：「人天生就是宗教動物；無神論不僅與我們的理性不符，而且與我們的本能相違背，它的壽命不可能長久。」[42]在柏克眼裡看來，基督教是西方文明的泉源，如果人們拋棄了基督教，有害的迷信將會取代它。[43]托克維爾就

曾說：

> 　　美國人把基督教的觀念和自由的觀念在其頭腦中如此
> 緊密地結合在一起，以至於他們無法想象，沒有一個，
> 另一個還能存在……[44]

> 　　在美國，宗教不直接參與社會的治理，但是，它必須
> 被當作首要的政治制度。因為如果說它沒有使人們偏愛
> 自由的話，那麼它也促進了人們享受自由。[45]

　　就川普主義的移民和外交政策來看，它對國家認同、公
平貿易、美國優先的強調，都與（古典）保守主義一脈相
承。柏克強調（民族）國家的重要性，甚至認為國家具有神
聖性。他說：

> 國家出自上帝的意願，國家與一切完美事物的本源和原
> 初典型之間的關聯也出自上帝的意願。上帝的這種意
> 志，是一切法律的法律、一切君主們的君主。我們這種
> 團體性的忠誠與尊崇，我們對至高統治權的這種認可
> （我認為這是國家本身的神聖化），是萬眾頌揚的崇高
> 祭壇上的珍貴祭品。[46]

　　柏克把國家看成一個有機體，一個有生命的存在，而且
他也贊同社會契約論，但與洛克、霍布斯、盧梭所談論的社

會契約論大相徑庭。他把國家看成是一個在活著的人、已經死去的人和即將出生的人之間的契約，是一個連續不斷、有生命力的契約，而它依靠宗教、習俗、慣例、法令等來維繫。[47]這樣的一個國家有自己的文化傳統，有自己的國家認同，甚至有自己的國教。難怪柏克極力為英國國教辯護，儘管國教會有各式各樣的問題。[48]

托克維爾也對國家認同有著深刻的認識。當他訪問美國的時候，他發現英裔美國人的獨特之處：他們的清教徒精神、鄉鎮自治傳統、對獨立和自由的熱愛等，形成了美國的國民性，使其與北美的法國殖民地或西班牙殖民地有所不同。這種獨特的國民性構成了美國的民情，而這種民情正是維繫美國民主最重要的因素。[49]一旦它沒有了這種民情，其民主就很難維繫了。當下的美國所面臨的正是這樣的挑戰，這也是為什麼川普主義主張限制移民，以保持美國的民情和國家認同。

美國的國父們同樣珍視國家認同對於維繫新生共和國的重要性，因而反對無限制移民。傑弗遜擔心，大量來自歐陸專制國家的移民會對美國帶來負面影響，因為這些移民可能會把母國政府的統治模式和氣質帶到美國，甚至會傳給子孫後代。[50]出於同樣的擔憂，漢彌爾頓則指出：「一個共和國的安全根本上仰賴一種有活力的共同民族情感（common national sentiment），仰賴統一的原則和習慣，仰賴免受域外偏見的影響，仰賴對總是與人們的出生、教育和家庭密切

相連之國家的熱愛。」[51]

　　川普主義中的國際貿易理念，是最常被人指責為背離保守主義的。其實，這種指摘是沒有道理的，因為美國保守主義代表人物漢彌爾頓與後來的美國輝格黨人（The Whigs）[4]，都是川普對外貿易政策的先行者。儘管他們都強調對內實行自由市場，但對外則都要求公平貿易，而非無條件的自由貿易。對漢彌爾頓而言，防止英國等國家的進口貨物摧毀美國市場，保護美國的工商業，並利用關稅等槓桿採取一定的保護措施是必要的。那種指責漢彌爾頓是貿易保護主義或重商主義的看法是錯誤的；因為漢彌爾頓的目標相當複雜，不僅僅是為了保護美國的工商業，他也考慮到不能完全依賴國外市場、要調動社會的生產積極性等因素。[52]

　　美國內戰前的輝格黨人也認為，在國際領域推行教條式的自由貿易，將讓美國的工人被迫與歐洲的工人競爭，而歐洲的工人由於工資低，會讓美國的工人失去競爭力，工資也被迫拉低。而且，由於其他國家不會對美國取消關稅，美國單方面降低關稅無異於自我解除武裝。[53]

　　同樣地，川普主義並非一般意義上的反對自由貿易、反對全球化，而是捍衛公平貿易，支持有條件的全球化。國際

---

4　編注：輝格黨（Whig Party，1833-1856）是十九世紀美國的主要政黨之一，因反對時任總統的安德魯‧傑克森（Andrew Jackson）與其共同創建的民主黨而建立，認同國會的立法權應高於總統的行政權。輝格黨建黨初期，內部便因利益不同而派系林立，因此當美國持續向西擴張，加上南北差異，奴隸制廢存問題就逐漸觸發輝格黨走向分裂而瓦解。

市場與國內市場不同，前者關乎的是國家之間的貿易關係，而不同的國家之間有著不同的對外貿易政策。如果一些國家對另一些國家徵收高關稅或限制某些產品的進口，或者說，如果一個國家出口的產品得到政府補貼，那麼另一些國家就有理由認為這是不公平的貿易。新保守主義者之所以反對川普主義，部分是因為他們反對限制移民的做法，也反對公平貿易和附條件的全球化。

可見，如果說川普主義不是保守主義的話，它的確與當代美國的新保守主義不同，但是它與（古典）保守主義卻是一致的。在很大程度上來看，新保守主義的問題在於，它放棄了（古典）保守主義的一些原則，不斷向進步主義妥協，以至於它們之間的分歧不斷縮小。譬如，新保守主義跟進步主義一樣，支持經濟干預和福利國家，支持開放移民，支持無條件的自由貿易和全球化。問題是，倘若沒有了有限政府，沒有了資本主義，沒有了國家認同，沒有了自由和繁榮，新保守主義也就喪失了保衛的對象。

川普主義則旨在回歸（古典）保守主義，堅守（古典）保守主義的原則和政治理想，堅守有限政府、資本主義和猶太－基督教傳統，並且根據現實需要來調整自己的政策。這是一種柏克式的政治智慧，既堅守保守主義的原則和理想，又懂得如何在紛繁複雜的現實世界中捍衛這種原則和理想。歷史經驗表明，在很多情況下，自由本身無法保衛自由，它的獲得和維繫只能靠自由之外的手段，甚至是看似與自由不

相容的手段。寬容、開放、多樣性、多元化等理念本是自由的產物，但是無條件的寬容和開放、沒有邊界的多樣性、無限的文化多元等都會摧毀自由本身。如果只沉溺於理想或過於教條，忽略了現實世界，後果很可能是自殺性的。無論是美國國父們，還是內戰時代的林肯，抑或是二戰時的邱吉爾，他們都深知，要想捍衛自由，有時不得不訴諸自由之外的手段。這是一個自由的悖論。（古典）保守主義對這一悖論的理解，遠遠超過其他政治哲學和社會思潮。

由於新保守主義放棄了（古典）保守主義的諸多原則，不斷向進步主義妥協，對美國當下面臨的國內外挑戰缺乏感知和回應能力，它在流行了三、四十年之後，基本上走到了盡頭，並且在美國知識界和社會政治生活中的影響越來越小。秉持有原則的現實主義，川普主義將取代新保守主義，給美國保守主義注入新的活力——它將讓美國保守主義重回古典時代，重回柏克、聯邦黨人、托克維爾的政治智慧和回應能力。在某種意義上來說，這是美國保守主義的又一次復興，標誌著柏克式的（古典）保守主義的再次登場。

## 自由共和國的未來

即使川普只是「一屆總統」，他對美國政治和社會的影響也已經超出了很多人的想像。他在短短四年內，大刀闊斧般地進行革新，從減稅和減少管制，到建牆和限制移民，再

到任命三位大法官，以及重塑對外貿易、推動中東和平等，川普不僅履行了自己的競選承諾，還讓美國恢復了活力和繁榮。他的政治遺產就是「川普主義」，其基本內涵表現為反對行政國家，捍衛自治傳統；反對大政府，捍衛有限政府；反對經濟管制，捍衛資本主義；反對世界主義，捍衛國家認同；反對多元文化主義，捍衛猶太－基督教傳統。在很大程度上來說，川普主義意在回歸柏克開創的（古典）保守主義，是對當代美國新保守主義的矯正，有助於美國保守主義運動的再次復興。

美國當下的社會政治狀況讓很多人聯想到羅馬共和國，尤其是它開始衰敗並走向帝國的時候。在幾乎所有的史書中，那是一個世風日下的時代，是一個民眾墮落的時代，也是一個獨裁者橫空出世的時代。無論這樣的聯想是否有道理，無論美國的現狀能否跟羅馬共和國末期相提並論，馬基維利曾敏銳地發現，只要羅馬共和國的公民還沒有腐化墮落，他們通常就還能選出有德行的統治者，有出眾的能力且能兢兢業業地服務於共和國；但一旦羅馬的公民變得腐化墮落，他們就會開始選擇那些能夠討好他們而非保障共和國安全的人，而當他們變得更加腐化墮落的時候，他們就不再選那些討好他們的人，而是選那些權力令其恐懼的人了。㊸

在很大程度上來說，這個看法與一八三一年訪問美國的托克維爾的看法不謀而合。在托克維爾看來，美國的民情決定了美國的民主，決定了美國是一個自治的社會。同樣地，

美國現在的民眾與民情，也決定著美利堅合眾國的未來，決定著美國國父們締造的這個自由共和國還能否存續下去。

（本文刪節版曾以「川普主義助推古典保守主義回歸」為題，發表於《探索與爭鳴》二〇二一年第二期。）

1787年9月，美國憲法草案被分發至各州進行討論，預備進行表決程序。為了解釋憲法草案的宗旨並尋求人民支持，漢彌爾頓、詹姆斯·麥迪遜（James Madison Jr.）與約翰·傑伊（John Jay）先以文章形式，後於1788年共同發表《聯邦黨人文集》（*The Federalist Papers*）。該文集的第十篇文章就提及了建立共和國的重要性。

一個共和國的安全根本上仰賴一種有活力的共同民族情感，
仰賴統一的原則和習慣，仰賴免受域外偏見的影響，仰賴對
總是與人們的出生、教育和家庭密切相連之國家的熱愛。

——亞歷山大‧漢彌爾頓（Alexander
Hamilton），美國開國元勳

# 政治泥石流中的共和國砥柱：

## 從格拉古兄弟到川普

蕭瀚

中國政法大學法學院副教授

羅馬是個待售之城，
買家一來它就會陷落。

——古代北非努米底亞國王朱古達（Jugurtha）

## 制憲會議與富蘭克林的共和美德定律

一七八七年九月十七日，星期一，美利堅聯邦之一的賓夕法尼亞州首府費城，彤雲密佈了兩天之後，天氣變得涼快起來，甚至還帶有一點秋高氣爽的清新味道。在那棟後來變成博物館的寬敞房子裡，來自全邦聯的四十二名制憲代表將要結束已經持續了一百二十七天，可說是幾乎持續了整個夏天的制憲會議。屆時，他們或許能夠拿出一份創造聯邦美國的憲法草案，也有可能鎩羽而歸、無功而返。

在這次的制憲會議閉幕式上，平時極少發言的富蘭克林（Benjamin Franklin），讓另一位制憲代表威爾遜（James Wilson）代為宣讀了一份發言稿，其中說道：

> 我進而相信，這一次可能治理得好若干年，不過最後還是會以專制收場，和以前的一些共和體制結局一樣，人們一旦過於腐化，就需要專制政府，沒有能力建成其他體制。[①]

富蘭克林的這段話遙相呼應於六十年後法國思想家托克維爾考察美國時發出的讚賞和憂慮：民情比法制重要，而法制則比地理環境重要。[②]富蘭克林的警戒，也可以被視為自羅馬時代作家普魯塔克（Plutarch）以來，西方共和主義者幾乎不約而同贊成的政治學基本定律之一：共和國立基於公民美德；腐化墮落的人民既不可能建立、也不可能維持共和國的運作，但有美德的人民建立了共和國之後，如果墮落了，也會失去共和國。這一政治學定律可以簡稱為「共和美德定律」，它所表達的是共和國與公民美德之間的正向關係。

對這部憲法的未來命運，華盛頓十分悲觀，認為它能運作二十年就算不錯了。[③]但無論華盛頓還是富蘭克林，顯然都是基於對民情的悲觀看法，才做出這些判斷或警示；哪怕在制憲代表簽署一致同意的前夕，又或是富蘭克林對憲法與

共和國的未來信心百倍，將其譽為東升的旭日。由此可見建立和維繫共和國的難度，因為讓公民美德永遠青春本就是天方夜譚。除了華盛頓和富蘭克林，費城制憲會議的制憲代表們對共和國有著深刻的擔憂——就如富蘭克林所警告，歷史上的共和國最終都會頹敗為由專制政府來收場，因此代表們對權力有著更為深刻的戒備。他們之所以會爭論一百二十七天之久，就是想要建立一個聯合諸邦的聯邦政府，而聯邦政府的權力規範則必須符合分權制衡的基本原則，必須以這樣的憲政體制來撐起一個共和國。

但制度這架政治機器和所有機器一樣，再完美的機器，也需要珍惜它的操作者愛護它，需要勤擦拭、勤修繕、勤維護，否則長期運行下來，必然會產生諸多制度垃圾。管理機器的人若沒有基本的職業道德，不善加維護、及時清汙，甚至監守自盜，將機器裡的零部件廉價變賣撈外快，機器最終必然會無法正常運行。

## 一個歷史案例：羅馬共和國的衰落

公民美德的質與量是共和國品質、甚至是其存亡的關鍵要素。但不同的時代，不同的政治、經濟、文化傳統，以及不同的地理氣候等諸多要素，都同時影響著共和國，正如它們也同時影響任何一種國體與政體。即便如此，共和國作為一種於古羅馬創立的國家形態，羅馬共和國的興衰在人類歷

史上有著特別的歷史地位，無論從其成功的經驗看，還是從其衰亡的教訓看，都是如此。

英國歷史學家大衛‧格溫（David M. Gwynn）在《羅馬共和國》（*The Roman Republic*）一書中說道：「從真正意義上說，羅馬共和國是自身成功的犧牲品。」[④]要真正理解這句話並不是那麼容易，需要把握羅馬共和國五個世紀的基本歷史脈絡，尤其是最後一百五十年的紛爭與撕裂。格溫認為，羅馬共和國所謂自身的成功，其實就是其卓越的政治自治能力，使得羅馬這樣的城邦共和國蛻變成了帝國，而共和國這種國家治理模式與帝國這種實際的國家形態是格格不入的。正如他所簡潔論證的：

> 共和政制不斷進化，是為了滿足一個小型義大利城邦發展的需要。作為一個政治制度，共和政制是一項卓越的成就。它穩定而不失靈活性，並能在集體和個人統治之間保持謹慎的平衡。但這個制度卻從未為管理一個帝國做好準備。對外擴張給羅馬共和國的政治結構和元老菁英階層的集體權威帶來源源不斷的壓力，而這種壓力同樣讓羅馬的社會和經濟結構不堪重負。[⑤]

格溫的解釋，確實能夠說明共和國治理與帝國形態之間的政治衝突，但他並沒有涉及這種衝突的內在邏輯，即共和國所成就的公民美德與帝國之間的衝突。共和國所成就的公

民美德中，至少包含、但不限於以勤勞自守創造財富，其所要求的勇敢，至少最初是出於自衛而非進攻與征服。而帝國擴張則是進攻性、征服性、掠奪性的，依靠英勇殺敵、征服周邊、搶劫財富的軍事行動，在根本上最終腐蝕了共和美德。帝國擴張的成就首先摧毀的，就是共和國菁英管理階層的美德；包括土地在內、巨大且不勞而獲的財富，腐化了元老院為代表的菁英管理層，而這種腐化隨著帝國進一步擴張，也必然蔓延到普通人的生活中。換句話說，外因促成的腐化必然侵蝕共和國的內在結構。

這種腐蝕的過程最初是緩慢的。正如孟德斯鳩（Montesquieu）在《羅馬盛衰原因論》（*Considerations on the Causes of the Greatness of the Romans and their Decline*）裡說過的，最初羅馬人的生活是艱苦的，但即便他們一直處於征戰中，艱苦的生活至少在很大程度上，有助於維持羅馬的共和美德。隨著時間流逝，隨著羅馬征服的外族越來越多，其掠奪的領土越來越遼闊，這種腐敗就開始呈指數級產生問題。外來不勞而獲的財富在分配過程中，以元老院為代表的上層管理菁英因為手握大權，必然產生不公正的分配結果——在分配非自我生產的外來財富時，要秉持完全公正的規則幾乎是不可能的。最終，這也導致了共和國公民內部出現更為嚴重的等級分化與等級矛盾。因為帝國擴張而引發的軍事權力，尤其是執政官馬略（Gaius Marius）改革募兵制之後，軍人逐漸凌駕於元老院等政治菁英之上所產生的僭越效應，

只是諸種腐敗現象之一；雖然它最終在表面上成為顛覆共和的主要形式，但共和的衰亡在很大程度上，仍是權力與財富腐敗的正常邏輯結果。

於是，公元前二世紀，經歷了數百年征戰的羅馬城邦共和國，成功地擴張為地中海帝國。羅馬人從戰爭勝利中搶來的土地，大量地被隨意分發給了那些有能力占據的富人；他們利用奴隸耕種（因為奴隸不需要服兵役），進一步加劇了土地的集中與貧窮自由民的破產。這除了使得等級衝突變得十分嚴重之外，相伴而來的嚴重問題是，財富的兩極分化使得實施徵兵制的羅馬，其兵源日漸枯竭，而讓羅馬共和國得以存在的羅馬公民的共和國美德遭到了嚴重侵蝕。

公元前一三三年，愛國貴族格拉古兄弟（The Gracchi brothers）中的哥哥提比略·格拉古（Tiberius Gracchus）當選為保民官。[1]他提出一項土地改革法案，規定每個公民所占公有地不能超過500尤格拉[2]（但可以留給每個兒子250尤格拉，而總數不能超過1,000尤格拉），超過部分則由國家償付正常地價後收歸國有。接著，國家將這些土地劃成份地，每塊30尤格拉，分給貧窮農民。此外，法案也決定成立一個每年一換的三人委員會，以負責分配土地，同時也成立

---

1　編注：保民官（Tribune）是羅馬共和時期各類軍事和民政官員的總稱，譬如平民保民官、軍事保民官、財務保民官等。

2　編注：尤格拉（jugerum）是羅馬丈量土地的單位。500尤格拉大約等於1.26平方英里，而1尤格拉則大約等於2521平方公尺。

一個長期有效的監督委員會，以監督法案的執行情況。<sup>⑥</sup>

這一法案遭到了羅馬權貴的激烈反對，因為他們已經習慣了之前那樣幾乎無限制地從對外征服中獲利。為了順利通過法案並且保證法案的有效執行，提比略・格拉古尋求連任下一年的保民官。在此過程中，雖然提比略已經盡了最大程度的克制，但法案的支持者和反對者之間依然發生了激烈的暴力衝突，提比略也因此被另一位保民官（蒂薩里厄斯〔Satureius〕或魯弗斯〔Rubrius〕，不確定到底是哪一位，兩人都說自己殺死了提比略）殺害。<sup>⑦</sup>包括古羅馬歷史學家阿庇安（Appian of Alexandria）在內，後世許多歷史學家都認為提比略在改革過程中操之過急、魯莽滅裂，甚至因此不惜破壞制度，以至於招致了失敗與犧牲。甚至連大歷史學家蒙森（Theodor Mommsen）也這麼認為。<sup>⑧</sup>

若仔細檢討蒙森等主流歷史學家對提比略・格拉古的責備，當可發現這種責備是輕率的。從某種程度上來說，有鑒於當時利益集團的腐爛敗壞，以及羅馬共和制度中固有的缺陷，如果沒有執政官和元老院主動進行改革，幾乎不可能和平改革。提比略任職的平民保民官，任期只有一年，而各類保民官每年都有十位，這造成了保民官立場各異；他們既可能是利益集團的一部分，也因為任期過短，不可能成就大事。尤為重要的是，保民官所代表的是平民的利益。他們的權力一則僅限於羅馬國內；二則在於羅馬向來就沒有像雅典那樣發達的民主傳統，因此保民官的力量非常有限；三則至

少從起源上來說，設立保民官的初衷就是要防止元老院和執政官損害平民利益。更深入地說，保民官最初的權力屬性是被動的、是否決性的，[9]後來才逐漸加入各種主動性的權力內容（比如逮捕及裁決權、引導立法權等）。但這對其權力的權威性並非好事（不妨比較一下終身制和僅享司法審查權、裁判權的美國聯邦最高法院大法官）——即權力也有其專業性，混雜的權力和過短的任期導致保民官容易在行使權力時，什麼事都沾點邊，但什麼事都難以為繼（蓋尤斯・格拉古〔Gaius Gracchus〕倒是曾嘗試改革司法權，將反貪法庭的陪審團成員從加入騎士階層到全部改由騎士擔任）。他們手上最有成效的權力，可能依然只有否決權。

所以，包括十年後繼承兄長遺志、繼續推動改革而同樣殉職的保民官蓋尤斯・格拉古，格拉古兄弟藉以推進改革的權力，就像陷入敵軍重圍的戰士手中不順手的武器，再加上並不發達的民主，以如此條件進行改革，失敗是「大概率事件」、是極度可能的，成功才是意外。因此，蒙森等歷史學家對格拉古兄弟改革失敗的苛責並不公允。

公元前一一一至一〇五年的朱古達戰爭（Jugurthine War）格外清晰地展示了以元老院為代表的羅馬菁英統治者的嚴重腐敗。北非努米比亞國王朱古達在與羅馬上層統治菁英斡旋期間，連續行賄羅馬元老、執政官與保民官，以至於輕蔑地說：「羅馬是個待售之城，買主一來它就會陷落。」共和國美德至少在統治者階層已經幾乎蕩然無存。朱古達戰

爭因此成為公元前一○七年的執政官馬略進行軍事改革的直接動機。他將徵兵制改為募兵制，暫時性地解決了兵源枯竭的問題。但馬略改革不但不可能根本性地重塑共和國美德，更因其飲鴆止渴而製造了新的問題，即為後來的軍閥混戰和軍事獨裁埋下隱患，直到八十年後共和國因此崩潰，蛻變為帝國。

格拉古兄弟改革的失敗，只是羅馬共和國衰落過程中的一支插曲。它的崇高歷史地位是後人梳理整個羅馬史時賦予的，至少這場失敗的改革絲毫沒有阻止共和國墮落的速度（當然這並不會讓格拉古兄弟的英雄形象受損）──從公元前一二一年蓋尤斯·格拉古被殺，到公元前八十二年蘇拉（Sulla）率軍占領羅馬、開啟軍事獨裁先河，只不過四十年，而到前二十七年元老院授予屋大維（Octavian）「奧古斯都」（Augustus）的尊號、建立元首制，也只是一百年以內的事。而在蘇拉到屋大維這將近六十年裡，羅馬還經歷了慘烈的前凱撒內戰與後凱撒內戰，以及斯巴達克奴隸起義（War of Spartacus）。即使是被後世許多歷史學家視為人類古往今來最偉大的君王凱撒也沒有能夠拯救共和國，遑論格拉古兄弟。

## 美利堅聯邦共和國的衰落

在美國，每年出版的政論著作中，有很多唱衰美國的

書。因此，即使如成功預言了柏林圍牆倒塌和蘇聯解體的挪威和平學家約翰·加爾通（John Galtung）名震一時的著作《美帝國的崩潰：過去、現在與未來》（*The Fall of the US Empire*，2009年出版）、原美國眾議院議長紐特·金瑞契（Newt Gingrich）的《拯救美國》（*To Save America*，2011年出版）、著名保守派時政評論家帕特里克·布坎南（Pat Buchanan）的《一個超級大國的自殺：美國能挺到2025年嗎？》（*Suicide of a Superpower*，2011年出版），也只能短暫地吸引人們眼球。年年都喊狼來了的結果就是，即使狼真的出現在家門口，人們都未必會相信。

然而，這次狼真的倏然而至，猝不及防。直到二〇二〇年十一月三日的大選之前，至少在普通人眼裡，美國這個被稱為美利堅合眾國的國家，還是一個歲月靜好的正常聯邦民主共和國。但這一天之後，在許多人眼裡，美國一直以來在全球的星光燦爛形象瞬間黯淡——大選的大規模舞弊疑雲在隨後將近兩個月的時間裡，不但沒有消散，反而越來越濃。這濃厚的疑雲背後所昭示的，甚至已經遠遠不只是大選本身是否嚴重舞弊的問題，而是駭人聽聞地指向美國整個民主制度已被嚴重敗壞。美國的共和是否墮落與腐敗問題比人們能夠想像的還要觸目驚心，而它所面臨的危機，甚至比前述那些唱衰美國的書籍中指出的問題更加深重。

在涉及大選大規模舞弊的問題上，國會與各州議會的不作為、少量行動者受到的阻撓和冷淡以對都是顯而易見的情

況。此外，隸屬於總統麾下的司法部門也幾乎完全不作為。七大搖擺州州政府強行認證有爭議的選舉人票（即使他們被其州議會否決），但最不可思議的是，各州與聯邦司法當局，對大選舞弊訴訟採取堅決的回避態度。數十起訴訟案中迄今尚無一起案例得到事實審理。換句話說，沒有一間法院允許控辯雙方在法庭上質證。然而，比這些制度性偏袒更為可怕的是，有第四權和無冕之王美譽的美國主流媒體，竟然也對大選舞弊爭議採取單方面的消聲處理；在未經調查的前提下，或單方駁斥、否認舞弊，或乾脆沉默以對──其步調之一致，宛如提線木偶。（其實，這種現象早在二〇〇八年，主流媒體幫歐巴馬「助選」[10]時，就已經引起許多人的警覺。）與此同時，那些掌控訊息發布平台的高科技公司，從臉書、推特、Google到YouTube，偏袒性地審查用戶發布的訊息，仗著《230條款》[3]的保障，聯合打壓來自川普總統及其支持者發布的指控大選舞弊的訊息。

顯然，事情已經遠遠超越了立法、行政、司法三權的分權制衡本身是否有效的問題。執掌制度者，也就是人的問題，其實更為嚴重。除了在任總統川普本人及其部分親信官員、國會兩院少數議員，以及最高法院少數法官之外，大量

---

3　編注：《230條款》為美國《通訊規範法案》（Communications Decency Act）第230條，保障網際網路服務的供應商無需為第三方使用者的言行負法律責任，同時也保障網際網路服務供應商只要「立意良善」，就不會因為移除或審核第三方提供的惡意內容，而背負法律責任。

政客和事務官，加上主流媒體中的大部分掌權者，他們若隱若現的聯盟明顯符合川普總統近五年來指控的所謂「華盛頓沼澤」這一不正當利益集團的特徵。如果它真的存在，即使剔除實際清白的沉默騎牆者，這個不正當利益集團所涉及的深度和廣度也是驚人的。

　　一直仰望美國民主燈塔的人們，現在只有像美國的司法系統那樣對令人驚顫的證據資料視而不見、聽而不聞，或者乾脆將這一切視為陰謀與陷害民主黨的無稽之談，才能繼續保持這一姿態。然而，無論人們願不願意承認，事實非常清楚：美國作為一個聯邦共和國已經嚴重墮落。

　　冰凍三尺，非一日之寒。美國共和精神的衰落早已不是一天兩天的事。挪威和平學家約翰·加爾通的《美帝國的崩潰》一書，雖然是以典型的歐洲左派視角書寫，但他對美國病理脈象的把握，至少在外交領域相當全面。雖然書中羅列的美國十五大矛盾在立場和解釋上都值得商榷，但依然具有很高的參考價值，茲概括如下：

◎經濟方面：增長與分配的矛盾；實體經濟和金融經濟的矛盾；從生產、分配到消費和環境之間的矛盾。
◎軍事方面：美國國家恐怖主義和恐怖主義的矛盾；美國和其同盟的矛盾（德日英除外）；美國在歐亞的霸權主義，以及俄羅斯、印度與中國之間的矛盾；以美國為首的北約軍隊和歐盟軍隊的矛盾。

◎政治方面：美國和聯合國的矛盾、美國和歐盟的矛盾。

◎文化方面：美國國內猶太—基督教和伊斯蘭之間的矛盾；美國與古老文明的矛盾；美國和歐洲菁英文化之間的矛盾。

◎社會方面：中產階級內部的矛盾；世代之間的矛盾；理想與現實的矛盾。[11]

上述十五大矛盾雖然也涉及美國內政，但主要集中於外交領域。這是因為加爾通的歐洲左派立場，讓他無法在全球化問題上獲得自圓其說的論證。事實上，美國菁英統治階層之所以會給美國帶來如此多難以解決的全球性衝突，恰恰是因為他們奉行有缺陷和不公正的全球化戰略所造成的惡果——這些缺陷與不公正能夠給菁英階層本身帶來各種政治和經濟利益。

全球化本身的利弊難以一言蔽之，過於籠統簡化地判斷其善惡對錯，可能謬以千里。土耳其當代經濟學家丹尼‧羅德里克（Dani Rodrik）曾問道：「全球化帶給那些擁有產品、技術和資源的人們只有好消息，但它對世界貧困人口也能如此嗎？」[12]對許多人來說，羅德里克所說的才是全球化分歧的真問題之一。這些方面即使如力推全球化的大左派經濟學家史迪格利茲也不否認；他在《全球化及其不滿：川普時代的反全球化》（*Globalization and Its Discontents*）一書中就花了大量篇幅討論全球化過程中產生的諸多問題，尤其

是與此相關的管理不善問題。

　　然而，管理不善絕不僅僅是全球化的衍生或附帶問題，而是全球化與生俱來幾乎必不可免的問題，這是由各國不同制度及其不可能完美協調本身所造成的。在一個半叢林法則的全球秩序下，全球化怎麼可能會公正運行呢？在自由民主制的共和國與專制、甚至極權的國家沒有完全脫鉤的前提下，全球化怎麼可能健康運轉？如果德國政治學家羅伯特‧密歇爾斯（Robert Michels）提出的「寡頭統治鐵律」是只能改善而不可能廢除和取締的，那麼各國統治菁英之間為全球化進行合作時，就不可避免地將陷入各種出賣原則的利益勾結泥淖。最終，這些腐敗現象必將導致全球化創造出弱肉強食的世界。

　　在全球化浪潮中，最明顯的是經濟的全球化，尤其是表現為全球的自由貿易。與此相關的是，作為戰後全球秩序的主要塑造者，美國是全球化理所當然的最主要推手。美國龐大的經濟體量、數量眾多的跨國公司、先進的科技技術，以及龐大的金融資本，所有這一切都從全球化背景下，經由資本窪地、人才窪地、資源窪地、訊息窪地、科技窪地與法治窪地，進一步製造權力和財富的馬太效應[4]。在此過程中，美國的權力和財富菁英勾結外國各種制度下的權力和財富菁英，以確保上述所有加劇各種不平等的政治經濟文化橋樑保

---

4　編注：馬太效應指的是導致強者越強、弱者越弱的現象。

持順滑與安適，而所有菁英們當然也能從中分很大一杯羹。

# 共和國的帝國困境

美國在政治、軍事、經濟、文化等幾乎所有領域，都強勢推出美國元素，而無論合理不合理，其背後所依仗的永遠是令人望而生畏的軍事力量。英國歷史學家阿克頓勳爵（John Dalberg-Acton, 1st Baron Acton）所謂「權力導致腐敗，絕對的權力絕對導致腐敗」這一名言，幾乎在所有情況下都是條鐵律。在國際政治、經濟與軍事文化中，這同樣是難以避免的，尤其是在蘇聯解體之後，失去了制衡力量的美國單極霸權，其腐敗表現尤其明顯，而二〇〇三年的伊拉克戰爭正是這一霸權不受限制的典型案例。如同加爾通所定義的，美國既是一個共和國，又是個帝國。它的帝國一面，既是全球化的原因，也是全球化的結果。由此，經過戰後七十五年，美國既可以說是四處擴張，又可以說是維護世界和平、輸出美國價值的各類政治經濟文化行動，再配以內政上長期奉行的各種自殺性政策，美國開始陷入與當年羅馬共和國晚期類似的困境。

## 觀念與意識形態困境

近五十年來，幾代人在左派進步主義思潮哺育下，使得

以大政府、高福利為主要標誌的左派觀念越來越成為主流。左派思潮向來有著激烈的道德自我標準，使得原本就不同於歐陸的美國，使得這個以基督教新教為意識形態根基的「右派國家」，在意識形態上發生了嚴重的撕裂。尤其是自二十世紀八〇年代以來，逐漸興起的身分政治，日漸取代杭亭頓所謂的健康的「意見政治」，隨風潛入夜式地占領校園與媒體後，成為一支人們難以抵禦的觀念大軍。尤其是在歐巴馬當政的八年間，身分政治得到了歐巴馬政府刻意的大幅推動，到歐巴馬卸任時，身分政治所衍生的政治正確及取消文化（cancel culture）[5]已經可說是左右了美國的輿論和教育，表達自由已瀕於滅亡。這一觀念與意識形態困境，製造了壓迫和被壓迫，以及憤怒和撕裂，它終有一天會釋放出巨大能量。表達自由作為共和國的根基，在現在的美國已經幾近滅頂，是個不爭的事實。只要看看二〇二〇年美國大選中，媒體與高科技公司對大選舞弊消息的視而不見與壓制就可見一斑。

　　觀念和意識形態困境雖然不僅僅局限於身分政治帶來的問題上，還涉及各種宗教信徒與無神論者之間的衝突、有神論者內部的衝突，以及由各種信仰與非信仰所衍生的生活方式在觀念上的衝突，比如墮胎權問題、同性戀婚姻問題等。

---

5　編注：取消文化指的是一種抵制行為，尤其是在網上發起的抵制行為。在社群媒體上，常見知名公眾人物因為說了一些令人反感或不能接受的言論，而被輿論抵制，使其工作機會、商業代言，甚至網路影響力「全被取消」。

雖然這些分歧與衝突原本在美國就由來已久，但在目前觀念與意識形態撕裂的背景下，這些衝突都可能被加碼，從而變得更具有爆炸性和引發暴力衝突的危險。

國際上，觀念和意識形態困境要複雜得多。杭亭頓所謂的「文明衝突」很好地揭示了這個問題；美國的基督教文化根基與伊斯蘭世界、共產極權世界之間都形成了極難協調的意識形態敵意。這種敵意，有些是美國自己招惹的（比如伊拉克戰爭），有些則是美國自己不小心掉進去的意識形態陷阱（比如與共產主義世界打交道）。

## 政治困境

內政上，身分政治引發的撕裂帶來政治部落化，各個政治黨派之間已經變得十分對立且彼此之間充滿敵意。一個典型現象是，民主黨和共和黨之間的敵意和對立，使得黨派之間常常只有在涉及菁英利益時才能意見一致，即使他們常常是藉由某個冠冕堂皇的法案來實現這一點的。這樣的狀況不但發生在上層的政治菁英（如議員）之間，也發生在基層的黨員之間，此外所有的政治議題都可能引發火爆的相互攻擊。

外交上，事實上的帝國不可能完全奉行共和精神，因此一般而言，美元和人權依然是美國外交上最主要的工具。美國透過這兩條腿獲得的擴張，以及從中獲得的全球化利益，

雖然不能說完全沒有讓普通人民受益，不公正與比例失調卻是顯而易見的。外交依然主要是政治、經濟和科技菁英們的遊戲。在此過程中，美國就常常因此而在國際上替自己招來怨恨。

## 經濟困境

美國國內，金融大鱷、跨國公司、高科技公司等經濟巨頭從全球資本窪地、人才窪地、資源窪地、訊息窪地、科技窪地、法治窪地中獲得了巨大利益。但在這些經濟菁英們獲益的同時，國內各階層的經濟利益卻因此受到很大損害：（1）國家財政因這些經濟巨頭透過全球化的法治窪地逃稅而受損，使稅負不當轉移給其他階層，主要是中產階級；（2）產業鏈轉移導致美國製造業衰落及因此而來的失業率飆升；（3）金融資本過度膨脹，造成經濟空心化和經濟安全受損；（4）經濟分配上兩極分化的同時，中產階級負擔過重。隨著大政府和高福利政策不可逆地推進，如果不對全球化現狀進行根本性改造，上述經濟困境只會越來越嚴重。

另一方面，這些經濟巨頭在獲得利益的同時，相關的所在國既分享了部分利益，也產生了一些負面效應；比如，在提高科技能力、經濟發展水準、人民生活水準和就業率等正面效應的同時，還帶來與其合作的專制政府統治能力的提高、所在國資源和能源的不公平利用、加劇所在國統治菁英

們在全球化過程中的腐敗。從全球化中受益的美國經濟巨頭
們本身，也更進一步成為所在國民族主義及其煽動者的有力
藉口，使得美國在全球的形象進一步受損。

## 文化困境

　　隨著二十世紀六〇年代以來新一波進步主義思潮的推
進，平權等運動持續進行（尤其是最近二十年來身分政治的
無孔不入），美國校園和主流媒體基本上都已被左派占領。
歐巴馬政府也更進一步地透過戮力推動身分政治，建立了國
內文化專制主義的雛形，導致種族問題和移民問題等都得不
到基本的公共討論，從而很有可能變成了潛在的文化炸彈。
身分政治、政治正確以及取消文化，這一自殺性的文化專制
主義三件套，讓普通人在公共議論中噤若寒蟬、動輒得咎；
觸犯者輕則遭到網路暴力圍攻，重則遭解雇、失去生計並被
判處社交死刑，再加上主流媒體與掌管訊息發布平台的高科
技公司也對此推波助瀾。美國的表達自由已經岌岌可危。文
化專制主義所引發的社交恐懼、由此深種的壓抑與仇恨，以
及由此可能帶來的惡果，其危害都是不可估量的。

　　半個多世紀以來，美國除了其消費文化隨著國力傳播到
全世界，美國的價值觀因其軍事霸權而遭到全球性的質疑，
其內政上的制度與外交上的宣導，與其頻繁（有時甚至是濫
用）的軍事行動之間存在衝突。雖然世界本來就需要美國這

樣的世界員警，但美國依然因其行動上的蠻霸而削弱了說服力，進一步為各國專制勢力製造非理性反美民族主義的溫床。

## 軍事困境

美國在全球駐軍一事，不僅存在具體行動上的正當性爭議，還存在其本身的合法性爭議。雖然這些可能沒有那麼重要，畢竟世界需要員警。但一旦出現具體行動缺乏正當性論證的情況，前述的抽象問題就會再次被各國拿出來討論，而這就成了美國是披著共和國外衣的事實帝國的絕好證據。確實，在叢林法則主導的國際環境，美國的任何軍事行動不可能得到所有國家的認同，甚至連法國這樣理論上的盟國通常也不太支持美國，遑論那些奉行不同制度的國家。換句話說，美國常常是吃力不討好地擔任世界員警。

除了國際形象不佳，美國在全球軍事部署上的最大障礙來自國內的反戰傳統。這種反戰傳統，既有其正當的一面，也有其迂腐幼稚的一面。其正當的一面有助於遏制美國政府與軍方的霸權衝動；其迂腐幼稚的一面，則在於自冷戰開始迄今，美國歷次的反戰運動中都存在被全球反美專制和極權勢力滲透與利用的問題。這種泥沙俱下、魚龍混雜的狀態，使得美國作為世界員警，除了在自身行為不當時會遭到應有批評之外，還得承擔更多它不應當承受的不當指責。

此外，美國的全球軍事部署，這一帝國戰略在很大程度上嚴重拖累美國經濟，讓原本就已非常誇張的財政赤字雪上加霜。

## 川普：讓共和帝國回歸共和國

面臨這麼多的困境，美國的出路在哪裡？對於二〇一六年的6,000 萬和二〇二〇年的至少7,400萬名美國人來說，川普就是答案。川普在二〇一六年提出「讓美國再次偉大」的競選口號，是因為他認為美國危機深重，已經不再偉大，只有抽乾華盛頓沼澤、消滅腐敗勢力，才能讓美國回歸正軌，「再次偉大」。

許多人將川普視為政治素人，而我們如果看他的職業履歷，確實可以這麼說 —— 米克爾斯維特（John Micklethwait）和伍安德里奇（Adrian Wooldridge）在合著的《右派國家》（The Right Nation）中，開篇提到川普時就說他是個政治外行。但如果看川普參加競選的過程，尤其是勝選擔任美國總統後採取的各種內政和外交政策，就不能認為他是個政治素人、甚至外行。確實，川普不是政客，他在華盛頓沒有作為政客的利益，這是他能夠真誠地努力兌現競選諾言的原因之一。然而，正如政客可能不是政治家，政治家也常常不是政客，而大政治家往往有很高的機率不會是成天為自己的蠅頭小利打算盤的政客。

還有一種似是而非的論調，就是將川普視為美國民粹主義的代表，這是自二○一六年川普首次參加總統競選就開始出現的說法。姑且不論民粹主義這個詞的多義性和模糊性（它通常被認為是一種反菁英主義的平民主義），從語言帶有的情緒來說，主流媒體和主流知識分子在使用民粹主義這個語義曖昧的混沌概念時，通常伴隨著居高臨下的蔑視姿態：他們視川普是美國無知底層和失敗者（比如所謂鐵鏽帶工人和德州「紅脖子」）的代表，而這正是主流媒體和掌握話語權者的傲慢。就憑著態度這一點，他們就該在二○二○大選獲得慘敗。

　　川普不是任何意義上的民粹主義者，除非格拉古兄弟、凱撒、林肯都是民粹主義者。川普是一個也許運氣和能力都遠遠高於格拉古兄弟的共和主義者；是一個不可能像凱撒那麼獨裁、也不可能像凱撒那樣肆意打破常規的共和國拯救者；是一個所面臨的狀況，可能比林肯所面對的，還要更難以力挽狂瀾的共和國拯救者。林肯雖然需要正視內戰，但他至少有一個團結的政府和沒有背叛者的內閣，其處境遠不及川普的處境險惡。川普深陷的，是隨時隨地都會遭遇明槍暗箭的建制派沼澤。

　　最後，讓我們看看川普這四年的治國功過。《BBC中文網》在二○二○年八月二十日的一篇報導中，詳細羅列了川普兌現競選承諾的清單，這份清單顯示：

（1）將中國列為匯率操縱國（部分兌現）

（2）貿易協定（部分兌現）

（3）巴黎氣候協定（已兌現）

（4）轟炸所謂伊斯蘭國（已兌現）

（5）減稅（已兌現）

（6）撤回海外美國軍隊（部分兌現）

（7）建一道讓墨西哥買單的邊境牆（部分兌現）

（8）重建基礎設施（部分兌現）

（9）退出北約（擱置）

（10）起訴希拉蕊（擱置）[13]

　　確實，這份清單呈現的成果從兌現大選諾言這一方面來
看，足可傲視諸多前任總統。此外，川普曾承諾「取消各種
不合理的法規」，他最後以重啟美加石油管道工程為代表來
進行，也取消了大量束縛經濟的清規戒律，可以說兌現得相
當不錯。川普承諾的「讓美國（在軍事上）重新強大」也兌
現得很好；他對中東和平進程的貢獻尤其巨大，從大使館遷
館到以無人機「斬首」伊朗最有權力的軍事指揮官蘇萊曼
尼（Qassim Soleimani），再到最近諸項中東和平協定的簽
署，可謂成就斐然。這當然可以說已經超出了川普在二〇
一六年時的承諾。可以想像，在他執政四年來，如果不是主
流媒體火力全開地圍剿，如果不是民主和共和兩黨建制派的
多方掣肘，川普兌現諾言的力度會更大，成就也會更大。

從前述這份兌現競選承諾的清單中，還可以看清川普政策的思路、決心以及現實的困難。

　　首先，從川普執政四年來兌現諾言的力度上，可以清晰地看到川普治國理念的思路。這是一個看似收縮、實為固基的政治經濟外交戰略。換句話說，川普中止了美國原先的帝國擴張秩序，代之以鞏固國家政治經濟基礎的策略：透過貿易戰、阻斷非法移民、減稅以召回產業鏈等政策，重塑貿易規則、改善實體經濟的環境以實現美國優先計畫；透過退出各種除了浪費之外毫無用處的國際合作，重新調整國際合作秩序；透過從海外撤軍，以及精準打擊伊斯蘭國、伊朗等美國之敵以減少無意義的軍事開支，從而提高國防能力；透過包括推進中東和平進程等方式，減少全球衝突，防止美國過度捲入國際軍事紛爭。

　　這個思路看似反全球化，事實上卻是一種更積極、更健康的全球化思路。它使得全球化可以循著更為健康、和平、更少國際怨恨的路徑前行。簡而言之，川普的內政外交戰略，是一種力圖擺脫帝國困境並且回歸共和國的戰略。「美國優先」戰略，就是一種拋棄帝國、回歸共和國的戰略。

　　對待敵國，川普繼承了雷根政府「以實力求和平」的大棒外交政策。但這裡所謂的實力遠不止是軍事上的，甚至主要不是軍事方面，而是政治的、經濟的和道義（締結新的抗敵聯盟）的，或者說是全方位的實力。但這是一種隱而不發的遏制戰略，是防禦性的而不是進攻性的——即使表面上

看似咄咄逼人，軍事方面更重要的是後端的震懾力量，而不是一開始就使用前端直接展開衝突的方案。動用軍事是最後一步棋。

　　川普有如此拯救共和國的思路，是應時代召喚而來。他在二〇一六年成功當選總統本身，就是一項證明。在歐巴馬第一個總統任期即將結束時，即二〇一二年總統大選時，大部分的美國人尚未普遍地意識到這一點。歐巴馬，這位被傑出的思想家湯瑪斯・索威爾（Thomas Sowell）斥為美國歷史上最糟糕的總統，經過八年辛勤努力後，終於將美國結結實實地推入火坑——不說別的，光是推行極端的身分政治就足夠徹底撕裂美國了。於是，二〇一六年大選時，許多美國人看到了、甚至看清了，他們用選票給出了回答，而「左傾」的主流媒體也隨之喪失了權威——川普必敗、希拉蕊必勝的民調變成了他們自己的恥辱。到了二〇二〇年大選，民調成了不公正介入政爭的主流媒體的第二次滑鐵盧，而且這次錯得更離譜。

　　如果沒有二〇二〇年大選，即使有許多人已經看清並且繼續支持川普的政策，人們也未必能徹底看清川普的決心和力量——雖然川普執政四年半以來，美國主流媒體對他的惡毒誹謗、誣陷、羞辱、謾罵，已經足以讓人注意到川普非凡的勇敢，但大選後迄今的不退縮則顯然需要更大的勇氣和忍耐力。沒有二〇二〇年大選，川普在《永不放棄》（*Trump Never Give Up*）那本自述裡的故事依然會被主流媒體編的劇

本掉包而被視為吹牛。大選後這兩個月的情勢發展，將川普那種百折不撓、越挫越勇，以及與惡勢力纏鬥時謀定後動、滴水不漏的勇毅性格展露得淋漓盡致──無論最終成敗如何（雖然我相信他一定能成功連任，並且在第二任期內抽乾華盛頓沼澤），他都將成為美國總統史上最勇敢的總統之一。在二○二○年年底進行的蓋洛普民調中，早已被主流媒體奚落為敗選不認輸的川普，卻成為了該年度最受美國人尊敬的男人，[14] 這可說是實至名歸。

如果說，川普在內政上的表現還不足以全面展示他的能力，那麼外交上的成就，尤其是他在中東和平問題上那種當機立斷斬首恐怖主謀，以及化干戈為玉帛的能力，可謂有目共睹。

做正確的事情、在逆境中保持冷靜尋找機會、永不放棄，這是川普行事風格中最鮮明的特徵，他在許多本書中也都這麼寫。他在建立自己的商業帝國時是這麼做的。執政四年來，他也是這麼當美國總統的。在二○二○年大選後對待舞弊申訴，他也是如此。雖然大選尚未塵埃落定，而且看起來川普翻盤希望渺茫，但一直追蹤此事進程的人們，或許都能感覺得到川普翻盤的機率正在不斷提高，每一天都在發生微妙的變化。考察川普商業生涯中的性格與做事風格就可以知道，在二○二一年一月二十日之前，都先別急著下結論。如果川普翻盤了，至少這樣的結果從他的人生歷程來看並不稀奇。

當然，正如二○二○年大選有令人震驚的弊案，川普雖

然擁有相當特別的能力和決心，以及不錯的治國思路，現實的泥淖卻讓他在很大程度上難以施展拳腳。在他的第一個任期中，僅僅「通俄門」[6]這一件事就夠折騰他很久（更別說「通烏門」彈劾案[7]），這一花費了4,800萬美元的陰謀論誣陷雖然最後以失敗告終——民主黨除了誣陷前國家安全顧問弗林（Mike Flynn）外，沒有調查出任何川普的通敵證據。現在，倒是有大量證據指向民主黨高層涉嫌與外國勢力勾結，共同竊取二〇二〇年的總統大選。而主流媒體幾乎像事先串通好的那樣，步調一致地對川普進行全方位的狂轟濫炸，甚至如CNN等大牌媒體也不惜偽造假新聞來誹謗和詆毀（最著名的就是那張所謂強迫難民母女分離的照片）；最近曝出的CNN編輯們在晨間電話會議上商討如何歪曲川普形象一事，更是令人無話可說。主流媒體的墮落已經到了駭人聽聞的地步，以至於川普自二〇一六年參選總統以來，一直只能透過推特這樣的自媒體來輔助發布他想發布的訊息，以避免被歪曲、甚至故意捏造。

川普因為揚言要抽乾華盛頓沼澤，得罪了民主和共和兩黨的所有建制派，尤其是那些有著隱秘利益關係的官僚們。因此，他除了遭到國會的自然敵視，還遭到行政部門的暗中

---

6 　編注：二〇一六年底，美國情報機關指稱俄羅斯曾干預、操弄美國二〇一六年的總統大選，使選舉結果有利於川普。

7 　編注：二〇一九年九月，美國中央情報局官員舉報川普與其私人律師朱利安尼（Rudy Giuliani）曾在該年五月至八月間透過電話向烏克蘭政府施壓，要求調查民主黨總統候選人拜登父子的商業行為。

抵制。而在司法部門方面，最近曝出的最高法院首席大法官約翰·羅伯茲（John Roberts）與大法官史蒂芬·布雷耶（Stephen Breyer）的電話錄音中，羅伯茲飆著髒話宣稱一定要把川普搞下臺，可見川普在華盛頓之不受待見。

　　川普就像前總統安德魯·傑克森（川普在白宮掛著他的畫像），後者是一百九十年前特地從田納西州趕來抽乾華盛頓沼澤的美國第七任總統、民主黨的創始人。但當然，川普畢竟不是傑克森，他既不會野蠻對待包括印第安人在內的任何族群，也不可能像個蠻子一樣錯誤地打擊金融，從而釀成金融危機。不過他們倆有一點是共同的：他們都非常急切地要打擊華盛頓的腐敗官僚集團。傑克森總統聲稱要將華盛頓的權力歸還人民，川普就任總統時也如此自許。川普認為，華盛頓的腐敗官僚使得美國從共和國變成了帝國，從而負擔沉重、內外交困，以至於星光黯淡。

　　川普能否成功？就連他是否能夠連任，在絕大部分人眼裡都似乎早已成定局。他已經失敗了。然而，前文已經說過，以川普的性格和行事風格來看，不到一月二十日正午的就職典禮，都不要認為結局已定。倘若川普連任，那麼好戲顯然在後頭。

　　如果時代能讓我們看到一個能力遠超，並且能夠活著成功改革的格拉古兄弟，將當代的羅馬帝國拉回到羅馬共和國，那將會是一個歷史上共和美德拯救共和國最傑出的案例，也將會是共和之幸、美國之幸、萬國之幸。

1620年清教徒訂立《五月花號公約》（The Mayflower Compact），並以此聖約精神，以「榮耀上帝」和「推動基督教信仰」為名，來到北美殖民地開疆拓土。

大多數美國學生和教授都來自基督教家庭，我們所有人，不論是否為基督徒，都生活在一個基督教占主導地位的歷史中……然而，我們的哲學家卻無視基督教對我們的政治、經濟和道德生活的思想意義。

這是一件令人恥辱的事情，彷彿基督教不存在似的。

——麥可‧諾瓦克（Michael Novak），美國天主教哲學家

# 川普與福音派

劉澎

北京普世社會科學研究所所長

二〇一七年一月二十日，政治素人川普作為勝選總統入主白宮。川普的當選打破了長期以來白宮由民主黨與共和黨職業政客輪流坐莊的遊戲規則，完美地詮釋了美國社會內在矛盾的發展與自我糾錯機制相互作用的特點。從這個意義上說，川普當選總統與川普主義的產生，不是笑話、不是誤會，更不是川普個人能說會道或運氣好，而是美國社會需要對幾十年來，伴隨其發展而累積的矛盾與危機予以克服或順應的必然結果。

　　為什麼美國人會選擇川普？因為美國社會需要一個像川普這樣代表保守派利益的人，需要讓在自由化、去基督教化、全球化道路上狂奔的美國社會減速、煞車、轉向。在川普競選和執政的過程中，以維護美國基督教信仰與價值觀為目標的福音派，發揮了舉足輕重的作用。

# 福音派的興起

　　基督教對美國具有非同一般的作用。美國不是由某個或某些民族基於血緣關係、地理位置、語言文字、生活習性等因素集合在一起形成的國家，而是一個基於為了保持強烈的基督教信仰理念而建立的國家。從美國建國以來，基督教一直是美國最大的宗教信仰群體，而福音派則是當代美國基督教中的主流，對美國的社會、政治、法律、外交等具有重要的影響。

　　從神學觀上來說，福音派屬於基督教內的保守派，但不是組織體系上的宗派與教會。福音派的基本思想是因信稱義、傳揚福音、回歸聖經。最早的福音派源於十六世紀宗教改革時期馬丁‧路德的追隨者（即所謂的「復原派」）。

　　第一次世界大戰後，在美國出現了帶有原教旨主義色彩的基本要道派（基要派），主張嚴格按照字面意義理解聖經。基要派是基督教原教旨主義對基督教現代主義和自由主義神學的反動，但其過分苛刻的宗教要求，反而導致其脫離了群眾。第二次世界大戰後，基要派逐漸衰落，許多堅持聖經原則、同時又不贊同過分保守的基要派神學觀基督徒紛紛從基要派中分化而出，自稱福音派。

　　一九六六年，由著名福音派布道家葛培理（Billy Graham）倡議，國際福音會議在德國西柏林舉行，發表了福音派宣言，確定了福音派的神學立場。一九七四年，國際

福音會議在瑞士洛桑舉行。洛桑會議之後，福音派融合了基要派，逐漸遍及美國基督教各大宗派與教會，成為美國基督教主流力量。

福音派的原則是恪守聖經、關心社會、尊重生命、認同保守家庭價值觀。而其在美國社會中的具體主張是反對墮胎（尊重生命）、反對同性戀（尊重婚姻家庭）、支持在公立學校祈禱（強調宗教自由），以及支持以色列（恪守猶太一基督教傳統）。

福音派不同於刻板守舊、脫離群眾的基要派，也不同於漠視信仰原則、世俗化傾向嚴重的自由派，而是吸收了基要派與自由派的合理部分，屏棄了兩派中的極端內容，因而能夠吸引大多數基督徒，作為當代美國基督教的主流力量，進而在美國社會中發揮作用。

## 福音派與川普聯手的社會背景

二十世紀六〇年代後，美國社會發生了很大的變化。大批移民，特別是來自東南亞、東亞、中東、北非等非基督教國家的移民，源源不斷地湧入美國，極大地改變了美國社會的人口構成與宗教比例，使美國基督徒在美國人口中的比例持續下降。根據二〇一八年皮尤研究中心的宗教調查，美國宗教信仰者占全國總人口的百分之七十七，其中基督教新教占百分之四十六點五，天主教占百分之二十點六。在這個調

查結果中，無論是宗教信仰者的比例，還是基督教新教的比例，都比一百年前、甚至五十年前大幅下降；白人基督教徒已不足美國總人口的一半。與此同時，快速發展的全球化、高科技帶來的消費主義、物質主義、世俗化、後現代主義，都極大程度地改變了美國人的生活方式。源自歐洲的自由主義、福利主義、平權運動，以及「政治正確」、「多元文化」、「去基督教化」浪潮日益高漲，美國基督教傳統價值逐漸喪失了傳統的道德督導地位。昔日將各種外來文化融為一體的美國「大熔爐」，變成了體現各種文化與信仰特色的「馬賽克拼盤」。所有這些都導致了基督教信徒的不斷流失、教會日趨衰落，基督教在美國社會的整體影響大幅下降，也在美國人日常生活中的作用日趨式微。雖然基督教在美國的地位變化是一個逐漸演進的過程，但基督教人口比例下降與社會地位衰微的總趨勢是難以改變的。基督教在十八、十九世紀的美國社會中影響無處不在的輝煌日子早已不復存在，取而代之的是持久、深重的危機。對此，代表基督教保守力量的福音派深感焦慮。為了生存，福音派必須回應、必須行動。

於是，二十世紀八〇年代之後，福音派一反過去對政治不聞不問的消極態度，以「親生命VS墮胎」、「親家庭VS同性戀」、「宗教自由VS禁止公立學校祈禱」三大議題為著手點，並以倫理道德衛士的面貌，躍入社會舞台，開始涉足美國政治，發起一場以保衛基督教價值觀和基督教社會地

位為目標的「文化戰」（culture war）。

　　福音派與自由派的「文化戰」打響之後，美國社會爆發了激烈的爭論，極大地影響了美國國內政治。所有地方都因圍繞這三個問題而爭論不休。所有競選公職的人，都需要面對這三個問題。所有的爭論都加深了美國社會因信仰與價值觀的對立而引發的撕裂。

　　但福音派知道，要真正贏得維護基督教價值觀的保衛戰，僅靠辯論是不夠的。「文化戰」必須進入政治鬥爭的主戰場——選舉。美國是個選舉社會，政治在美國最明顯、最重要的表現就是選舉，各級政客都要經過選舉才能上台。福音派希望在每一場選舉中讓能維護基督教價值觀的競選者勝出，從而借助他們來挽回基督教在美國社會衰微的頹勢。

　　福音派對待選舉的標準很簡單——凡是維護基督教價值觀的人，福音派就支持；凡是違背基督教價值觀的人，福音派就反對。儘管基督徒在美國人口中的比例持續下降，但基督教在美國畢竟是信仰者人數最多的宗教，福音派選民仍然是選舉中舉足輕重的力量。福音派選民手中的選票就是最有效的政治武器。

　　但美國的選舉多如牛毛，福音派要想打贏選戰只能抓重點，將資源集中在具有決定性意義的關鍵選舉中，而所有選舉中最重要的莫過於總統大選。因此，打贏總統大選，讓代表基督教價值觀的代理人掌握國家最高行政權，從而極大地影響美國社會的價值取向，就成了福音派為維護基督教價值

觀而戰的明確的政治戰略。

二十世紀八〇年代，美國右翼代表雷根總統當政，維護了基督教價值觀，得到了福音派的支持。但繼任的老布希總統雖然是共和黨，卻對基督教右翼不感興趣，加上國內經濟乏善可陳，一任之後就黯然下臺。隨後代表自由派的柯林頓總統連任二屆，福音派失去了在白宮的盟友。小布希總統上台後，對內經濟下滑、對外深陷戰爭泥潭，本來連任無望，但其政治謀士卡爾‧羅夫（Karl Rove）在二〇〇四年大選中，劍出偏鋒，巧妙地制定了大打宗教倫理牌的選戰策略（反對幹細胞研究），贏得了保守派選民的支持，使此次大選年成了「價值觀選民年」，完勝對手。獲得連任後，小布希總統也以大力鼓吹宗教自由、極力維護基督教價值觀的方式，回報福音派的支持。二〇〇八年大選，共和黨的另類分子馬侃（John McCain）再次將福音派棄之一旁，結果敗給黑人新秀歐巴馬。福音派試圖透過總統大選影響美國政治，進而阻止美國社會世俗化的努力再次失敗，陷入了尋求政治代理無望、挽救基督教頹勢無門的痛苦與幻滅之中。

福音派介入美國大選，體現了美國社會的自由派與保守派在基督教信仰與價值觀上的博弈，反映了全球化和美國人口的結構性改變正在使美國這個「上帝治下的國家」（A Nation under God）褪色的趨勢。這種趨勢是美國人口結構與信仰變化之下不可避免的結果，由此而產生的社會矛盾與撕裂必然會以各種方式體現在各個領域；以福音派為代表、

堅持傳統信仰的宗教右翼也必定要以一切方式進行抵制。但隨著從世界各地進入美國的移民越來越多,抵制與反抵制的鬥爭未能阻止美國社會進一步自由化、多元化、「去基督教化」,美國社會更加撕裂,而美國人在政治、經濟、移民、種族、平權、性歧視、槍支、麻醉品管理、家庭倫理道德等問題上的分歧與對立也趨於極化。

　　與此同時,美國國內經濟結構的變化也對美國社會保守派陣營的構成產生了重要的影響。從二十世紀八〇年代中後期開始,為了追求利潤最大化,美國的製造業與傳統產業逐步轉移到了全世界最能獲利的勞動力價格窪地與新興市場。留在美國本土的,是一片破敗不堪的「鐵鏽帶」。昔日雄踞行業龍頭的鋼鐵、汽車、機械、冶金、電子、建材、化工等傳統企業,紛紛關門倒閉;在這些傳統行業和企業就業的白人中產階級和藍領勞動者、相關產業鏈上的中小企業主和從業者,他們的生活水準大幅下降,成了經濟全球化過程中產業轉移、資本轉移、技術轉移的受害者。鼓吹全球化的民主黨主張在美國國內實施「大政府、高福利、高稅收」政策,儘管這樣的政策可以惠及少數領取救濟金、吃福利、不納稅的無業黑人,以及非法移民和吸大麻者,但更大程度上卻是加劇了白人中下階層的稅負與苦難。他們沒有話語權、沒有代言人,最重要的是,他們沒有政治上的代理人。美國政府沒有制定對這些經濟「全球化」受害者的補償機制;他們被掌握巨額財富與權力的金融寡頭、科技巨頭、職業官僚與政

客無情地拋棄了，使他們成為「被遺忘的沉默大多數」。但在信仰與文化傳統上，他們恰恰與中西部及南方「聖經帶」的保守派農民和退伍軍人高度一致，都是基督教價值觀的繼承者與維護者。

於是，為了維護自身經濟利益與信仰傳承，「反體制、反高稅、反全球化」的政治保守派與堅持基督教信仰、捍衛基督教價值觀的宗教右翼，結成了美國社會中一股新的強大的保守派陣營。他們是「茶黨」的社會基礎、「占領華爾街」運動的參與者和支持者，而歸根結底，他們是福音派的主體。他們非常需要找到一位能夠代表他們的利益、反映他們的訴求，並能進入美國最高權力決策層的政治領袖。

這是福音派自二十世紀八〇年代以來介入美國政治，並在二〇一六與二〇二〇年大選中堅決支持川普的大背景。

比起眾多華盛頓職業官僚政客，政治素人川普的過人之處就在於，他十分敏銳地洞察到了美國社會矛盾日益尖銳的成因，準確地抓住了渴望維護自身利益與基督教傳統價值觀的政治保守派與宗教右翼對美國社會現狀強烈不滿但又反擊無門、急需尋求政治代理人的心理。川普以美國白人中下階層和宗教保守派利益代表的身分，順應時代的需要，橫空出世，問鼎白宮——這是美國社會內部危機長期累積所帶來的結果，也是福音派能與素不相識的川普聯手合作的根本原因。

# 「川普－福音派聯盟」

　　歐巴馬總統上台後，大力推行「去基督教化」的自由主義價值觀，而LGBT（同性戀、雙性戀及跨性別者）平權運動也進入了新高潮。其中具有標誌性的事件有兩個：一是二○一五年六月二十六日，美國最高法院承認美國各州同性婚姻合法化，這個判決是對基督教價值觀的毀滅性打擊，是美國社會中極具標誌性的重大事件；二是歐巴馬總統於二○一六年五月十三日發布一個「廁所令」，要求所有公立學校允許「跨性別」學生根據「心理性別」而非生理性別選擇廁所。這個命令出來之後，美國社會炸了鍋，自由派叫好，保守派反對，共和黨控制的德克薩斯和威斯康辛等十一個州還要起訴歐巴馬政府。但無論如何，在法院判決撤銷總統發布的行政命令之前，全美各地都必須執行。

　　這兩件事，加上最高法院早前對墮胎合法化的承認，極大地刺激了恪守基督教倫理道德的福音派，超出了傳統基督徒能夠容忍的道德極限。此外，歐巴馬政府支持的LGBT平權運動，也使基督教組織和基督徒企業面臨失去合法地位的可能性。例如，某些大學的基督教學生團體由於反對同性婚姻而被禁止使用學校設施進行活動；某些基督教企業因其拒絕為同性戀者提供服務而遭地方政府起訴。所有這些都使基督徒深感基督教在美國社會的地位岌岌可危，基督教作為美國文化的核心、美國建國的基礎正在瀕臨崩潰。歐巴馬的

「去基督教化」政策已經讓基督徒忍無可忍、退無可退，無法按照原來的軌道正常生活了。

　　二〇一六年，又是一個總統大選年。福音派非常清楚，此次大選意義重大。如果希拉蕊入主白宮，聯邦政府和最高法院將會繼續推出一系列瓦解和否定基督教價值觀的政策與判決，基督教在美國社會繼續被邊緣化的結果將無可避免。

　　但更讓福音派驚恐不安的是，聯邦最高法院中自由派與保守派的力量對比有可能變化。美國實行三權分立，大選爭奪的是美國總統行政權和一半以上的國會立法權（更換全部的眾議員和三分之一的參議員）。但掌握行政權的總統最多只能做八年，掌握立法權的參議員每隔六年、眾議員每隔兩年就需要重選，唯有掌握美國聯邦司法權的最高法院大法官可以終身任職。最高法院大法官出缺需要遞補時，唯有總統可以提名。總統提名大法官人選、經參議院批准後，新任大法官至少會做二十年。二〇一六年初，最高法院大法官斯卡利亞（Antonin Scalia）去世，共和黨控制的參議院未就歐巴馬總統提名的最高法院大法官遞補人選，及時舉行聽證會。六月之後，兩黨忙於確定總統候選人，國會也無暇再理此事。當時，最高法院在任的八名大法官中，由共和黨與民主黨總統提名的各占一半。因此，二〇一六年總統大選的勝者，不僅能入主白宮、掌握行政權，還能提名最高法院大法官人選，直接決定最高法院自由派與保守派的力量對比。誰能控制聯邦司法權與誰掌握聯邦行政權捆綁在了一起，這是

二〇一六年美國大選與往年大選的不同之處。

　　對於福音派來說，此次大選如果不能讓一個能夠維護基督教價值觀的人掌握白宮、奪回行政權，提名能夠維護基督教價值觀的大法官人選，就等於基督教在最高法院失去了話語權，而且未來幾十年皆無法改變。在講究法治與程序的美國，基督教在美國的頹勢將無法扭轉，基督教將被迫在制度安排與法治領域進入通往衰落的快車道。顯然，這次大選對福音派至關重要，是決定美國基督教未來二十年命運的生死之戰。

　　然而，對二〇一六年兩黨各自推出的總統候選人，福音派卻難以選擇。民主黨候選人希拉蕊支持墮胎和同性戀，是福音派的死敵。而在共和黨方面，能夠代表基督教價值觀的候選人先後被淘汰；他們原本寄予厚望的基督教代言人克魯茲（Ted Cruz）放棄競選，而黨內人氣旺、得票高、能堅持到最後的是川普。但川普說話隨便、生活不嚴肅、離過兩次婚，不是一名標準意義上的美國政治家，更不是一名標準的基督徒；最重要的是，川普對福音派最為關心的基督教價值觀問題態度模糊不清。這樣的人顯然不是福音派希望的理想合作者，因此是否應該支持川普，福音派心中無底。

　　另一方面，如果選擇放棄此次大選，不支持任何一位總統候選人，除了可能在行政和司法兩大領域喪失自己的政治代理人，並且加重基督教保守派的生存危機，福音派還有一個是否應該汲取上次大選教訓的問題。二〇二〇年大選時，

2,500萬名註冊投票的福音派選民沒有出來投票，因為福音派既不支持自由派的歐巴馬，又不欣賞摩門教出身的羅姆尼（Mitt Romney）。結果歐巴馬上台後，基督教在美國社會的生存環境空前惡化。於是，基於現實處境和上次大選的教訓，在生死存亡關頭準備背水一戰的福音派抱著一線希望，決定對川普進行一次面對面的測試，然後根據川普的回應，再對福音派是否參加此次大選、是否支持川普做出決定。

二〇一六年六月二十一日，來自全美各地的五百名福音派領袖在紐約舉行閉門會議，集體會見作為總統競選人的川普。會議上比較重要的美國福音派代表人物有（按姓氏字母排列）：「美國價值」（American Values）主席蓋瑞·鮑爾（Gary Bauer）；二〇一六年美國大選共和黨候選人之一班·卡森（Ben Carson）；愛家協會（Focus on the Family）創始人詹姆斯·多布森（James Dobson）；美南浸信會（Southern Baptist Convention）主席羅尼·佛洛伊德（Ronnie Floyd）；葛培理布道團總裁葛福臨（Franklin Graham）；德克薩斯州普萊諾浸信會（Prestonwood Baptist Church）牧師傑克·格雷厄姆（Jack Graham）；美國家庭協會（American Family Association）主席鮑伯·麥克尤恩（Bob McEwen）；美國女性關懷協會（Concerned Women for America）主席彭妮·南茜（Penny Nance）；美國家庭研究會（Family Research Council）總裁東尼·珀金斯（Tony Perkins）；家庭領袖（The Family Leader）總裁鮑

伯・普拉茲（Bob Plaats）；信仰與自由聯盟（Faith and Freedom Coalition）主席拉爾夫・里德（Ralph Reed）；「第一自由」（First Liberty）總裁凱利・沙克爾福德（Kelly Shackleford）；美國家庭協會（American Family Association）總裁蒂姆・韋德曼（Tim Wildmon）；德克薩斯州休士頓第二浸信會牧師艾德・楊格（Ed Young）等。

川普對福音派領袖提出的問題逐一進行了回答，其中最主要的是：

（1）承諾將根據保守派智庫推薦的二十一位候選者名單，提名「尊重生命」的保守派人士為最高法院大法官人選。

（2）主動提出廢除限制基督教介入公共領域政治活動、自由表達對政治人物的支持與反對的《詹森法案》[1]。

（3）承諾改善與以色列的關係，將美國駐以使館遷至耶路撒冷。

---

1　編注：一九五四年的《詹森法案》（Johnson Amendment）規定美國所有適用於501（c）（3）免稅條款的非營利組織（包括教會在內），不得公開支持或反對競選公職的任何候選人，也不得提供候選人政治競選經費或對其立場發表公開聲明。

川普的回應，不僅完全符合福音派的原則，甚至超出了福音派的期待，徹底打消了福音派的疑慮。川普承諾提名保守派人士擔任最高法院大法官，是幫基督教保守派在聯邦最高法院層面奪回司法權，讓美國法律重新體現基督教價值觀；廢除《詹森法案》，是讓基督教能在教會或公共場合對政治問題自由表態，可以毫無顧忌地參加政治候選人的競選鬥爭；把美國大使館遷至耶路撒冷，是承認福音派視為正統神學來源的「猶太—基督教傳統」。

　　這樣的測試結果，令與會的福音派領袖大喜過望。在場的福音派核心人物試圖說服與會者：大選是「選總統，不是選聖人」；「川普是一個上帝派來的人」，這個人只要願意遵守上帝的旨意，維護基督教的價值觀就可以了，福音派不應放棄此次大選，而應全力支持川普贏得大選。會面結束時，十幾位福音派重量級大佬在把手放在川普身上，以基督教的方式為川普做了按手禱告，給予了川普特別的宗教祝福。

　　這場「紐約會見」對川普同樣至關重要。在與福音派領袖會見之前，川普知道自己可能會得到中西部農民、南方保守州及「鐵銹州」藍領階層的支持，但他不清楚能否得到信仰保守的福音派的支持。「紐約會見」是川普爭取福音派支持的難得機會，而他當然不會錯過這個對大選具有舉足輕重意義的寶貴時機。「紐約會見」把尋找政治代理人的福音派與渴求選票支持的川普連在了一起。川普憑藉著對美國社會

的精準分析與判斷，以對福音派的承諾換得了基督教保守派的支持。這是一樁對美國社會具有重大影響的政治事件，一個沒有任何文字協定但卻高度默契的「川普－福音派聯盟」悄然成立了。

為了讓福音派領袖放心，確保「川福聯盟」在選戰中發揮作用，川普在「紐約會見」後做了兩件對福音派非常重要的實事：一是在見面結束後當日，宣布成立以前國會議員蜜雪兒‧貝克曼（Michele Backmann）為首的「福音派諮詢委員會」，由有影響的福音派牧師、律師、思想家、學者、企業家、NGO領袖等二十六名成員組成，作為福音派在選戰中支持川普的輔選機構，立即投入運作，並且同時承諾勝選後將其作為總統宗教顧問團隊，繼續發揮其「在那些對美國福音派和其他宗教信徒至關重要的問題上，向川普先生提供諮詢幫助」的作用；二則是在會見後不久的七月十七日宣布選擇眾所周知的宗教保守派、時任印第安那州州長的彭斯（Mike Pence）作為競選搭檔。選擇彭斯作為副總統人選，既可極大地彌補川普在基督教保守派選民認同方面的不足，也是對「川福聯盟」能夠在選戰中與勝選後發揮作用的重要保證。

事實證明，「川普－福音派聯盟」是個正確的組合。川普在與各方一致看好的希拉蕊的激烈較量中，透過聯盟這個「秘密武器」，依靠福音派選民的幫助，贏得了大選。而福音派也透過川普的上台，在一定程度上使美國社會中持續多

年的自由化、「去基督教化」浪潮暫時得以被遏制。

## 福音派對美國政府內外政策的影響

鑒於福音派在幫助川普贏得二○一六年大選中所起的重要作用，川普上台後在總統權力範圍內採取了一系列維護基督教價值觀的行動，以「回報」福音派，兌現對福音派的承諾。另一方面，福音派則透過川普總統，在一定程度上實現了引領美國社會與內政和外交政策右轉的目標。

二○一七年一月二十日，川普在宣誓就職後一小時內做的第一件事，就是撤掉白宮網站上的同性戀網頁。此事雖小，但象徵意義極大；它是川普就任總統後，在福音派關注的國內政治熱點問題上的首次表態。

二○一七年一月二十三日，川普簽署總統備忘錄，恢復被歐巴馬總統撤銷的「墨西哥城政策」（Mexico City Policy），禁止美國聯邦政府資助支持墮胎的外國非政府組織。[2] 此舉是川普上台後著手消除歐巴馬時期政府對待墮胎政策的第一項實質性舉措，引發了美國兩派輿論的激烈交鋒；自由派強烈譴責，保守派高調支持。美國全國生命權力委員會（The National Right to Life Committee）表示：「我

---

2　編注：二○二一年一月二十八日，拜登簽署一系列行政法案，使該政策再次遭到廢除。

們為川普總統喝采，美國將不再濫用納稅人的血汗錢，為發展中國家殺害那些未出世的孩子。」

二○一七年二月二十二日，川普下令廢除歐巴馬總統時期允許公立學校跨性別學生自由選擇廁所的「廁所令」。這是川普在與千百萬保守派家庭密切相關的教育領域內，恢復基督教傳統價值觀的重要行動。雖然僅僅是一項行政命令，但其影響面極大。

二○一七年五月四日，川普簽署「宗教自由行政命令」，旨在放寬美國宗教團體在社會公共領域裡進行政治活動時所受到的限制。這是川普為了兌現選前承諾要廢除《詹森法案》而做的努力。儘管徹底廢除《詹森法案》最終需要國會立法，但川普此項命令畢竟是六十年來，美國政府第一次放鬆了對基督教團體進入社會公共領域進行活動的限制。

二○一七年五月十三日，川普在自由大學（Liberty University）的畢業典禮上致辭時說：「在美國，我們不敬拜政府，我們敬拜上帝。」此外，他也在當場承諾他會保護美國人的宗教自由。這是川普借用公共演說向宗教保守派的表態。

二○一七年六月八日，川普在首都華盛頓特區出席「信仰與自由聯盟」會議並發表主題演講，感謝從競選以來支持他的信仰團體，並從聖經的角度總結了自己執政一百天的成績。「信仰與自由聯盟」由著名福音派政治活動家拉爾夫・里德創辦，是福音派中為數不多的、專門關注宗教與政治的

組織。里德曾任「基督教聯盟」前總裁，在華盛頓政治圈子中人脈廣、影響大，而川普參加拉爾夫·里德的活動，表明川普高度讚賞「川福聯盟」的作用。

二〇二〇年一月二十三日，川普出席在首都華盛頓特區舉行的「生命之旅」遊行（March for Life rally）並發表演講，成為美國第一位參加反墮胎集會的在職總統。「生命之旅」遊行是美國最大的反墮胎集會，年年舉行，並不新鮮；但墮胎問題是美國國內最有爭議的社會熱點問題之一，而歷屆在職總統為了嚴守「政治正確」原則，從不參加支援或反對墮胎勢力組織的集會。川普此舉開創了在職總統參加反墮胎集會的先例。對福音派來說，無疑是在與自由派鬥爭的焦點問題上的一次空前勝利。

在政府人事方面，川普組建內閣時，任命了多名福音派人士擔任要職。除了副總統彭斯，還有司法部長傑夫·塞申斯（Jeff Sessions）、能源部長里克·佩里（Rick Perry）、住房與城市發展部長班·卡森、教育部長貝琪·德沃斯（Betsy DeVos）、運輸部長趙小蘭（Elaine Chao）。這是二戰之後，基督教右翼色彩最為濃厚的一屆美國政府，而福音派對美國政府的影響再也不是「空想」、「空談」了。

在爭奪司法領域控制權的鬥爭中，川普「運氣」奇佳。短短四年內，他居然有機會把三名保守派大法官（尼爾·戈薩奇〔Neil Gorsuch〕、布雷特·卡瓦諾〔Brett Kavanaugh〕、艾美·巴瑞特〔Amy Coney Barrett〕）送入

聯邦最高法院，完美兌現了對福音派的承諾。此外，從二〇一七年到二〇二〇年六月底，川普還先後任命了兩百位終身職的聯邦法官，成為繼華盛頓總統之後，歷屆美國總統中在一個任期內任命法官數量最多的總統。

在外交政策方面，為了兌現選前對福音派的承諾，川普主導的中東政策向以色列大幅傾斜，做了以色列建國以來，歷屆美國政府都不敢做的事。二〇一八年五月十四日，川普批准將美國駐以色列大使館遷往耶路撒冷。二〇一九年三月二十一日，川普宣布美國承認以色列對戈蘭高地（Golan Heights）的主權。[3]更讓世界想不到的是，二〇二〇年八月到十二月，曾經長期與以色列對立的阿拉伯聯合大公國、巴林、摩洛哥等阿拉伯國家，先後與以色列實現了關係正常化，讓充滿戰亂的中東地區終於出現了難得的和平曙光。據說，下一步，阿曼和印尼也將與以色列建交。在這些伊斯蘭國家紛紛與以色列建交的背後，是川普政府的外交斡旋。

凡此種種，都是基督教保守派與川普聯手的成果，是川普主義中的福音派印記。這些旨在維護基督教價值觀的政策與行動，開創了美國內政和外交諸多方面的先例，對扭轉基督教在美國社會日趨衰落的頹勢、克服自由派思潮、抵制

---

3　編注：戈蘭高地是乾燥地帶中的重要水源所在地，目前約有百分之七十由以色列占領，另外百分之四十則為敘利亞占領。一九四一年，敘利亞獨立後擁有戈蘭高地的主權，但在一九六七年戰爭期間遭以色列占領、併吞後，戈蘭高地成為敘利亞和以色列之間衝突不斷的戰略性高原。

「去基督教化」、修復美國的倫理道德基礎,具有重大意義。

對於川普的「回報」,福音派非常滿意。二〇一八年八月二十七日,川普在華盛頓宴請一百二十位福音派領袖,請求福音派在中期選舉中予以支持。福音派不負厚望,「川福聯盟」再度發力,幫助共和黨在中期選舉中保住了在參院和州長中的多數,民主黨期待的「藍色浪潮」沒有出現。二〇二〇年,在川普爭取連任的大選中,儘管選戰之激烈、選舉結果爭議之大、社會撕裂之嚴重,為美國建國以來前所未見的狀況,但福音派毫不動搖地站在川普一邊,全力支持川普。

## 川普的政治遺產與福音派的未來

儘管基督教內部一直存在著對「川福聯盟」的微詞,福音派本身也非鐵板一塊,但無論川普能否連任,以福音派為代表的基督教保守派在川普執政四年中,為維護基督教價值觀而戰所做的努力,不可能在短期內全部消失。美國社會發展方向的鐘擺與週期性的自我糾錯機制,仍然在按照自身的規律發揮著調節與平衡作用。未來無論誰上台,要想完全清除川普主義的影響,讓美國的內外政策退回到歐巴馬、柯林頓時期,絕非易事。

長遠來看,在可預見的將來,基督教在美國衰落的趨勢

不會改變（美國的人口結構不可能回到十八、十九世紀的構成樣貌），但福音派仍將會對美國政治、社會、法律、外交等各個方面持續發揮影響。這是因為從根本上說，支撐一個社會必須要有強大堅實的信仰基礎。而改變一種已經成為歷史與文化傳統的信仰體系，不僅需要時間，也需要行之有效的替代體系。

美國社會在短期內尚無能夠取代基督教的新價值觀、新宗教體系，而基督教之外的其他信仰體系均不足以成為美國的精神支柱與道德基礎。因此，美國社會中保守派與自由派、福音派與「去基督教化」勢力，雙方圍繞基督教價值觀的鬥爭將是一個充滿曲折與反覆的漫長過程。讓美國重歸傳統、以基督教價值觀重塑美國，是川普主義不可忽略的一部分，也是川普總統的政治遺產之一。至於「川福聯盟」對美國是福還是禍，只能留待後人評說了。

柏克生於愛爾蘭家庭，1756年進入英國國會從政。柏
克雖非貴族出身，卻受有大學教育；立場上捍衛英國憲
法傳統，傾向在體制內進行循序漸進的改革，因而對法
國大革命的激進主義有諸多批評。

國家應該把自己限制在真正嚴格的公共事務（公共和平、公共安全和公共繁榮）的範圍之內……有自知之明的政治家，會帶著智慧應有的尊嚴，只在這樣的高層領域、他們責任的原動力處，穩健地、警覺地、堅韌地和勇敢地來從事政治活動。其餘的一切事務，某種程度上都會自有安排。

——埃德蒙・柏克（Edmund Burke），現代保守主義之父

# 川普與
# 正統保守主義的回歸

劉業進

首都經濟貿易大學教授

川普總統是二十世紀五〇年代在紐約皇后區的一個富裕家庭社區長大的美國人。從川普在二〇一六年競選總統和執政以來實施的一系列政策來看，川普總統是一位正統的保守主義者。川普的目標是獲得尊重，這種尊重來自獨立的思維和行動，反映了美國傳統上根深蒂固的自由、機會、主權和民主價值觀。[1]政治學家史丹利・倫森（Stanley A. Renshon）與心理學家彼得・蘇菲爾德（Peter Suedfeld）在其討論川普的著作中認為，川普主義最合適的概念名稱是保守的美國民族主義（Conservative American Nationalism）。[2]我對這一說法持不同意見：所謂「川普主義」就是「正統保守主義」，而「川普主義」的到來乃是正統保守主義的回歸。二〇一六年和二〇二〇年美國總統大選的意義，堪比一七八九年法國大革命對人類歷史進程的影響，只不過兩者的性質迥然不同。前者是向革命激進主義主

義狂奔，後者是向正統保守主義回歸。

# 什麼是正統保守主義？

　　保守主義發端於歐洲，流行於歐美。自柏克以後，保守主義思想繼續深化和發展，並在政治實踐中得以應用，例如英國的托利黨／保守黨，以及美國的共和黨。作為一種政治哲學和政治實踐的總結，保守主義思想家帶著各自的知識背景發展保守主義思想；作為一種指導政治實踐和制定政策綱領的思想基礎，由於選舉政治中不可避免存在所謂「中間投票人定理」[1]，政治實踐中的保守主義總是會「與時俱進」，不斷妥協、調整，甚至扭曲。因此，當今世界呈現的保守主義思想不可避免地具有多樣性。我們將柏克奠基的保守主義和沿著柏克保守主義基本思想和取向的保守主義稱為「正統保守主義」。

　　正統保守主義的基本信條有多種說法，[3]我們綜合提煉，大致包括以下幾個方面：

　　第一，在宗教方面，認同宗教信仰對於社會合作秩序的

---

1　編注：所謂「中間投票人定理」，指的是在一個多數決的模型中，投票者的偏好均為單峰偏好（即所有投票者都只會將票投給所提政見與自己的政策偏好最接近的候選人），於是在只有兩位候選人競爭的選舉中，若要獲得最多選票，所提的政策就要最能反映中間選民的偏好。

重要性，以及宗教被國家承認的意義。

第二，在人性假設和行為假設方面，正統保守主義者認為人類個體的實際存在乃是一種「社會性自我」，反對「原子化自我」；秉持悲觀主義的人性觀，承認人性的不完美；承認人的理性的有限性，認為理性不是審判人類社會中一切道德規則、法律和合法性的最高法庭。

第三，認同政治社會起源的非契約論，贊同「社會秩序」而非「自然權利」作為一切政治社會分析的起點。立法與改革必須以識別和維護社會秩序為本位；權利保護的中心不在於無節制的「解放」（啟蒙運動思想中浪漫主義派別所宣稱的那種解放），而是對社會秩序下的傳統、自由和權利的維護。

第四，認為人類社會是一種有機、複雜的存在，而不是一種機械式的存在。這一信條隱含推導出任何一種歷史決定論的不可能性，以及控制和全盤改造社會的不可能性。

第五，反對革命的平等觀，認為等級秩序和地位差別之於社會合作秩序而言，是實際存在的、自然且必要的。人與人之間在天賦能力、性格乃至野心，以及創造力（企業家精神）等許多方面千差萬別。但這是一種自然和必然的存在，消除社會等級秩序和地位差別是徒勞的。形形色色的激進平等主義實質上是一種破壞主義。

第六，認可秩序自由觀（ordered liberty）。自由價值是保守主義捍衛的核心價值之一。正統保守主義者譴責政治革

命或社會改革中，對侵犯個人自由和權利的行為，但同時認為自由的道德含義和實現機制高度依賴社會秩序，而自由的實現機制也必須尊重傳統和特定社會利益。

第七，捍衛私有財產權利制度，認為私有財產權利制度是一種對社會福祉至關重要、神聖的制度。

第八，尊重公共理性、公共福祉的政黨觀和實質代表觀。例如，來自於某個州的國會議員，他代表國家和全國人民的長遠利益發言，而不僅僅是所在州人民利益的代言人。如果國家和全國人民的長遠利益與所在州的民意存在衝突，那麼前者具有置於首位的優先性。

第九，認為文明具有傳統繼承屬性，主張多元文明「共處」。拒絕接受一種簡單而普適的啟蒙文明論，也就是說基於基督教信仰可以建成現代國家，基於其他宗教信仰當然也可能建成現代國家。

第十，堅守審慎原則，對各種激進主義予以一以貫之的批判。例如，法國大革命及其思想基礎，就是柏克保守主義最著名的批判對象。

第十一，對王權和社團特權的濫用予以堅決抵制和政治狙擊。但當權力的天平偏向議會一側時，也會反對議會權力的過於擴張。

第十二，累積文化進化的群體智慧和世代正義，反對一代人的激進正義主張。正統保守主義者認為法、正義、秩序和人類智慧是「已經死去的人、當代人和未來將出生的人」

的共同財產，是許多代人實踐的產物。此外。保守主義也視國家為「已經死去的人、當代人和未來將出生的人」之間的一種「夥伴關係」。本條與第四條相聯繫；正統保守主義竭力主張必須將傳統和過去保持一定程度的連續性，盡可能逐步推進變革、盡可能不打亂正常社會秩序。魯賓遜式的個人<sup>2</sup>根本就不存在，也不可能存在。個人是愚蠢的，而魯賓遜式或接近魯賓遜式的單一個人所擁有的經驗、知識和智慧少之又少且極為單薄，而結構化的整個人類群體則是智慧的。舊有的偏見、習慣、慣例和習俗可能隱藏著不為人知、世世代代累進進化的大智慧，不可輕易摧毀。例如，對王室、貴族（即今天的「菁英」）採取革命性摧毀行動不僅是魯莽的，也是愚蠢的。

川普主義的理念和政策綱領直接或間接體現了以上正統保守主義信條。

## 向自由左派轉向的柯林頓和歐巴馬

在討論川普主義之前，我們有必要回顧民主黨執政時期的柯林頓總統和歐巴馬總統的政治理念、執政綱領，以及政

---

2　編注：引申自《魯賓遜漂流記》（*Robinson Crusoe*），書中主角的荒島歷險被認為表現了追求冒險、勇於創新的個人奮鬥精神。

策實踐。川普總統在二〇一六年作為共和黨候選人入主白宮，反映了美國人民的某些新訴求，反映了川普總統執政團隊對民主黨執政綱領某種程度上的糾錯。

在柯林頓總統執政時期，其政策強調經濟刺激與「福利國家」建設。柯林頓總統的政策綱領是凱因斯主義取向的，在社會福利及其他兩黨長期爭論的議題上，維持了民主黨的一貫主張。在政府財務方面，柯林頓總統主要依靠增稅和削減支出兩條路徑，來解決上屆政府所遺留下來的財政赤字問題。他提高個人的所得稅，對應稅收入超過25萬美元的富人徵收附加稅，對大公司的徵稅則提高了2％，旨在縮小一定程度的貧富差距。這也體現了柯林頓總統強調「平等」原則、建設「福利國家」的願望。另一方面，柯林頓總統將大部分預算盈餘用於「福利性開支」，擴大醫療保險範圍，反對福利私有化。在宏觀的經濟調控方面，柯林頓總統則主張使用凱因斯主義取向的貨幣政策，靈活調控，在必要時進行政府投資，刺激總需求。柯林頓總統主張美國在國際上起到領導作用，但是對於各國應該承擔的責任和義務，則認為各國應該公平承擔。在這一點上，川普總統與柯林頓總統是一致的，但川普實施得更徹底。

到了歐巴馬總統執政時期，其政策強調的是經濟刺激、貿易公平與「福利國家」建設。歐巴馬總統是美國第一位黑人總統，被認為是美國夢的典型例證。歐巴馬總統一上台即實施「歐巴馬新政」。二〇〇九年，歐巴馬總統為了恢復經

濟，加大提供救濟的力度，同時對狀況較差的銀行實行政府參股或國有化。歐巴馬總統推進金融機構改革，採取建立監管機構以監管金融機構及其支付系統等一系列措施，讓政府全面管控金融體系。歐巴馬總統透過重啟補貼政策，刺激美國產品對外出口，要求中國開放進出口限制。不過，歐巴馬總統最突出的政策還是「歐巴馬健保」這一福利政策；該政策要求聯邦政府將為無力購買醫保的人提供補助，而政府將對為員工購買醫療保險的小企業減免稅收等。

## 川普的執政理念與政策綱領

　　川普總統是一位政治素人，但這並不意味他在未當選總統時，不關心美國政治和自由文明正遭遇到的危機。早在首次競選總統之前，川普總統就斷言，這個國家生病了（向自由左派的理念急速推進）；同時，他也早就意識到經濟全球化是一把雙面刃，而美國作為二戰後世界政治秩序的主要塑造者，在這場突然降臨的經濟全球化浪潮中多方面受到負面因素衝擊。此外，川普總統認為保衛美國傳統和保衛自由，唯有靠實力，而不是對對手綏靖，例如透過不公正地分攤國防費用和其他國際組織費用，以維持世界領袖角色。接下來，讓我們談談川普總統的執政理念和相關政策。

## 川普主義：向正統保守主義的回歸

川普總統的執政理念和政策綱領，是正統保守主義的政治實踐。川普主義主要包括以下六大支柱：[④]

（1）以「美國優先」為政策前提。

（2）強調美國的民族身分是美國和世界基本的二元關係的基石。

（3）高度選擇性地參與國際事務。此外，在界定美國在世界上的角色時，強調自身的條件和利益。

（4）強調美國各種形式的力量，包括韌性和決心。

（5）在追求關鍵目標的過程中，對著一系列目標重點多次施壓。

（6）最大的戰術和戰略靈活性。

川普總統的執政戰略是「以最大的靈活性，實現核心目標」，[⑤]即盡可能靈活並透過較小的代價來實現核心目標。換句話說，就是在國際政治事務上盡可能靈活、不訴諸武力來解決各種棘手的國際衝突和遏制恐怖主義。

## 美國優先

「美國優先（America First）」和「讓美國再次偉大

（Make America Great Again，簡稱MAGA）」是川普總統
鮮明的標誌性特徵，也是他作為一個政治家的標籤。

在經濟上，「美國優先」意味著促進美國企業回歸美國
本土，促進企業繁榮和為工人提供就業機會。同時，這一政
策還有國家安全的考量，即在特殊情況下，生活必需品、醫
藥等不能受制於外國供給。川普總統重視製造業在美國經濟
體系中的地位，採取各種措施幫助製造業回流；例如，川
普政府於二〇一七年廢除歐巴馬政府的《清潔能源計畫》
（Clean Power Plan），也退出《巴黎協定》，以減輕美國
國內能源企業的負擔。同時，川普政府還瞄準先進製造業
和新興製造業，促進美國在特定製造業領域取得全球發展
優勢。另一方面，在社會福利政策領域，「美國優先」集
中體現在川普總統廢除「歐巴馬健保」，並推行新的替代法
案。

## 大幅減稅與解除管制

川普總統認為，原先的稅法複雜、繁瑣且稅負繁重，
難以適應經濟發展的需要。國會預算辦公室（Office of
Management and Budget，簡稱OMB）分析表明，在原有稅
制下，百分之七十的公司稅負實際落到了美國工人的身上。
二〇一七年年底，川普總統大力主張的《二〇一七年減稅與
就業法》（Tax Cuts and Jobs Act of 2017）獲得通過，該法

案的內容如下：（1）降低稅率，提升美國企業競爭力和增加居民可支配收入；在企業方面規定美國公司所得稅稅率從原先最高約35％降至21％（該稅率低於經濟合作暨發展組織〔OECD〕成員國家的平均稅率〔25％〕），而在個人方面則透過降低個人所得稅率，將累進稅率簡化至三檔，並且取消遺產稅和替代性最低稅額等；（2）允許抵扣投資成本，促進社會投資；（3）按照屬地原則對美國企業的海外利潤以10％的優惠稅率實行單次徵收，並將企業獲利回流美國的現金等價物的稅率設定為12％，同時將非流動性投資的稅率設置為5％。此外，川普政府還要求加快基礎建設和製造業的審批流程，以減少以往過多的管制。

## 恢復公平貿易秩序與國際關係

川普總統認為，現行貿易規則對美國不公平，造成美國所獲得的相對收益越來越小，而後來融入這個體系的其他國家則利用不公平規則，甚至直接違反公平規則，讓其所獲得的相對收益越來越大。因此，川普政府試圖透過改變規則來塑造有利於美國製造業發展的國際規則環境。在對外貿易上，川普政府採取的具體措施是以雙邊協議取代多邊協定，然而這並不能被簡單地稱為「貿易保護主義」。

川普政府在國際貿易政策上採取恢復公平貿易秩序的強硬舉措，勢必觸動現有國際經濟秩序下的利益格局。原來的

交易夥伴，包括美國的傳統盟友，不會按照美國提出的要求做出改變，此時川普政府隨即採取各種經濟制裁政策：在對外經濟制裁措施上，川普政府針對非自由市場經濟和民主陣營的國家，例如中國；但也對自由市場經濟國家和盟友國家採取經濟制裁，例如英國、歐盟、加拿大和日本等國。

另一方面，川普政府也關注到，雖然美國僅占北約GDP的百分之五十，卻負擔了北約所有國防開支的百分之七十。因此，川普要求北約同盟國增加軍事開支，承擔相應責任，共同分擔國防開支。

## 保衛美國文化傳統：收緊移民政策，打擊非法移民

今天，文化演化中的群體選擇已被慢慢接受。所謂的群體選擇，就是族群（民族國家是典型的族群）之間存在競爭。這種競爭在表面上爭的是國家經濟實力、科學技術、軍事力量、聲譽等，但追根究底，族群之間的競爭乃是「文化基因」之間的競爭。

所謂的文化基因，是由宗教信仰、主導價值觀、制度、法律等一系列約束和激勵人們行為的規則組成。族群之間的競爭就是文化基因之間的競爭。一般而言，群體選擇的競爭方式有軍事征服、自願歸化等，這種競爭的標準是看文化基因的相對適應度優勢。但是，今天人們發現一種新型競爭方式的出現，它不是基於文化基因的相對適應度優勢來競爭，

而是透過非法移民和生殖擴張。這種人口擴張過程如果累積幾代人或十幾代人，輸入的文化基因就完全有可能壓倒宗主國原有的文化基因。當前歐洲的移民問題，其嚴重性後果只是剛剛顯現；如果透過十幾代人的累積，歐洲的文化基因就很可能被邊緣化、甚至被淘汰出局，而讓被輸入的新文化基因占據主導地位。今天，美國也正在遭受移民問題造成的困擾。根據美國人口普查資料預測，到二十一世紀中期，美國人口將超過4.3億，而人口種族的構成將進一步多元化，白人將失去占人口多數的族群地位。拉美裔、非洲裔和亞裔等少數民族的人口總數，預計將從二〇四二年開始超過白人；到了二〇五〇年，他們的人數將占美國人口的百分之五十四。川普總統雖然不一定從文化演化和群體選擇理論來看待移民問題，但他訴諸一種保守主義直覺：他認為，美國文化和傳統不能被移民的輸入所帶來的外來文化傳統所侵蝕。這就是川普總統收緊移民政策，打擊非法移民的原因。

## 川普內閣成員的政治傾向

觀察和理解川普主義的一個重要途徑，就是觀察川普政府執政團隊的核心成員及其政治傾向和政策理念。其中最重要的，是其左右手副總統彭斯和國務卿蓬佩奧。

（1）副總統：麥可・彭斯（Michael Richard Pence）。彭斯具有典型正統保守主義政治家的風格，被認為是川普總

**川普政府核心內閣成員**

| 職務 | 中文名 | 就職時間 |
|---|---|---|
| 總統 | 唐納德・川普 | 2017.1—2021.1 |
| 副總統 | 麥可・彭斯 | 2017.1—2021.1 |
| 國務卿 | 雷斯・提勒森 | 2017.1—2018.3 |
| | 麥可・蓬佩奧 | 2018.4—2021.1 |
| 首席貿易談判代表 | 羅伯特・萊特海澤 | 2017.1—2021.1 |
| 白宮幕僚長 | 雷恩斯・蒲博思 | 2017.1—2017.7 |
| | 約翰・凱利 | 2017.7—2019.1 |
| | 米克・穆瓦尼（代理） | 2019.1—2020.3 |
| | 馬克・梅多斯 | 2020.3—2021.1 |
| 財政部長 | 史蒂芬・梅努欽 | 2017.2—2021.1 |
| 國防部長 | 詹姆斯・馬提斯 | 2017.1—2019.1 |
| | 派翠克・夏納翰（代理） | 2019.1—2019.6 |
| | 馬克・艾斯培 | 2019.7—2020.11 |
| | 克里斯多福・米勒（代理） | 2020.11—2021.1 |
| 司法部長 | 傑夫・塞申斯 | 2017.1—2018.11 |
| | 威廉・巴爾 | 2019.2—2020.12 |
| | 傑夫・羅森（代理） | 2020.12—2021.1 |
| 內政部長 | 萊恩・辛克 | 2017.3—2019.1 |
| | 大衛・伯恩哈特 | 2019.1—2021.1 |
| 農業部長 | 桑尼・帕度 | 2017.4—2021.1 |
| 商務部長 | 威爾伯・羅斯 | 2017.2—2021.1 |
| 勞工部長 | 亞歷山大・阿科斯塔 | 2017.4—2019.7 |
| | 尤金・史卡利亞 | 2019.7—2021.1 |

統的完美夥伴。他是美國政壇上著名鷹派代表人物，一貫主張對華採取強硬政策，認為中國過去幾年來無視國際法和國際規範。二○一八年十月四日，彭斯在美國華府智庫哈德遜研究所（Hudson Institute）發表著名的對中國政策演說，對中美經貿關係乃至中美全面關係發展產生深遠影響。

彭斯指出，中國目前正在動用一種政府上下全面參與的方式，利用政治、經濟、軍事及宣傳手段來擴大其影響，增進其在美國的利益。此外，中國也以相較於以往更為活躍的方式來運用這種力量，對美國的國內政策和政治施加影響及干預。

在一個「大國競爭」的新時代，外國（中國）已經開始「在地區和全球範圍內重新施加其影響力」，並「試圖改變國際秩序以使之為其所用」。彭斯認為，中國採用了一系列與自由和公平貿易相違背的政策手段，例如關稅、配額、貨幣操縱、強制技術轉讓、智慧財產權盜竊，以及像發糖果一樣隨意發放產業補貼；這些政策為中國奠定了製造業的基礎，但卻以犧牲其競爭對手，特別是美國的利益為代價。今天，中國向亞洲、非洲、歐洲乃至拉丁美洲的政府提供數千億美元的基礎設施貸款。然而，這些貸款的條款充其量是隱晦的，而且從中受益的主要仍是中國。

彭斯提到，中國「還透過向那些承諾順應中國戰略目標的政黨和候選人提供直接支援，從而腐化了一些國家的政治」。此外，中國也「對美國的企業、電影製片廠、大學、

智庫、學者、記者，以及地方、州和聯邦官員進行誘惑或脅迫。中國發動了前所未有的行動，對美國公眾輿論、二〇一八年選舉，以及二〇二〇年總統大選之前的國內環境施加影響」。

中美建交和中國啟動改革開放，絕不是彼此孤立的兩件事。在中國紀念改革開放政策四十周年，同時也是中美發表建交公報四十周年之際，彭斯發表一場對中國政策的公開演說，發出了中美關係逆轉的危險信號，把經貿層面的爭端上升到全面對峙層次。

（2）國務卿：麥可‧蓬佩奧（Mike Pompeo）。蓬佩奧認為，伊斯蘭國、敘利亞衝突、伊朗、俄羅斯、中國、北韓，以及來自網路駭客的威脅是對美最大安全挑戰。蓬佩奧是著名的對華鷹派，對於中國，他提出要採取「懷疑且核查」的強硬立場，隱含批評中國是不講信用的國家。此外，正是蓬佩奧提出要嚴格區分「中國共產黨」與「中國人民」；他批評中國民族、宗教政策，並主張在涉港、涉疆問題的相關中共高層官員之間進行制裁。

蓬佩奧的政策理念集中體現在他於二〇二〇年七月二十三日在加州尼克森總統圖書館發表題為「共產中國與自由世界的未來」的演說。這是一篇具有里程碑意義的對華「檄文」，而川普總統對蓬佩奧信任有加，他說：「只要不引發世界性戰爭，麥可，你放手幹吧！」因此，蓬佩奧此番演講也折射出川普總統在第一任期的後半段，其對華政策日

趨強硬。蓬佩奧在演說中指出：「我們有一個非常明確的目的、一項真正的使命，就是解釋美中關係的不同層面，解釋幾十年來累積起來的那種巨大的關係失衡，以及中國共產黨的霸權意圖……川普總統的中國政策旨在解決的問題，其對美國的威脅是顯而易見的，而且我們為確保自由制定了戰略。」蓬佩奧全面否定了自尼克森以來的對華接觸政策（綏靖政策），認為這樣的政策會嚴重地損害美國安全和利益。他說：「我們曾經想像，與中國接觸將會產生團結合作的光明未來。然而，因為中共未能履行對世界的承諾，我們目睹中國軍隊變得越來越強大，並且越來越具威脅性……與中國接觸五十年後，美國人民現在有什麼成果可以示人？與中國盲目接觸的舊模式根本做不成事。我們絕不能延續這個模式。我們決不能重回這個模式……中國今天在國內越來越威權，而且越來越咄咄逼人地敵視世界其他地方的自由。川普總統已經說了：夠了。」

關於意識形態問題，蓬佩奧指出：「我們必須記住，中共政權是馬克思—列寧主義政權。中共是一個破產的極權主義意識形態的真正信仰者。」蓬佩奧提出對中國的策略是「不信任且核查」。但該如何對待中國共產黨？蓬佩奧說：「堅持從中國共產黨那裡得到對等、透明和問責。他們是一小夥統治者，遠非鐵板一塊……自由國家必須設定（國際秩序和規則的）基調，我們必須在同樣的原則上運作。」蓬佩奧也擔憂道：「中國共產黨將侵蝕我們的自由，顛覆我們辛

辛苦苦建立起來的、基於規則的秩序。如果我們現在屈膝，我們的子孫後代可能會受中國共產黨擺布。他們的行動是當今自由世界的首要挑戰。」他指出，這不是在討論如何遏制，而是面對美國從未面對過的一個複雜的新挑戰：蘇聯當時與自由世界是隔絕的，而共產中國已經在美國的境內了。蓬佩奧於是主張與國際機構和盟友緊密合作，透過聯合國、北約、七大工業國組織（G7）、二十國集團（G20），透過經濟、外交和軍事力量的結合，來應對這一挑戰。甚至，蓬佩奧提出了對當前聯合國的替代方案，他說：「也許是時候建立一個志同道合國家的新聯盟了，一個新的民主聯盟。」因為新的危險迫在眉睫，「如果自由世界不改變共產中國，共產中國肯定會改變我們」。

（3）首席貿易談判代表：羅伯特·萊特海澤（Robert Lighthizer）。萊特海澤是川普行政團隊中的對華強硬派，指責中國「破壞」公平互惠貿易、「竊取」美國技術機密，從而獲取「不正當」的比較優勢。此外，他也是當今世界頂級貿易專家和貿易談判高手，被稱為貿易世界的「巴頓將軍」[3]。萊特海澤認為，過去美國關注的焦點，是對美國構成挑戰的日本的重商主義政策，但美國現在關注的是問題規模比日本大上好幾倍的中國。對美國而言，最主要的挑戰，就是如何在全球貿易體系裡與中國應對。早在一九九七年，

---

3　編注：指美國二戰名將喬治·巴頓（George Patton）。

中國被准許申請加入WTO時，萊特海澤就曾發表文章表達反對，強調WTO是「美國國家的災難」。萊特海澤的政策理念十分明顯地體現在他於二○一○年九月二十日，在美中經濟安全審查委員會針對中國過去十年在WTO中的角色評估所召開的聽證會上發表的國會證詞。反對WTO遭中共利用、竊取他國利益，是萊特海澤多年來的信念。他曾在二○一一年於《華盛頓時報》上發表文章，批評中國政府透過「操縱貿易」使製造業的工作大量流向中國。他認為，美國多年來與中國的對話從未起到作用。他對中方就未來的任何承諾或許諾，抱持非常懷疑的態度，這一點與國務卿蓬佩奧如出一轍。簡而言之，萊特海澤是川普總統倚重的重要閣僚，本身具有強烈的保守主義色彩，主張對中國採取強硬對策，因此在美對華經貿關係處理中具有舉足輕重的位置。

（4）財政部長：史蒂芬・梅努欽（Steven Mnuchin）。梅努欽在中美貿易談判中相對溫和，屬於鴿派代表。他是一名「調和者」，強調貿易互惠，希望與中國在內的世界各國保持良好的貿易關係。

（5）商務部長威爾伯・羅斯（Wilbur L. Ross, Jr.）。羅斯在處理對華問題上是相對溫和的鷹派。他曾針對「一帶一路」倡議發表署名文章，認為中國透過「一帶一路」，擴大中國在非洲地區的政治、外交和軍事方面影響力，也「威脅」美國在中亞、西歐和非洲地區的利益。此外，羅斯也積極主張對中國高技術企業「華為」進行制裁。

（6）農業部長桑尼・帕度（Sonny Perdue）。帕度配合川普總統安撫美國國內農民情緒，傳達強烈的對華負面態度。他認為中國在徵收報復性關稅時找到美國的痛點，「試圖威脅美國農民來讓美國政府讓步」。

另外，在川普的內閣級別官員中，值得注意的還有白宮幕僚長和白宮首席策略長：

（7）白宮幕僚長：雷恩斯・蒲博思（Reince Priebus）。蒲博思曾任共和黨全國委員會主席。他在接受採訪時曾表示：「歐巴馬是美國經濟崩潰的罪魁禍首，共和黨會努力讓他下台。」

（8）前白宮首席戰略顧問：史蒂夫・班農（Steve Bannon）。西蒙・莫藍（Simon Mollan）和貝弗麗・吉辛（Beverly Geesin）在其二〇二〇年的論文中認為，班農以本質主義重申了傳統的美國價值觀。

## 重新定義中美關係：從綏靖到遏制

鑒於美蘇冷戰已經結束，中國在改革開放以後的經濟和軍事實力迅速提升，美國面對的競爭對手從前蘇聯轉向中國，使得考察中美關係的演變，特別是川普政府執政以來對華關係的重大調整，是觀察和理解「川普主義」的重要面向，甚至是主要面向。

自一九七九年中美正式建交後，中美開始進入十年接觸

與合作時期，從一九八九至二〇〇九年，經歷了十年的戰略調整時期，以及接下來二〇〇九至一六年的中美關係蜜月期。但自二〇一六年川普總統入主白宮，川普政府、國會兩院，以及民主共和兩黨，開始全面反思中美關係，並且在對華關係問題上越來越達成共識，逐漸脫離「對華接觸」和「和平演變」的傳統對華戰略，走向中美對抗的態勢。

　　二〇一八年年底開始的中美貿易爭端，是中美關係出現對抗趨勢的第一個標誌性事件。經過最近四十年來的快速經濟增長（改革開放四十週年也恰好是中美建交四十週年，這一時間上的交疊似乎不是巧合），中國已經超越日本成為世界第二大經濟體。中美兩國是當今世界最大的兩個經濟體，而中美經濟貿易關係也是當今世界規模最大、影響最大的經貿關係之一。與此同時，兩國國情迥異。中國是發展中國家，仍不被一些發達經濟體承認為「完全市場經濟國家」，而美國是老牌資本主義市場經濟國家，是當今世界唯一超級大國、世界經濟領頭羊，也是市場經濟發展最成熟的國家。中美兩國的政治制度和經濟制度差異甚大，由此可知兩國經貿關係的密切程度和發生貿易爭端的可能性也極大。鑒於兩國經濟體量和在全球經濟中的地位，如果不處理好兩國貿易爭端，將會對兩國乃至世界經濟帶來巨大的負面影響。

　　中國改革開放面臨「再出發」的重大戰略抉擇。恰逢此時，趨於白熱化的中美貿易爭端終於在二〇一八年年底出現重大轉折。二〇一八年十二月一日，習近平主席與川普總統

在於阿根廷首都布宜諾斯艾利斯舉辦的G20峰會上，討論了中美經貿問題並達成了共識。隨後，兩國高級談判團隊為落實兩國元首達成的原則共識，開展緊鑼密鼓的多輪談判。中國是WTO成員國，一旦中美貿易協定達成，意味著相關協定條款也適用於其他成員國，這又與中國自身要求的「全方位改革開放」完全契合。因此，此一變局的影響不僅僅限於中美兩國經濟，而是會進一步影響東亞乃至全球經濟：處理得好，就利於中美兩國和全球經濟，但若處理不好，結果將是災難性的。

要解決貿易爭端，就要建立充分、有效、及時靈敏的爭端解決機制，這種機制很可能是單邊、雙邊和多邊機制的——三者之間存在一定的互補性，沒有哪一種解決機制可以用來解決所有的貿易爭端。但毫無疑問，雙邊機制應該占據主導地位。

美方的主要和最終訴求可以簡單概括為「三零二不一允許一市場化」。「三零」，即零關稅、零非關稅壁壘（例如行政審批透明化）、零補貼（特別是對國有企業的補貼，放棄美方所稱的「國家資本主義」）；「二不」是不再強制技術轉讓，不再進行由政府支援的網路攻擊和網路盜竊智慧財產權；「一允許」則是指允許美國企業進入中國市場，包括金融服務業、製造業、農產品，也包括其他各類企業如亞馬遜（Amazon）、Google、推特、臉書、YouTube等互聯網企業；最後，「一市場化」說的是匯率形成的市場化，如此將

能大幅度減少政府對貨幣的操縱，以獲取出口產品價格競爭優勢。

總體上，中美在絕大部分的議題上都能達成共識，因為雙方都有達成共識的巨大需求。可以預料，國有企業和壟斷部門改革即將到來，大量原來半開放或不開放的市場也將門戶大開。所謂各退一步，是中方在國有企業和壟斷部門改革上承諾做出實質性的改革，而美方則在中方認為的某些特殊企業暫緩進入中國市場上做出讓步。

美方的訴求，就是「對等即公平」和「開放市場」。中美兩國的貿易爭端焦點涉及的具體事項如下：

一是純經濟層面的貿易逆差和產能過剩。美對中存在巨額貿易逆差，尤其中國鋼鐵、電解鋁、光伏產品等產能過剩。川普總統在競選中和執政以來所關注的三大焦點貿易議題是貿易逆差、匯率操縱以獲取競爭優勢，以及糟糕的貿易協定（跨太平洋夥伴協定〔TPP〕、美韓自由貿易協定、北美自由貿易協定〔NAFTA〕等）。中國是美國貿易逆差來源大戶，而美國總值約5,000億美元貿易逆差有一半來自中國。這是事實，但其背後還有一些複雜的結構性問題，例如美國對中國服務貿易的順差一直持續增長；中國總體上處於製造業價值鏈低端，但美國對中國逆差並沒有考慮這一因素，而且美國的儲蓄和投資結構也是產生貿易逆差的長期因素。解決美國對中國貿易逆差的直接、但治標不治本的辦法，就是加大中國對美國產品進口的力度；然而「買買買」

辦法無法解決根本問題，即使透過「買買買」實現了某個時期的貿易平衡，根本問題卻沒有真的解決，新的巨額貿易逆差還會再次產生。產能過剩問題同樣如此；中國政府透過「去產能」的辦法，可以在短期內解決鋼鐵、電解鋁和光伏產品過剩問題，但是如果不觸及根本來解決這一輪產能過剩，又會產生下一輪其他領域產品過剩問題。只要所謂的「國家資本主義」還存在，企業據以計算成本收益的價格信號就是扭曲的，它的產出量（包括國內需求和國際需求）就必然是扭曲的。

二是關稅壁壘。所謂關稅壁壘就是一種利用關稅手段來達成市場封鎖的行為。自從二〇〇一年加入WTO以來，中國不斷降低關稅水準，目前中國的關稅總水準已經降至8％。實際上，從一九九二年以來，中國的平均關稅稅率呈現極速下降趨勢（從一九九二年的33％降至二〇一七年的3.5％）。WTO的資料顯示，二〇一五年中國貿易加權平均關稅稅率為4.4％，已接近美國（2.4％）、歐盟（3％）、日本（2.1％），低於韓國（6.9％）和印度（7.6％）。但二〇一八年中國的汽車整車進口關稅維持在15％（此前是25％），汽車零件最惠國稅率則為6％。整車關稅水準與美國（2.5％）、歐盟（9.8％）、韓國（8％）、日本（0％）比較，仍然處於較高水準。據世界銀行的資料，二〇一七年中國的平均關稅稅率下降為3.5％，但世界其他主要工業國的平均關稅稅率仍然普遍低於中國，例如日本（2.5％），

以及比利時、法國、德國、義大利、荷蘭、瑞典和英國（2％），還有美國（1.7％）、加拿大（1.5％）和瑞士（1.4％）。根據中國財政部於十二月二十四日發布的消息，為了降低消費者成本及進一步開放本國經濟，中國將從二〇一九年一月一日起，對706種產品實施進口暫定稅率，同時也將從該日起調降94項產品的出口關稅，並從同年七月一日起調降298項資訊技術產品的最惠國關稅。此舉標誌著中國自二〇一八年以來的第三輪關稅調降（中國曾於二〇一八年五月宣布調降1,449項商品的關稅，同年九月進一步下調1,585項商品的關稅）。中國進一步落實「減稅降費」政策，讓中國平均關稅稅率日益趨近世界主要工業國的關稅稅率。由此可知，關稅壁壘將不再構成中美貿易談判中的障礙。

三是智慧財產權保護，包括網路盜竊、網路攻擊、強制技術轉讓等，都屬於智慧財產權保護範疇的問題。美國是全球智慧財產權大戶，而每年美國智慧財產權損失大約在4,000億美元；據川普政府統計，其中中國駭客入侵和強迫性技術收購，每年至少對美國公司造成500億美元的損失。因此，美方有足夠的動力強調智慧財產權保護問題。據美國商務部統計，中國在二〇一六年向美國支付的智慧財產權費達到79.6億美元。不可否認，中國和香港地區存在仿冒產品（但基本來自前者），中國個別企業也都有仿冒、網路盜竊、「以技術換市場」等行為存在，但這不是中國政府鼓勵和慫恿的行為。這邊要特別強調的是，這樣的行為首先不是

政府行為；相反地，中國政府在短短十多年間做了大量保護智慧財產權的立法（修法）和行政執法行為。例如，中國政府在二〇一三年修訂《商標法》，大幅提高懲罰強度；二〇一四年修改《專利法》，加大侵權懲罰力度；二〇一七年則修訂《反不正當競爭法》及《民法總則》相關條款，加強對商業秘密的保護。

四是關於中國的非市場經濟（Non-Market Economy，簡稱NME）地位。這直接關乎反補貼時的公允價格標準是選用「替代國」辦法與否的爭議。中國加入WTO時，原本定於二〇一六年十二月終結「非市場經濟體」，但表述含糊，其他成員國只看事實而不是只生硬地看到期日。如果中國在WTO框架內「據理力爭」，不排除美國退出WTO或事實上架空WTO的可能，並且改用國內法懲罰「不公平貿易行為」，這是中國具有壓倒性需求、想要極力避免的局面。中國加入WTO已經十七個年頭，但在G7或OECD國家看來，儘管中國在經濟發展和制度改革上取得了巨大進展，與完全的「市場經濟地位」（Market Economy Status，簡稱MES）拉進了距離，但離透明、規範和制度化的完全市場經濟還有一段距離。其中最直接的證據就是，中國的國有企業仍然在鋼鐵、能源、銀行業、電力、交通、通訊、公共部門（學校系統和醫院等），持續發揮主導作用。隱性補貼、廉價獲得生產要素、其他行政審批方面的特權和優惠等破壞了公平競爭原則。只要「非市場經濟地位」問題不徹底解決，中國永

遠要面對越來越頻繁的反補貼、反傾銷指控，或者單邊貿易制裁。

　　五是所謂「國家資本主義」問題。這一問題直接涉及非關稅壁壘，以及國家層面的產業政策對公平競爭和公平貿易可能產生的負面影響。中美貿易談判中，美方一直指責中國的產業政策、產業補貼、繁雜的監管法規、商業許可程序、產品規格評估和其他一些作法；此外，還有對銀行、保險和電信等服務業進入中國市場設置高門檻，也對進口農產品設有針對性和依據模糊的檢查標準（例如以有爭議的動植物檢疫措施來控制進口量）。這些都是所謂「非關稅貿易壁壘」。然而，美方指責中方「國家資本主義」，其所針對的又不僅僅是傳統上的非關稅壁壘，還包括中國政府對經濟的廣泛干預、國家主導的產業政策，以及對國有企業的補貼、特權與優惠等。美國（和OECD國家）甚至把所謂的「國家資本主義」上升至對全球市場經濟的主要威脅來看待。簡單地說，國家資本主義就是，政府在經濟領域既當裁判員又當運動員。被美方指責為國家資本主義的主要是中國、俄羅斯和一些石油資源豐富的國家。判斷一個國家是否實施「國家資本主義」的操作性標準，主要包括四項加強國家控制的政策工具。[6]第一是國有油氣公司（目前國家資本主義國家的國有石油公司控制全世界百分之七十五的原油儲備）。第二是數量和規模龐大的國有企業。第三是私人擁有、但擁有國家支持的公司。最後則是國家主權基金。上述四種政策工

具，中國都具備，因此中國也被認定為實施典型的國家資本主義。

六是市場准入（Market Access）問題。首先是金融服務業的市場開放准入問題，其次是互聯網市場開放准入問題。中國在農產品、汽車、金融服務業等領域大幅放寬了市場准入。就市場准入議題，中美在談判中最難解的就是互聯網服務。中國商務部發布的《外商投資准入特別管理措施（負面清單）（二〇一八年版）》取消了二十二個領域對外資的限制，但在針對互聯網和相關服務業，禁止投資互聯網新聞資訊服務、網路出版服務、網路視聽節目服務、互聯網文化經營、互聯網公眾發布資訊服務等。不過在第九輪談判，中美就互聯網服務中的雲端運算服務開放已經基本達成共識。

七是匯率操縱與匯率市場化的改革問題。一國行政當局若人為操作貨幣，讓他國貨幣貶值，就會在出口產品價格上獲得競爭優勢，但這種不公平貿易行為遭到國際社會長期反對。川普總統一直懷疑中國是貨幣操縱國，而且發誓要懲罰中國，但川普總統執政以來，並沒有把中國列入貨幣操縱國名單（但仍列入美財政部貨幣操縱國觀察名單中），因為中國最近以來的確沒有匯率操縱行為。美國判斷所謂「貨幣操縱國」有三個標準：對美巨額貿易逆差、對美巨額經常帳戶貿易盈餘、持續單邊干預外匯市場。中國不符合第三款標準。此外，中國國務院總理和央行行長也一再表態，保持幣值穩定和匯率相對穩定是中國的基本政策取向，中國不尋求

操縱他國匯率獲取競爭優勢。

八是結構性改革問題。結構性問題的「結構性」所指為何？這邊所說的不是國民收入統計中產業結構之「結構」，而是大致指涉所謂制度性問題。結構性改革問題與中國自身在最近歷次重大政治報告和政策文件中提出的「深化改革、擴大開放」基本戰略主張不謀而合。結構性改革能不能實現，其關鍵在於「如果中國不能實現完全轉型，鑑於中國經濟如此龐大，且能夠在國際上產生和傳導巨大的外部性，那麼在不同規則下運行的經濟體如何可能共存？」。[7]從最近的歷史經驗和現實看來，中國追求並且實現加入WTO這一事實本身，意味著中國承認國際貿易中存在且中國承諾接受一個基本、最低限度的交疊共識，並且願意在此共識上行事。中國四十年的改革開放進程，證明中國願意加入國際大家庭，也承認貿易關係網中的國家間存在「基本交疊共識」；但中國是否百分之百地執行承諾了的交疊共識，既有經驗上的原因，也有主觀意願上的原因，還有現實中政治領導人的輪替導致的政策不完全一致的問題。不過，這些都不是根本原則上的問題──我們沒有任何理由認為中國不願意加入國際大家庭，或是認為中國只願意游離於國際分工鏈之外，自搞一套；相反地，我們看到的是四十年來，中國領導人不斷重申中國融入國際分工體系的堅定意願和基本國策。

九是協議執行機制問題。這是一個如何建立「可置信承諾」的問題。從經濟學理論來看，我們知道一切契約都不可

能是「完全契約」，因為「不確定性」是我們身處其中的環境的本質特徵，此外還需考量到人的「有限理性」這一終極事實，而二者結合在一起必定導致任何人際間（國家間）契約的不完全性。但是，不完全契約不是達成契約以後，任何一方耍賴的理由。我們仍然可以在制度設計中設置「執行機制」條款，處理當出現不履行承諾，或出現原來的契約沒有預見到的新情況時，可以著手處理的條款。至於承諾是單邊還是雙邊，若是雙邊的話則哪邊權重多一些，這些則要尊重過往的事實，看哪一方遵守承諾的記錄相對更好。此外，執行機制的設計必然與談判能力有關，而談判能力相對強的一方無疑要在執行機制中占有相對優勢。

十是中美政治互信問題。國家間如果缺乏政治互信，貿易爭端就可能被放大、甚至無解。以上問題，追根究底都是政治互信問題。然而，不是說解決了政治互信問題，就不會產生貿易爭端；而是說一旦中美政治互信提升，有些爭端就可能自行消弭，有些爭端則透過正常的標準管道溝通或談判就可以解決。

從演化經濟學的視角來看，中美貿易爭端的本質是一個「群體選擇」問題，而中國和美國是兩個不同質的群體。簡單來說，每個群體都是一個「行動者」，而每個群體上搭載的廣義制度則是「複製者」；每個群體都搭載複製者（最典型的就是各種制度），演化本體就是這些搭載在群體上的制度。因此，群體之間競爭（不限於中美，也包括其他經濟體

如日本、歐盟、東盟等）的實質，是演化本體之間的競爭，也就是制度的競爭。

　　中美經貿關係很複雜，經貿關係背後則是兩國政治關係、外交、經濟發展水準差異、文化和價值觀差異問題。因此，中美貿易爭端解決起來不可能一朝一夕、速戰速決以實現。話雖如此，但中美兩國的基本原則共識和中方的基本戰略主張是明確的：二〇一七年四月六日至七日，習近平主席與川普總統在海湖莊園（Mar-a-Lago）會晤時強調：「我們有一千條理由把中美關係搞好，沒有一條理由把中美關係搞壞。合作是中美兩國唯一正確的選擇。」習近平主席為中美關係指明了方向，其中包括中美經貿關係發展。二〇一八年四月，習近平主席在博鰲亞洲論壇做出了推進未來中國「高水平對外開放」的四點承諾：（1）擴大市場准入；（2）改善營商環境；（3）保護知識產權；（4）擴大進口。以上每一條都直接與當下中美貿易談判議題密切相關。那種認為中國在中美貿易談判中「認輸」的觀點是完全錯誤的；因為早在談判前，歷次重要政治報告、立法、政策舉措和領導人談話中，深化改革和擴大開放這一基本戰略從來沒有改變，而且不斷強化。

　　不過，另一件更明確地讓中美關係走向對抗的大事是美國啟動「印太戰略」。許多觀察家認為，中國的「一帶一路」倡議旨在將中國的軟實力觸角伸向歐亞大陸，威脅了美國在亞太地區的影響力。為了對抗中國的經濟治國之

道，川普總統簽署了《更好地利用投資促進發展法案》（Better Utilization of Investments Leading to Development Act of 2018，簡稱BUILD），這是一項建立國際發展金融公司（IDFC）的兩黨法案。美國政府聲稱，IDFC貸款將刺激印度太平洋國家對私營部門的大量投資，從而阻止該地區的國家依賴中國的現金。

此外，川普在二〇一六年當選總統之後，在對中國而言相當敏感的問題上的政策也變得強硬起來，尤其是台灣關係問題。例如，川普曾明確聲明堅決支持台灣，並多次派出高級官員與台灣當局會晤；川普也在二〇一七年向台灣提供14億美元的武器，[8]此後其政府也持續進行較前幾任政府規模更大、武器更先進的對台售武法案。二〇二〇年十二月十九日，美國國會通過了《台灣保證法》，這一實質性步驟強化了此前執行了四十多年的《台灣關係法》。

在南海問題上，蓬佩奧曾表示：「我們一勞永逸地拒絕接受中國在南海的非法聲索。」[9]另一方面，川普政府還擴大了美國在亞洲的軍事存在。在最初的兩年裡，美國政府與亞洲夥伴進行了大約三百次演習，並在中國宣稱擁有主權的水域進行了數十次航行與飛行自由行動。

與過往政府對華接觸、綏靖、偶爾制裁的傳統遏制策略不同，川普政府對中國採取更具有單邊色彩的遏制策略。[10]在處理其他國際事務時，川普政府也更具有單邊色彩，雖然這讓他這經常被指責為「疏遠盟友」。

# 轉變的十字路口

當我們關注社會領域的現象，如果可識別的因果機制起作用的時間尺度超過人均壽命（例如七十歲，大概是三代人），很多睿智的人都不免糊塗。回顧十四至十六世紀以來的重大歷史事件，因果機制發揮作用和顯示出來的時間尺度超過三代人的重大事情有好多例。在影響本國或整個人類歷史進程的重大事件發生時，絕大部分的人不是茫然不知，就是站在錯誤和不正義的一邊。只有極少人能洞察真相，發出警告。一九七〇年發表《反思法國大革命》（ *Reflections on the Revolution in France* ）的柏克、在一九二二年發表《社會主義》（ *Socialism* ）的經濟學家米塞斯（Ludwig von Mises），以及在一九四四年發表《通往奴役之路》（ *The Road to Serfdom* ）的海耶克，正是那些「極少人」。

經歷慘烈而悲壯的二十世紀以後，人類享有了相對和平的五十年。今天，歷史進程是否又走到一個新的十字路口？

用所謂「修昔底德陷阱」[4]來描述今天的大國競爭不僅沒有澄清問題，反而極大誤導了人們。基於文化演化理論，

---

4　編注：修昔底德陷阱一詞的典故源自希臘歷史上的伯羅奔尼撒戰爭。歷史學家休昔底德觀察發現，雅典在與波斯戰爭勝利之後，其國力日益強大，引起斯巴達及其他城邦強烈不安，最終導致伯羅奔尼撒戰爭的發生。所謂的休昔底德陷阱，若放在現在的語境來說，指的就是「新崛起的大國，必然會挑戰現存的大國，而後者也必然會回應這種威脅，導致戰爭不可避免」。

族群之間的競爭實際上是文化基因的競爭。科學技術（哲學家波普爾〔Karl Popper〕稱為「知識」）強烈影響人類歷史進程，資訊通訊和互聯網也在改變包括中、美兩國和全球各國自身的政治經濟制度。移民和生殖擴張作為一種新型群體選擇類型被引入文化演化。自由文明的生命力和創造力正在遭受傳統意義上的威脅，以及科學技術知識進步、新型群體選擇等在內的各種威脅。沒有任何一種理論和經驗，能保證自由文明世界可以永遠戰勝其他族群世界。此外，自由文明世界的內部規則也不能簡單擴展適用於處理與非自由文明世界族群的關係。

自由文明世界正處在危險中，需要非常態的戰略和措施來保衛自身。二戰以後形成的冷戰已經結束，新冷戰正在形成。而回顧九十年來美國對華政策，綏靖戰略已經被證明完全失敗，靠當冤大頭維持世界領導人角色已經不合時宜。

但是，更為危險的是國內外滲透問題。國內外聯手，也就是所謂「深層政府」（deep state）的勢力黑影幢幢。他們站在川普的對立面，台前幕後包括民主黨部分政治人物、共和黨內部的建制派、川普政府團隊中可能存在的個別離心離德人物，以及金融大鱷、科技公司、媒體和社群平台等。今日的美國，從立法、司法和行政，到社群媒體、科技業、金融巨頭、大學和知識界，都已經被自由左派思潮占領大部分「領地」，這是美國建國以來前所未有的局面。川普總統貌似不按常理出牌，這些勢力也逐漸浮出水面。

美國和自由文明世界唯有「靠實力保衛自由」和「靠實力保衛自己的文化基因」，必要時甚至有必要訴諸非常規手段。這就是正統保守主義給出的答案。

　　（本文寫作中，首都經濟貿易大學城市經濟與公共管理學院2019級研究生徐利萍參與蒐集全部中英文文獻資料及校對文稿，特此致謝。文責自負。）

2021年1月6日，川普支持者在多次抗議2020年總統大選選舉無效未果後，前往美國國會大廈，擾亂國會認證全美各州選舉人團提供的投票結果。

對思想與言論自由的限制，是所有形式的顛覆中最危險的一種。這是一種最不美國的行為，更可能輕而易舉地擊垮我們。

——威廉・道格拉斯（William O. Douglas），
美國聯邦最高法院大法官

# 理解川普主義：
## 透過媒體鏡像看美國的衝突和現實

許凱

《國際金融報》副總編輯

在美國兩百多年的歷史中，很少有美國總統會是如此地不為主流媒體所待見。自川普在二〇一七年一月二十日正式就任第四十五任總統以來，圍繞著他與主流媒體的爭鬥，儼然成為美國政治生活中的新常態，並外溢到非政治領域，甚至穿越美國國境、外溢到全球，成為人們茶餘飯後的談資。川普脫口而出的「Fake News」口頭禪，作為標準的「美國罵」，被科林斯詞典收錄為二〇一七年年度之詞。此外，他更在離任前夕，因其支持者於二〇二一年一月六日占領國會大廈的瘋狂舉動，受到前所未有的責難。川普和主流媒體互相視其為「仇寇」，並各自以國家為名義批評對方。即使是一向被視為川普的白宮機關報並傾力支持他的福斯新聞（Fox News），也難逃被他批評的命運。

川普就像闖入瓷器店的「大象」，從一開始就被「主人」所嫌棄，擔心他毀壞了店裡的祥和與安寧，擔心他惹

得店外的其他店主覷覰和傷害，更擔心他將瓷器店帶向萬劫不復的未來，因此恨不得儘早把他請出去。在主流媒體的話語裡，他是偏執狂（bigot）、種族主義者（racist）和小丑（clown），他是偽君子（hypocrite）、民粹主義者（populist）、瘋子（loony），也是謊話精（liar）、法西斯主義者（fascist）和暴君（tyrant）。從《CNN Tonight》節目主播唐·萊蒙（Don Lemon）的幾句話裡，就可看出主流媒體對他的厭惡：「我們不應該驚訝這位總統是個偽君子。我們不應該驚訝他是個偏執狂、一個種族主義者。這些不是意見，而是事實……我們美國正在獨裁統治下搖搖欲墜」。

他簡直就是「神一樣的存在」，因為他讓主流媒體有機會盡情地揮灑使用這些通常並不適合在媒體上用到的詞彙。畢竟，自十九世紀三〇年代起，隨大眾報刊蓬勃發展，新聞專業主義的概念在二十世紀四〇年代被正式提出，進而由美國新聞媒體普遍遵循之後，媒體從業者不鼓勵使用非客觀中立的詞彙。對的，「神」。對川普的支持者而言，他真的就是「神」一樣的存在。二〇一九年八月二十一日，川普在白宮對媒體說自己是「天選之子」（the Chosen One），當天還轉發了一條稱他為「以色列之王」（the Kings of Israel）、「天選之子」、「神的再臨」（the second coming of God）的推文，這條推文就來自美國保守派作家韋恩·埃林·魯特（Wayne Allyn Root）。這樣的評論不是魯特個人的認知，而幾乎是他的支持者的共識：川普是神揀選的總

統，他是被派來與「白左」戰鬥的，他的使命是拯救美國，而他正在挽救美國秩序的根基。他與基督教、保守主義、美國的法律與秩序，以及美國的精神支柱、道德基礎與制度支柱，聯繫在一起。

如此懸殊的認知，就是這麼真切地存在於美國社會。在主流媒體的鏡像裡，我們看到媒體對川普的發言和動作，以及對他的政見和策略的解讀，全都充斥著情緒與非理性，很難說這就是真實的川普。換句話說，我們在非主流的支持者那裡，看到的是真實的川普嗎？圍繞著川普而產生的撕裂和對立，正在發生而且還會繼續存在，正在加劇而且還可能繼續加劇。他的連任希望越來越渺茫，但他還在就「質疑選舉造假」而不停地申訴，像倔強的古巴老漁夫聖迪亞哥執著地要將大馬林魚帶回那樣不肯放棄，[1]而他的反對者已經開始準備將其競選對手喬‧拜登（Joseph Robinette Biden, Jr）送進白宮。川普的支持者認為，即使大馬林魚只剩下一個骨架，川普總統也肯定會執拗地堅持，畢竟他不像是個會放棄的人。

其實，即使川普離開白宮，他也已經給白宮、給美國打上了深深的印記。他推崇的「美國優先」（America

---

1　編注：典故出自海明威經典中篇小說《老人與海》。小說故事描寫一名老漁夫在海上捕魚數日，終於在第八十五天遇上一條大魚，與其展開了長達兩天兩夜的較勁、對抗和對話，才將其刺死。然而在返航的過程中，漁夫遇上聞風而至的鯊魚群，接著又經過一番纏鬥才解決了連番前來的鯊魚，但在這過程中，大魚也被鯊魚啃食至僅剩魚骨。

First），以及他在內政與外交方面的非典型做法，已經成為他這四年留給美國的遺產。一個逐漸被更多人認可的說法是，川普儘管離開白宮，白宮還留有他的傳說。他的這個傳說就是雖有諸多共識卻也仍不乏爭議的「川普主義」（Trump Doctrine，或Trumpism），而且這個主義將持續深遠地影響著美國和世界；《金融時報》（*Financial Times*）專欄作家吉迪恩‧拉赫曼（Gideon Rachman）就曾說，他認為川普時代將持續三十年。綜觀上述，本文試圖穿越主流媒體的鏡像，讓更多讀者跨越時空理解川普主義，理解川普主義的理論根基、內涵和外延，進而對美國當下的衝突和現實有更清晰的認識。

# 川普主義的內涵：
## 以「美國優先」為基礎，「讓美國再次偉大」

　　對於川普主義的認知，至今都沒有一個較為一致的意見。支持者堅定地認為川普主義觸手可及、清晰可見，反對者則嘲諷說那不過是「特離譜主義」（Tempism），虛幻縹緲。川普主義真的存在嗎？它是隨意拋出的散見遺珠，還是有哲學根基、邏輯依據及現實可行性的系統性理論主張？相關論者們的認知並不一致。

　　在美國思想理論界，這一認知分歧更是顯見與尖銳。懷疑論者認為，川普主義根本不存在；美國政治評論家法里

德・札卡瑞亞（Fareed Zakaria）就不客氣地說，理解川普的外交政策是一個挑戰，因為他很少針對這一主題發表文章或談話。換言之，川普主義是否存在，本身就是一個疑問。蕾貝卡・琳色爾（Rebecca Lissner）認為，川普並沒有學術界所謂的「大戰略」和政策界的「主義」，更多的是一種「戰術性交易主義」。約瑟夫・奈伊（Joseph S. Nye, Jr.）說川普上台意味著「自由國際秩序」終結，美國開始回歸孤立主義。專欄作家麥可・湯瑪斯基（Michael Tomasky）更是反問：「你聽說過杜魯門主義、雷根主義、布希主義、歐巴馬主義，也許你喜歡它們，也許你不喜歡，但它們是存在的，你可以大致定義它們是什麼。然而，川普主義到底是什麼？」

曾提出過「歐巴馬主義」（Obama Doctrine）的《大西洋月刊》（*The Atlantic*）主編傑佛瑞・高德伯格（Jeffrey Goldberg）在二〇一八年六月就提出川普主義的概念，而他認為川普主義的基本內涵就是「沒有敵人，沒有朋友」。在此之前，《紐約客》（*The New Yorker*）也曾在二〇一五年八月八十二日刊文說「川普主義就是要交易」。美國政治學家查爾斯・庫普尚（Charles Kupchan）則認為，「美國優先、民族主義、單邊主義、反移民的熱情、對中國的抨擊，這些都是川普主義的標誌，它們已成為新常態」。還有學者概括說，「川普政府對外政策的邏輯基本上體現了『大國競爭』的戰略框架和『美國優先』的政策目標」。

在認知川普主義為何之前，我們先來釐清輿論的認知偏差所來何由，並且釐清在媒體鏡像中，對川普主義的描述有多大程度上接近川普的真實意思表示，而不是誤解或誤讀，這些應作為我們給出判斷的邏輯起點。釐清了這個邏輯起點，我們再來判斷對川普的批評是浮於表面還是切中要害，對川普的支持是價值肯定還是追星狂熱，也就更容易接近真實了。

重播媒體的一幅幅鏡像，讀者看到的川普，是這樣一副形象：他固執、自私地堅持美國優先，除了與《國家安全戰略》假定的「競爭者」開戰，更是不惜因貿易摩擦、國防成本承擔等因素而與盟友決裂；他堅決反對全球化，尊崇貿易保護主義，惡意破壞國際經貿合作；他藐視現有國際規則和共識，信奉孤立主義，或極限施壓修改規則，或堅決退出國際組織，甚至威脅退出聯合國；他無知無畏、不尊重科學、大嘴巴，有反智傾向，或者說就是反智，疫情應對得一塌糊塗，給美國帶來「混亂的災難」；他不懂得尊重人，尤其是尊重女性，多次出言不遜侮辱記者、侮辱女性；他反對移民，建牆把移民擋在外面，反對黑人、穆斯林，是白人至上主義者，是「鐵鏽帶」白人的代言人；他激進偏執、視野狹窄，是典型的民粹主義者；他假裝虔誠，卻又是個極不真誠的基督徒，教堂都不怎麼去；為了保護富人利益，他「殘忍至極」地要廢除歐巴馬的平價醫療法案；他高調推進的《減稅與就業法案》，也不過是為了富人利益……他的國家戰

略、他的經濟政策、他的移民政策、他的醫保政策,以及他的價值觀,都錯得離譜。隨著他的落選,他的美國優先戰略已經失敗,不過由於他率先推倒了自由女神像,推倒了樹立兩百多年的美國燈塔,敗選後仍在裏挾支持者,操弄民意以加劇撕裂,正在將美國推向萬劫不復的境地。

在這個鏡像裡,如果要概括川普主義,我們得出的關鍵字很容易就是自私、無知、狹隘、逐利、反智、糊塗、逆潮流,而且沒有價值觀。如果這些就是川普主義,這篇文章就沒有寫作的必要了,將筆桿子繼續交給CNN、《紐約時報》等主流媒體就萬事大吉。本著要將這篇文章繼續寫下去的動機,我們有必要先對川普主義做更進一步的描述,然後再探討媒體鏡像裡的川普是否接近真實,以及真實的川普主義是否還是應該專門拿出來,加以重新審視、甚至批判。

何為川普主義?回答這個問題之前,先來看川普就任後,在第七十二屆聯合國大會上演講時的一句話:「作為美利堅合眾國總統,我將永遠把美國利益放在第一位。」這句話與他的政府在二〇一七年發布的首份《國家安全戰略》報告一致。該報告明確表示,這是一項美國優先的國家安全戰略。回顧川普執政四年,美國優先戰略一以貫之,並被作為川普政府執政的戰略思想。如果說有川普主義,「美國優先」當處於核心位置。美國國務院前官員麥可·安東(Michael Anton)就持這一觀點。我認同將「美國優先」作為川普主義的邏輯起點的看法,認為川普主義就是從

在「美國優先」的基礎上實現「讓美國再次偉大」（Make America Great Again）的國家戰略目標，延伸出來的一系列思想理論和主張；它以外交新孤立主義、貿易保護主義和文化保守主義為特徵，並透過川普政府的內政外交政策實踐而展現出來。也就是說，川普主義的內政外交思想，是以「美國優先」為基礎建構起來的。

川普主義最早進入公眾視野，是在外交領域。川普就任美國總統後，在外交領域進行了一系列令人瞠目結舌的花式外交：他發布的首份《國家安全戰略》，稱國際政治在冷戰結束三十年後重回大國競爭時代；之後推出的《美國國防戰略》則將國家間的戰略競爭作為美國國家安全的主要擔憂，挑戰是再一次出現的「修正主義大國」；再之後的《二〇一九財年國防授權法案》則稱與中國的長期戰略競爭是美國的最高優先，隨之而來的是對中國發展空間的全面擠壓。川普瘋狂「退群」，繼退出歐巴馬時代的經典作品《跨太平洋夥伴關係協定》（TPP）後，又相繼退出了《巴黎氣候協定》、聯合國教科文組織、聯合國《全球移民協議》、聯合國人權理事會、《維也納外交關係公約關於強制解決爭端之任擇議定書》、《萬國郵政聯盟》、《武器貿易條約》、《中程和中短程導彈條約》、《開放天空條約》等；二〇二〇年七月，他甚至致函聯合國秘書長古特瑞斯（António Guterres），聲稱要退出世界衛生組織。川普曾多次表示不願為盟國的安全買單，要求北約盟友將軍費提高到本國

GDP的百分之二，為此與德國總理梅克爾（Angela Merkel）發生不快；要求向韓國收取的「保護費」從二〇一九年的9.24億美元增加到二〇二〇年的13億美元；要求日本的「保護費」從20億美元提高到80億美元，但至今仍然沒有談攏。

　　川普在外交領域的「不合群」最初讓外界非常不解。他升級與東方大國的戰略競爭關係，從而加劇了兩個大國的對立與衝突。他以費用過高且被削弱主導權為由，退出種類繁多的國際組織，讓外界質疑美國不負國際責任，惡意打破早年制定的國際規則。他要求提高盟友的「保護費」，讓批評者批評他四處樹敵、犯了兵家大忌。根據上述列舉，評論者說川普奉行的是外交孤立主義，並由此聯想到美國國父們在建國之初所確立的孤立主義原則，認為川普的行為將是一次戰略收縮下的回撤，是重回孤立主義的典型表現。但如此解讀川普的外交政策是否準確？當年的孤立主義，是防務上的不干涉原則（不主動捲入外部軍事衝突）和經濟文化上透過立法來限制與國外的貿易和文化交流。川普的新孤立主義表現則有新的特徵：川普與大國的衝突是川普主動出擊，並且採取的是極限施壓策略，他退了很多群、但也建了新群（他在二〇一七年十一月重啟包括美國、日本、印度與澳洲在內的「四方安全對話」或稱「四國機制」）；他一面威脅退出聯合國，一面又強推安理會改革；他讓盟友多承擔些責任，一是因為盟友確實承擔太少責任，二則是因為美國確實財力

不堪承受。川普的這種種舉措的背後邏輯,就是美國優先邏輯:極限施壓、退群、重新談判「保護費」等都是為了實現這一目標而採取的策略。

川普在經貿領域的行為也很清晰地展現了美國優先這一邏輯。當他最初退出TPP的時候,媒體一片不解與指責。這個歐巴馬前總統精心設計的政治遺產,這個實現美國亞太再平衡戰略的政治珍寶,被川普棄若敝屣。隨後他全面出擊,對墨西哥施壓,進而廢掉了《北美自由貿易協定》。此外,他也對歐洲、日本與韓國施壓,重新進行貿易談判,而對中國的貿易談判在你來我往之下也持續了幾年。輿論普遍認為,川普在施行貿易保護主義是在逆全球化。但若我們持續關注,就會發現他的目的越來越清晰:他退出TPP,既不是為了退出全球貿易,更不是為了迎合所謂的選民;更深層的動機是,他要重建以美國為主的貿易新規則和新秩序。

川普應該是認識到TPP未必能實現亞太再平衡的目標,甚至阻礙美國與貿易對手單邊談判;他廢掉《北美自由貿易協定》後,在二〇一八年十一月三十日與墨西哥和加拿大簽署了《美國—墨西哥—加拿大協定》(USMCA),這一新版貿易協定鼓勵汽車製造商在美國或加拿大擴大投資。川普在簽署協定後的談話中說,「這是我們迄今為止達成的最重要的協定之一」,「將涵蓋近1.2萬億美元的貿易,成為美國歷史上最大的貿易協定」,並且是在「公平和互惠原則的基礎上」談判並達成的。另一方面,在與歐洲關係上,在美

歐之間情勢緊張的貿易談判後，二〇一八年七月二十五日，川普與歐盟執行委會主席榮科（Jean-Claude Juncker）會晤後，宣布美歐已就將致力於消除關稅和貿易壁壘達成共識，他們談的主題是「零關稅、消除非關稅壁壘，以及消除補貼」。不過，在與中國關係上，川普在與中國你來我往的數輪談判後仍沒有達成協議，但部分商品10％的關稅卻被他加上了；更重要的是，他一步步對高科技產品和技術出口設限，可以說他的真正目的是透過貿易談判的極限施壓，以獲取更大的貿易優勢，並同時加大對高科技產品和技術出口的限制。他說過去的貿易「不對等」，他要的是透過談判追求「自由與公平的貿易」（free and fair trade），於是中美貿易戰也逐步演變成為高科技戰。站在川普的角度，我們無法得出他要進行貿易保護並且逆全球化的結論。

在川普與墨西哥等國簽署USMCA時，他在發表談話時還說了一段值得注意的評論。他說，《北美自由貿易協定》是有史以來最糟糕的貿易協定，「它讓美國損失了大量資金，失去了410萬個製造業崗位，以及四分之一的汽車業崗位」。他也說：「在這些貿易協定中，美國平均每年損失近8,000億美元。這就是我們和中國做生意、和歐盟做生意，以及和任何國家做生意的結果。我們不允許這種情況再次發生。」阻止這一狀況的辦法，除了重新進行貿易談判，還要重新振興美國製造業，以重尋往日的榮光。為了實現這一點，川普對美國企業施壓並利誘，來讓他們把工廠遷回去；

為此，他提出了「製造業回歸」的口號，他說要將「流向海外的製造業就業機會，重新帶回美國本土」。此外，為了給國內企業創造更好的條件，川普還施行了減稅政策，並推動大型基礎建設。二〇一七年十二月二十二日，川普正式簽署《減稅與就業法案》；據說他的減稅規模高達4.4萬億美元，是自雷根時代以來最大規模的稅改，也是美國稅收制度自一九八六年以來最為重大的一次變化。同時，川普也兌現了競選時的承諾，在當選後十年內投入1萬億美元進行大型基礎建設。如此看來，如果用貿易保護主義來概括川普重新振興美國製造業的舉動，顯然是不準確的誤讀。

與媒體鏡像裡的川普不同，在川普的支持者眼中，川普很顯然是一名攻於心計、有戰略、有策略，但又意志堅定的人。雖然他的想法和做法是基於「讓美國再次偉大」的立場，雖然他的想法和做法不一定就能收穫意想中的成果，甚至還可能會帶來反效果，但我們在描述川普主義時，就需要穿越媒體鏡像、越過他看似雜亂無章、邏輯混亂的話語修飾，才能對他有更準確的理解。對他有更接近他本意的理解，我們才能更準確地把握川普主義的實質和內涵，也才能對他的政治遺產可能造成的影響有更準確的判斷。即使站在因應策略的角度，我們也不可對之漠然或誤讀及誤判，然後在誤讀及誤判的基礎上，繼續誤讀且誤判下去。在這裡，我想提醒的一點是，儘管川普看起來很喧鬧，但如果要真正理解川普、真正理解川普主義，就需要多花點時間「傾

聽」川普。他的競選顧問彼得・納瓦羅（Peter Navarro）曾經在撰文解釋川普主義時，責怪那些不理解川普主義意涵的人「根本沒有傾聽」；他說，川普主義的內涵就是「實力求和平」，透過經濟和軍事實力來求和平，透過經濟革新讓美國再次偉大，並在這個越來越危險的世界中，保持美國的安全。「提供足夠的國防預算、減稅和打破不公平的貿易，才能實現美國GDP的增長。」納瓦羅也進一步解釋，「擊敗恐怖主義、推翻伊朗核協議、應對俄羅斯的復仇與中國的復興，以及讓盟友承擔更多的成本」都是川普主義的具體落實。作為川普團隊的核心成員和鐵桿支持者，納瓦羅的這段表述更準確地揭示了川普施政的真正意圖。

## 川普主義的產生背景：
## 撕裂選擇了川普，還是川普製造了撕裂？

彼得・納瓦羅是川普總統的貿易顧問，不過他負責的工作，可不僅僅限於貿易。二〇二〇年十二月十七日，納瓦羅發布了一份三十六頁的個人報告，指控二〇二〇年總統大選中，在喬治亞、賓夕法尼亞、密西根、威斯康辛、亞利桑那和內華達六大戰場州存在選舉違規行為。「這是橫跨六個層面、六個戰場州的上千次盜竊，而不是任何單一的『銀彈』（silver bullet）造成的選舉違規行為。」納瓦羅結論道，這很可能是一種多方合謀的策略，並呼籲人們於一月六日到

華盛頓特區舉行大型抗議活動，反對大選結果。納瓦羅的報告受到川普的推特級肯定，川普說：「彼得‧納瓦羅發布三十六頁報告，其中所指控的選舉舞弊行為足以讓勝利轉向川普而綽綽有餘。這是彼得的一份偉大的報告。」

二〇二〇年大選結束後，直到該年十二月底，川普團隊都沒有承認選舉結果，而且聲稱川普贏得了大選。在白宮的日常工作中，川普拒絕簽署國會通過的9,000億美元新冠疫情紓困刺激法案，並否決了《二〇二一財年國防授權法案》。川普的舉動加劇了分歧，眾議院議長裴洛西說這是「令人震驚的魯莽行為」，而川普的前國家安全顧問波頓（John Bolton）則在推特上直接說川普「否決國防授權法案是一個失敗總統最後的可恥行為」。波頓不是川普團隊中第一個與川普決裂的成員；他的前任，即川普首任國家安全顧問麥可‧弗林（Michael Flynn）只做了二十五天就被迫辭職離開。在這四年裡，川普的核心團隊先後有多人離開。川普與共和黨建制派的矛盾，一直到他離開白宮都未能彌合；更別說那些前眾議院議長紐特‧金瑞契（Newt Gingrich）曾嚴厲批評的公然搶奪美國的建制派。圍繞大選而產生的撕裂，在美國社會現實地存在著，或許直到拜登正式就任總統都未必能夠平息。事態發展的高潮是二〇二一年一月六日，川普的支持者聚集華盛頓特區，甚至一度衝擊國會大廈，造成四人死亡、多人受傷。示威者占領國會三小時才被警方疏散，國會大廈重回安全狀態。隨後，國會確認拜登以302張

選舉人票領先川普70票而獲勝，國會參議院議長、副總統彭斯在國會聯席會議上親自宣布這一結果。川普被迫表態，他說：「儘管我完全不同意選舉結果，事實也證明了我的觀點，但一月二十日將會有一個有序的過渡。」此番衝擊國會大廈的舉動，連前總統卡特都出面說，這是「一場國家悲劇，不是我們作為一個國家的樣子」。當衝擊國會大廈的暴力行為發生後，川普總統和國務卿蓬佩奧都給予了譴責。川普連發兩條推特說：

請支持我們的國會員警和執法部門。他們是真正站在我們國家這一邊的。保持和平！

我要求美國國會大廈的所有人保持和平。不要使用暴力！記住，我們是擁護法律與秩序的政黨——尊重執法人員和那些身著藍色衣服的偉大男女。謝謝你！

這兩條推特發布的時間相距三十五分鐘。國務卿蓬佩奧也公開聲明：「今天發生的衝擊美國國會大廈的行為是不可接受的。不管是在這裡還是在世界各地，無法無天和騷亂永遠都是不可接受的。」儘管如此，這場騷亂已作為社會撕裂的現實證據，被記入美國歷史。沒有人能夠否認，當下的美國正處在國內認知分歧嚴重、國家撕裂嚴重的特定歷史時期。

是誰製造了撕裂呢？川普說，在歐巴馬任內，美國社會

撕裂嚴重。歐巴馬則指責是川普在製造撕裂。歐巴馬在二
〇〇四年剛嶄露頭角時，就強調「美國夢」，要團結美國；
他認為，「沒有自由派美國和保守派美國，只有美利堅合眾
國！沒有黑人美國、白人美國、拉丁裔美國、亞裔美國，只
有美利堅合眾國」。到了二〇〇八年競選總統時，歐巴馬傳
遞的訊息是希望和改變，而這個希望和改變就有團結美國的
政治意涵。二〇一一年，他在亞利桑那州土桑市槍擊案[2]受
害者的悼念儀式上時又說：「團結才能強盛，土桑和美國一
起。」（Together We Thrive: Tucson and America.）像這樣
彌合分歧的表態，貫穿歐巴馬執政的八年。遺憾的是，到川
普執政的四年間，美國社會撕裂的現實仍舊十分嚴峻。

　　在進一步分析美國社會撕裂的大背景之前，我們要先澄
清兩個基本的問題。第一個問題是，到底是川普製造了撕
裂，還是撕裂選擇了川普；第二個問題則可再細分成兩個問
題，一是川普的執政策略是否加劇了撕裂，二是如果這個判
斷是成立的，那麼川普加劇撕裂的做法，到底是不是當下的
美國所需要的，或者說是美國之所以為美國所必須經歷的陣
痛。

　　即使沒有前文對歐巴馬時代的描述，第一個問題的答案
都是顯而易見的：把川普送入白宮的，正是這個撕裂的美國

---

2　編注：二〇一一年一月八日，民主黨籍眾議員吉佛茲（Gabrielle Giffords）
　　在會見選民時，遭到歹徒開槍掃射，導致吉佛茲頭部重傷，以及六人死亡。

的選擇。這點不管是被視為左派的民主黨，還是右派的共和黨，其中不少人對此都有共識。川普像匹黑馬闖進美國政壇，進而依託中下層白人等非建制派選民而得以入主白宮。關於這一點，美國公共電視網（PBS）的二〇二〇年度紀錄片《美國大分裂》（*America's Great Divide*）對川普團隊如何利用國家分歧，從而透過社群媒體贏得選舉，有詳細的分析。當然，該紀錄片也對川普在任期內如何釋放分歧雙方的憤怒，以及美國兩極分化對國家意味著什麼等議題都有相應的探討。這個探討就牽涉到我們剛才提出的第二個問題。川普利用美國社會的撕裂，透過社群媒體的傳播特性來獲取更多選民支持，這在傳統的傳播手段下是難以想像的。撕裂的美國，是把川普這樣個性鮮明的非典型候選人送進白宮的大背景。

不過，針對第二個問題，我們還需要做更深入的分析才能找到答案。川普鮮明的個性和口無遮攔的表述方式，很容易為一些人不喜歡。美國政治學者法蘭西斯·福山（Francis Fukuyama）在二〇二〇年九月的演講上說，川普加劇了美國社會撕裂。他說：「禁止移民。退出國際組織或協定。發起貿易戰，不僅針對中國等競爭對手，甚至將日本和德國等盟國也當成打擊的對象。這些都讓已經陷入嚴重撕裂的美國，讓國內的兩極分化態勢進一步惡化，讓煽動對立的種族主義政策得以推出。假設他連任，川普總統可能變本加厲推行上述導致爭議的政策。」福山似乎沒有說錯。大選結束

後，不肯認輸的川普和他的團隊持續戰鬥，而戰鬥的理由之一是大選存在大規模造假，拜登的當選是竊取了勝利果實。他們在法院、媒體，還有街頭開啟戰場，抗議的遊行此起彼伏。即使離新總統入主白宮的時間越來越臨近，川普仍在宣稱他獲得了創現任總統得票紀錄的7,400萬張選票，要他的支持者「不能放棄，必須學會戰鬥」。於是，這才有了一月六日占領國會大廈的一幕。在主流的認知裡，川普翻盤的概率微乎其微，但他仍在戰鬥。然而事實上，他的戰鬥加劇了美國的撕裂，而這點卻沒有被他在意。就這一點，我們就可以肯定地說，川普總統的行為，事實上加劇著撕裂。福山沒有說錯。

福山根據過去的經驗指出，過去半個世紀以來，美國歷任總統無不致力於尋求實現國民的團結。他說這番話時，美國正在發生著「黑命貴」（Black Lives Matter）運動；這場運動因二〇一三年射殺非裔男孩特雷沃恩・馬丁（Trayvon Martin）的白人合法持槍人喬治・齊默曼（George Zimmerman）被宣判無罪而起，到了二〇二〇年五月則因「佛洛伊德之死」（Death of George Floyd）再起。總統川普沒有支持「黑命貴」的街頭運動，當面對「黑命貴」領袖漢克・紐森（Hank Newsom） 威脅要「砸爛體制並換掉它」（Burn down this system and replace it） 時，川普強硬回應：「這是叛國、煽動叛亂、暴動！」（This is Treason, Sedition, Insurrection！）他面對威脅和撕裂時不妥協。在執

政的四年裡，川普的執政風格有些強烈的「不妥協」印記：他在貿易談判時，不斷極限施壓、不妥協；在和主流媒體互罵時，他一概怒批「假新聞」；他在施壓墨西哥建牆時，毫不妥協；即使是在二○二○年最後幾天，他要發放現金支票給美國民眾以紓困疫情一事被共和黨否定後，他對自己的盟友也不妥協，指責他們「忘恩負義」。川普的所作所為說明了他是典型的政治素人；在他的詞典裡，只有「交易的藝術」，沒有政客的「妥協的藝術」。

「川普最後撕裂了共和黨。」連英國《衛報》都這麼評論共和黨的「內訌」。如果僅僅從撕裂二字判斷，川普當之無愧地加劇著美國的撕裂。他在指責共和黨人「忘恩負義」時，用了一句可以給他這四年蓋棺定論的話：「現在他們幾乎都往後退，圍觀我反抗邪惡的敵人 —— 激進左翼民主黨人。」川普說，他是在反抗，而我們若把反抗一詞翻譯成「白話文」，他所說的應該就是戰鬥。他把在白宮的這四年，歸結為與激進左翼民主黨人和共和黨建制派戰鬥的四年。但問題是，他撕裂美國的施政方式是否是當下美國所需要的，或者說當下的美國和世界是否需要繼續像歐巴馬總統一樣，高唱彌合分歧的凱歌，卻將腦袋埋到沙子裡。要回答這個問題，既要結合美國的歷史，又要考慮當下的衝突和現實。在這邊，我們先不回答這個問題，而是先來結合美國的歷史與現實，看看川普上任的大背景，看看川普主義產生的歷史機遇和現實約束條件。

川普能夠得以當選的伏筆，如果找近期的節點，至少可以追溯到二○○八年。這年的十一月四日，政治新秀歐巴馬當選為美國總統。歐巴馬的當選，是在二○○七年由次貸危機而起的金融危機爆發之後，處於一片迷茫狀態的美國人抓到的一根稻草。他年輕帥氣的形象和漂亮詼諧的演講，不僅讓美國、乃至讓世界都看到了希望。人們把走出金融危機泥潭的重任、重新振興美國國家實力的重任，以及世界和平發展的重任都交給了他。於是歐巴馬就任不到一年，就拿到了諾貝爾和平獎這個川普總統夢寐以求而不得的榮譽（川普任職四年，美國沒有發生戰爭，他也宣布了中東和平計畫）。二○一二年，歐巴馬擊敗共和黨人羅姆尼成功連任。歐巴馬是為希望而生，他也不斷透過語言傳遞「希望和改變」。如果說歐巴馬的當選，是美國人希望美國命運因他而改變，那麼川普的當選則可以認為是美國人希望對歐巴馬的美國做出改變。這麼說可能對歐巴馬總統並不公平，他不但說了很多漂亮話，也做了不少事情：推動金融救援計畫，實施促進出口戰略；調整能源戰略，推動綠色能源；簽署平價醫療法案，實施新醫改；鼓吹教育優先，推就業和住房新政；從伊拉克撤軍，簽署伊朗核協定；發布安全戰略報告，打擊伊斯蘭國；應對氣候變化，恢復美國與古巴之間的關係。一般認為，歐巴馬執政八年，美國經濟從衰退開始復甦。當然，當川普把這些都予以否定並張揚自己的經濟成果時，歐巴馬一反前總統不評論現總統的常態，在推特上批評川普，說是自

己在十一年前簽署《美國復甦與再投資法案》，為「之後美國十多年創歷史的經濟增長和就業率上升鋪路」，並喊話要川普記得「經濟奇跡」是誰發動的。

當然戰鬥的川普並不認輸，稱「歐巴馬想要把川普政府創下的經濟增長據為己有」，而且歐巴馬任期內的經濟復甦是「自大蕭條時期（The Great Depression）以來最弱的」。川普在回應中提到的大蕭條，指的是一九二九年至一九三三年發源於美國、進而波及全球的資本主義經濟危機；這場危機的深遠影響是以一場世界大戰而告終，並形成了戰後的全球格局。二〇〇七年年底，由於雷曼兄弟倒閉，次貸危機正式爆發，使得這個戰後格局再次遭遇挑戰，但當這次挑戰來臨時，以美國為首的西方資本主義世界卻沒那麼有自信了。這和「二戰」後，或者更確切地說，這和一九四七年三月杜魯門主義被提出開始一路持續到一九九一年的美蘇爭霸不同；那時，資本主義世界雖然面臨來自共產主義蘇聯的威脅，但美國正處於戰後國家實力和凝聚力的上升期，戰勝了以德國為首的法西斯、一躍成為世界經濟中心，使美國的國家自信心高漲，甚至和蘇聯玩起了太空競賽，最終拖垮了蘇聯。雖然週期性衰退一直伴隨著美國經濟，但資本主義的自我修復能力，充分體現了其魔力，尤其是一九八一年雷根上台，以及「雷根經濟學」的正式登台，開啟了改革大幕。

這隨後的經濟故事聽起來很美好：「雷根經濟學」發威，美國戰勝滯漲威脅進入長期低通脹時期，逐漸取消對民

航、鐵路、通訊、電力、金融等行業的管制；此外，全球化進程加快，使美國逐漸成為全球最大貿易逆差國。用經濟學話語描述，美國在二十世紀八〇及九〇年代經歷了兩輪長波增長，擴張期都遠遠長於衰退期，且擴張期的增長速度都比較強勁。那時，沒人懷疑經濟全球化會發展到促成今日的美國困境。

美好的二十年繁榮故事，隱藏著危機的種子。作為對凱因斯主義的校正，雷根把新自由主義經濟與共和黨傳統的保守主義拼接在一起，實施減稅、削減政府開支與干預、控制貨幣發行，但這也讓美國患上了巨額財政赤字和貿易赤字為特徵的「雷根症候群」。新自由主義對內反對經濟干預，反對凱因斯主義，支持私有化，並主張減少對商業行為和財產權管制；對外則支持透過經濟、外交甚至軍事以打通外國市場，而國際組織和條約是實現對外策略的重要著力點。勞工政策、社會主義、貿易保護主義、環境保護主義等，都是這個風靡全球二十多年的經濟思想所竭力反對的。在時代的大潮裡，這個經濟思想以經濟全球化的面目出現，「它似乎是一種不可避免的發展，而它把決定全世界千百萬人命運的一種前所未有的決策權力和統治權力，都交給了世界範圍內的金融和工業網路系統」。（參見《競爭的極限：經濟全球化與人類的未來》，〔美〕里斯本小組（The Group Of Lisbon），張世鵬等譯，中央編譯出版社2000版。）這個「金融和工業網路系統」，就是我們通常說的金融資本主

義。伴隨金融資本主義在全球的擴張，金融資本所累積的危機終於到了無法自我掩蓋的地步，而危機就是在二〇〇七年底，從美國開始爆發的全球金融危機逐步顯現，並進而演變成經濟危機、政治危機、社會危機、文化危機和國際關係危機。在美國國內，危機導致的就是中產階級返貧、製造業空心化和大量人民失業。這就是全世界正在發生的金融危機故事；世界因而面臨著前所未有的大變革，中國稱之為「百年未有之大變局」。

不得不說，川普能夠以美國總統身分登上歷史舞台，真的是拜美國延續數十年的經濟金融化所賜。與經濟金融化相伴而生的兩個產物，就是金融資本的急劇擴張，以及美國產業向全球大轉移。金融資本的急劇擴張是與美元霸權的強化分不開的，七〇年代布雷頓森林體系[3]的解體，為美元霸權解除了約束性條件，並使美元擺脫黃金價值的錨定和國際資本管制的約束，以世界貨幣的姿態走向全球。美元走向全球的關鍵是美國產業的全球性大轉移。但是，美國透過將勞動密集型產業或低端產業轉移至發展中國家，從而降低戰後因工資上漲、福利增加和勞工議價水準提高而上升的勞動力成本，結果卻導致美國勞工因就業機會減少和複雜的全球分工

---

3　編注：布雷頓森林體系指的是第二次世界大戰後以美元為儲備貨幣的國際貨幣體系協定。隨著美國失去在全球製造業市場的壟斷地位，布雷頓森林體系也開始崩潰，並在尼克森總統任內終結。然而，美元至今依舊保持其地位，一方面是因為原油交易以美元計價，另一方面則是因為尚沒有足以與美元競爭的儲備貨幣。

體系而喪失了議價能力，成為被壓抑的「低端人群」。這些人大都集中在傳統的鐵銹帶；這裡本來是美國的傳統工業區，卻在第三產業成為主導後逐漸被拋棄——機器生銹了，勞工成了棄兒。把這段描述具象化後，川普執政時期的幾個主角瞬間躍然紙上：美元全球化的執行者（即華爾街的金融家），「鐵銹帶」的川普鐵桿支持者，以及接納產業轉移而逐漸崛起的中國。

勞工生存境況的變化，終於演化為街頭政治運動。二〇一一年九月十七日，千餘名示威者齊聚曼哈頓，「占領華爾街」運動開始，並有一百二十多座城市捲入抗議。要爭奪美國的天下，就再也不能忽視「鐵銹帶」勞工的聲音。其實，在占領華爾街抗議之前，歐巴馬政府就已經簽署了《多德—弗蘭克法案》（Dodd-Frank Act）；華爾街不能再這麼任性，因為歐巴馬祭出的是自大蕭條以來最全面、最嚴厲的金融改革法案，以回應勞工的呼聲。然而，勞工還是不夠滿意。於是二〇一六年把川普抬進白宮的，就有「鐵銹帶」勞工。作為對勞工的部分回應，川普讓美國再次強大的政治宣示，就有「再工業化」的意涵在。不過，川普並沒有繼續延續歐巴馬對華爾街的嚴格監管態度；他在上任後的二〇一八年五月二十二日，就修訂了《多德—弗蘭克法案》，理由是為減輕銀行的監管壓力，尤其是給中小銀行鬆綁，使其更有可能支援實體經濟恢復、支援「再工業化」的目標。另一方面，作為美國產業接收者的中國，終於在二〇一〇年的

GDP上超過日本，成為世界第二大經濟體，也成為美國再次遏制的目標。對於中國，歐巴馬與川普不同的是，前者採取了合縱連橫方式，達成TPP協定來圍堵中國，後者則廢掉TPP，索性發起了一對一的貿易摩擦。

華爾街金融家與「鐵銹帶」勞工的故事，是美國社會階層因經濟金融化大調整而悄然調整過的故事。當示威者走上街頭，他們打出「我們是99%」（We are the 99%）的橫幅。這一橫幅說的是，華爾街的金融家及因金融而衍生的產業從業者是美國最富有的人；這些人只占全國人口的百分之一，而剩下的就是占百分之九十九的人──他們是曾經的中產階級，是戰後作為人口主體存在的中產階級，現在卻下沉，然後後消失了，變成了大多數。換句話說，橄欖型的社會結構變異成了金字塔型結構。透過資料數據，我們就可看出差距之大：截至二〇一八年年底，美國中等收入家庭平均財富為34萬美元，而收入分布為前百分之十的家庭平均擁有財富450萬美元。社會階層在變化，價值觀也在悄然改變；新自由主義、保守主義、民粹主義等讓相對平衡的環境被打破，價值觀的衝突凸顯並折射到政治上。川普被「鐵銹帶」勞工抬進白宮，卻又因為不能儘快看到川普將製造業帶回美國等承諾變成現實而放棄了他。這是二〇二〇年美國大選的故事。當然，川普和他的支持者並不相信被「鐵銹帶」放棄的現實。總言之，這些故事告訴我們的真相是，美國社會的撕裂選擇了川普，川普執政後又加劇了這一撕裂。

# 川普主義的實踐和走向：
# 新自由主義戰車後的保守主義影子

「川普將會帶著史上最差的經濟表現離開白宮。」這是二〇二〇年十二月十三日，被川普數次罵為Fake news的CNN所發的新聞標題，開始為川普四年執政蓋棺定論。這條新聞的大意是說，川普的「美國優先」戰略不僅沒能實現美國的經濟繁榮，工業產出還有所下降，而且失業情況也很嚴重。雖然他的減稅法案加速了歐巴馬執政晚期的經濟增長勢頭，但貿易戰讓這一切終止，關稅政策也迅速抹平了川普政策帶來的各種短期收益。儘管他執政期間的股票漲勢強於歐巴馬（截至二〇二〇年十一月，川普任內標準普爾500指數的年漲幅達14.34％，高於歐巴馬時期的12.43％），但這是由極低的利率推動的，而且收益也只會落入富豪口袋。疫情確實「摧毀」了美國經濟，但川普也沒能處理好颶風、示威等帶來的問題。他提出「美國優先」這項「復古議程」，但他也未能讓美國經濟恢復過去的繁榮。川普只能帶著美國二戰以來最糟糕的成績卸任。

以川普的性格，看到這條新聞，他應該會忍不住隨口說出「Fake news」。畢竟，良好的經濟成績常常被認為是總統能夠得以執政的最低標準。曾有人做了統計，發現過去一百年來的十八位美國總統，只做了一屆的有六位，其中兩位是死於心臟病的哈定（Warren Gamaliel Harding）和被刺

殺的甘迺迪（John Fitzgerald Kennedy），另外四位則均因經濟問題而連任失敗。胡佛遇上經濟大蕭條，輸給了提出新政的羅斯福；福特與卡特兩位都把拯救經濟的機會留給了後任的雷根（前文已對雷根做了介紹）；老布希則受雷根的財政赤字拖累，輸給了柯林頓。不過川普的運氣也確實差了點：他在執政的最後一年不幸地遇到了新冠大流行。但他在二○二○年最後一天發表新年致辭時，明顯不認同CNN的論斷。他對全國觀眾說道：「在新冠大流行之前，我們建立了有史以來這個世界最偉大的經濟體……現在，我們又回來了……我們現在創造的數字，是前所未有的，包括我們擁有有史以來全球最高的股市……而最好的還在後頭。」。

最好的還在後頭。川普在總結他的經濟和股市成就時，並不忘補上一句「我們又回來了，最好的還在後頭」。他的潛台詞是，他的執政扭轉了美國經濟和股市的走勢，給美國帶來了新希望。更精確地說，川普的潛台詞也可以置換成另外一項表述：川普主義將給美國帶來新希望。呼應我在前文提到的問題：川普加劇撕裂的做法，到底是不是當下的美國所需要的？是不是美國之所以為美國所必需經歷的陣痛？我們將這個伏筆再埋長一點，先就美國面臨的現實處境和未來的可能走向，做幾個可能的判斷。

第一個判斷是，經濟全球化的趨勢已很難逆轉，美國經濟金融化的趨勢也將繼續。二○○八年諾貝爾經濟學獎得主保羅・克魯曼（Paul R. Krugman）在這些年持續做的一件

事情，就是在《紐約時報》的專欄文章裡批評川普。克魯曼被認為是自由經濟學派的新生代，曾因預測到了一九九七年亞洲金融危機而享有盛名。他在二〇一九年一月撰文批評「川普和他的弱智團隊」（Donald Trump And His Team Of Morons）時說，他「想不出還有哪一樁政策災難，是完全由個人造成的」；二〇二〇年七月，他撰文稱川普已經輸掉了「抗疫戰爭」；同年十一月則撰文稱川普及其死黨正竭盡所能在卸任前毀掉美國，指責財務部長史蒂芬・梅努欽（Steven Mnuchin）終止支持在該年三月設立的幾項應急貸款專案之舉是在製造恐慌。甚至，克魯曼在十一月接受媒體採訪時，對於川普主義將持續存在，表達了他的悲觀情緒：「川普將在他的政黨和美國政治舞台上忽隱忽現……川普主義，這場運動，是持久的。事實證明，它觸及了一些根深蒂固的怨恨情緒。」作為一位研究國際貿易和國際金融的自由主義經濟學家，克魯曼對川普的批評並不奇怪；事實上，川普已經受到全球大多數主流經濟學家的批評。

　　經濟全球化幾乎已經成為主流經濟學家研究的邏輯起點，不可能被否定。比如，克魯曼在他的名著《流行的國際主義》（Pop Internationalism）一書中解釋美國競爭力下降時，就認為美國與其他國家的貿易只起了次要作用，「即便世界市場不像現在這樣一體化，美國同樣會陷入目前的困境」。主流經濟學家認為，生產要素的國際流動是常態和自然的，依託在國際流動上的經濟運行是世界經濟發展的現

實、更是趨勢，而逆全球化必然會導致發展的衰退和經濟蕭條。不過，他們常常忽略全球化對某個經濟體所帶來的陷阱，也忽略全球化走到今天所面臨的困境，忽略全球化大調整這個議題的現實價值。

川普所在的美國正在品嘗著全球化陷阱帶來的苦果：經濟競爭力下降、產業結構殘缺、產業空心化、工人的收入下降，以及中產階級消失等等皆是。川普採取了些措施，即使這些措施得當，但經濟全球化的大趨勢也很難透過他的一己之力而改變。（先不說來自全球化受益國的阻力，以及各國對全球分工和產業鏈的依賴，僅就美國國內而言，「逆全球化」也不是個討人喜歡的詞彙，而全球化的最初推動者、華爾街的金融資本家同樣是全球化的獲益者。）

比如產業回流，相對殘缺的美國產業體系很難在全球化背景下，透過產業回流而得以修補和完善。美國經濟金融化的表現是，債務消費、超前消費成為家庭支出的持續性特徵，而政府開支也長期依賴公共債務，使美國經濟事實上是債務經濟。川普政府的減稅政策，讓華爾街金融資本家同樣受益。換句話說，川普政府也毫無意外地延續了美國的債務經濟模式（政府赤字、家庭債務、個人利息支出不斷創新高）。二〇二〇年年底，華南理工大學公共政策研究院學術委員會主席鄭永年在一篇談及中國的第三次開放的文章裡，援引華盛頓智庫皮特森國際經濟研究所（Peterson Institute for International Economics）的統計說，儘管過去兩年貿易

戰，仍有6,000億美元進入中國市場。《經濟學人》（*The Economist*）的統計也顯示，截至二○二○年十一月以前，有2,000億美元進入中國市場。鄭永年寫道：「也就是說，不管美國行政當局或任何一個西方行政當局的對華政策如何，包括美國在內的西方資本是不會放棄中國這一龐大市場的。」他認為，只有在開放狀態下，世界市場才會存在，生產要素才會流動到那些開放的經濟體。一個具有4億中產市場的經濟，其深化開放可以改變世界投資貿易的趨向。

持續的經濟全球化和美國的經濟金融化，繼續加劇著美國社會的階層壁壘和社會撕裂。這是我針對美國處境與未來做出的第二個假設和判斷。全球化給美國的社會階層帶來哪些變化？上世紀末即出版的《全球化的陷阱》（*The Global Trap*）一書作者漢斯－彼得・馬丁（Hans-Peter Martin），在書中做了這樣一段描述：「恰恰相反，正確的說法應當是：是那些北方和南方的特權者，即富有的有產者、資本所有者，以及受過高等教育的專業技術人員，在經濟全球化犧牲其餘居民的利益的情況下，獲取了這些人在全世界範圍生產並帶給他們的日益增長的財富分額。」在二○二一年年初重讀他的這段話，不得不驚嘆他判斷的超前程度和觀察的敏銳度。他看到了全球化發展的可能趨勢，那些富有的階層獲得越來越多的利益，而這些利益卻很難分配到低收入階層那裡；甚至，美國的中產階級也在逐漸消失。最早透過資料提出這個擔憂的是皮尤研究中心（Pew Research Center），其

在二〇一六年的一份調查中發現，從二〇一五年開始，中等收入家庭不再構成美國家庭的主體。皮尤回顧二〇〇〇至二〇一四年發現，美國229座大都市有203個地區的中等收入範圍百分比都在下降。皮尤調查指出，「中產階級的衰落可能與兩極分化的擴大有關」，「中產階層的衰落可能是二十一世紀最大的政治和經濟問題之一」。目前看來，這一趨勢仍未有緩解的跡象，而且階層之間的壁壘更厚了。

　　與前述現象相伴而生的，是社會的價值觀撕裂更嚴重，二〇二〇年美國大選時，不少人甚至提到了美國內戰。當川普和拜登分別以7,400多萬和8,000多萬張選票，分別成為美國歷史上「在任」和「當選」票數最多的總統，美國社會的撕裂就不言而喻了。尤其是當川普總統一直不宣布敗選，支持者則報之以街頭運動來回應，比如一月六日華盛頓特區舉行的大型抗議活動，這讓撕裂只會繼續加劇。當黑人佛洛伊德被跪壓致死而導致以「黑命貴」為主題的全國性抗議時，福山批評川普，說川普明確站在員警一邊，甚至將參與抗議的民眾斥為搶劫者和無政府主義者。福山說道：「雖然這種赤裸裸地帶有種族主義色彩的煽動性言論穩固了以保守派為核心的川普的基本盤，卻加劇了更多美國民眾的反川普情緒。」很顯然，川普總統不是一位善於彌合分歧的總統，他因社會撕裂而入主白宮，而他也在繼續加劇著撕裂，除非他透過撕裂達到新的平衡。但很顯然美國選民也未必會給他足夠的時間。當他遺憾地帶著社會撕裂的遺產離開白宮，這不

能不說是件很遺憾的事。

最後，我對美國處境的第三個假設和判斷，是關於價值觀和文化衝突。隨著經濟全球化和全球格局的大調整，傳統的資本主義價值觀，更確切地說則是隨著新自由主義走向全球的價值觀，受到前所未有的挑戰。文化的多元化必然是發展趨勢，而文化衝突亦在所難免。不管願意還是不願意，衝突已然存在，而且將繼續存在。就像川普和拜登之間的衝突，可能除了保守主義與新自由主義的衝突之外，還有價值觀的混亂與衝突，將在很長一段時期內都會是世界的主要議題。這波蔓延全球、因金融危機而起的經濟危機，最大的一個副產品就是傳統的資本主義價值觀受到前所未有的挑戰，也有學者認為是「盎格魯－撒克遜自由資本主義發展模式」的主導地位被大大削弱。新自由主義宣導的自由、市場、個人主義和全球化等理念，開始受到各方質疑。即使沒有這次席捲全球的經濟危機，採取「休克療法」的俄羅斯和以「華盛頓共識」[4]為基礎進行改革的拉美國家，也都被認為是新自由主義改革的失敗案例而備受詬病。曾一度被全球認可的主流世俗政治意識形態受到挑戰之後，其必然產物就是極端思潮的氾濫。這些年我們經常看到激進主義、民粹主義、

---

4　編注：華盛頓共識是一九八〇年代由美國政府、國際貨幣組織與世界銀行為拉丁美洲和東歐國家提出一系列經濟改革政策，並在一九八九年由美國智庫學者約翰‧威廉森（John Williamson）做出系統性陳述統整之，政策上總共包括三個層面：財政紀律、市場自由化、產權私有化。

極端主義、甚至新法西斯主義在全球很多國家登堂入室；法國的黃馬甲運動[5]和「伊斯蘭國」的短暫興起等，都是極端主義思潮登堂入室的極好案例。美國學者南茜・弗雷澤（Nancy Fraser）就認為，新自由主義和法西斯主義是資本主義世界體系中兩個深深相關的面孔。資本主義的理論自信、制度自信和文化自信受到挑戰，挑戰背後是新自由主義為主導的全球化治理模式遇到困境，也是資本主義快速發展所必然經歷的調整與修復期，而這個挑戰也是川普主義能夠唱主角的深刻社會背景。當然，這個調整與修復將持續很長一段時間。

川普主義在這個政治、經濟、社會和文化的大背景下而生，卻也必然要受其掣肘。即使川普以一己之力戰鬥，他的川普主義也無法脫離現實趨勢而獨存。美國需要在這個大背景下找到適合的發展路徑，但這個發展路徑會是川普主義嗎？眼下的川普總統正在進行悲涼的戰鬥。他不僅在與大背景和大趨勢戰鬥，他也同時在和來自美國內外、形形色色的阻力戰鬥。在這邊，我再詳細描述一下前面提過的一個例子，不為說明對錯，只為說明川普所面臨的阻力。

二〇二〇年十二月八日和十一日，二〇二一財政年度的

---

5　編注：黃馬甲運動又稱黃背心運動，是發生於法國的一場抗議運動，因參與者身穿黃色背心而得名。二〇一八年十一月十七日，由於國內油價持續上升及政府調高燃油稅，促使人們走上街頭。然而這場運動經過社群媒體傳播，導致訴求逐漸擴張至提升中產階級的購買力，甚至要求總統馬克宏下台。

國防預算法案《國防授權法案》（NDAA）先後在眾議院和參議院以335票支持和83票支持通過，但當這項法案送到川普總統的案頭時，他以這份4,500頁的法案是「送給中國和俄羅斯的禮物」、「這和我的政府以美國優先的國家安全及外交政策背道而馳」為由拒絕簽署，並於該月二十三日行使總統否決權將其退回眾議院。然而，後來發生的事超出川普的預想：十二月二十八日，眾議院以322票對87票的結果，推翻了總統的否決權，而在二○二一年的第一天，共和黨主導的參議院也以81票對13票推翻了總統的否決。這是川普總統就任以來，他的否決首次遭到推翻。川普曾經的堅定支持者、參議院共和黨領袖麥康奈（Mitch McConnell）說道：「我們已經連續五十九年通過這一法案。無論如何，我們都將在本周日國會到屆前第六十次通過法案。」

客觀地說，川普總統就任後，很認真地履行著他的競選承諾，甚至有不少言論說他是唯一一位認真履行競選承諾的總統。有人說，他「上任後的行動與他競選時的承諾符合度非常高」，而「他的世界觀也相對獨立，保持了觀點的一致性」。然而，關於「抽乾華盛頓沼澤」（Drain the Swamp）的承諾，他卻一直未能取得成效。他當初在競選時就承諾說，他上任後要徹底改變華盛頓的政治生態，比如「要建立一項長達五年的禁令，防止一切行政部門官員在離職後對政府決定的干預和遊說」，然而四年過去卻進展艱難。甚至，就連他的副總統彭斯也在二○二○年末被他的律師林伍

德（Lin Wood）爆料捲入愛潑斯坦案。[6]抽乾沼澤太難了。川普的前首席戰略顧問史蒂夫・班農（Steve Bannon）就曾說：「沼澤就是那個永久執政的統治階級，兩個黨都有。你花八個月也抽不乾這個沼澤，就算是花上兩個任期也一樣，這需要十年、十五年、二十年無休止的戰鬥。」

　　有人認為，川普是保守主義者，他施政的根基是保守主義；也有人說，川普改造了新自由主義，他對內採取放鬆管制、減稅、削弱工會、限制非法移民、祭出關稅武器，因此實際上他的施政是新自由主義與經濟民族主義的混合體。此外更有人說，川普正在讓新自由主義者和保守主義者失望，比如克魯曼就提到，川普的支持者原本以為找到了一位心直口快的衛士，會清理掉華盛頓政治沼澤地裡的污泥，同時依靠其商業精明讓美國再次強大，結果卻被大大地欺騙了。簡而言之，批評聲很多。但戰鬥是無休止的，阻力彷彿來自各方。川普說不定也會在心裡說一句「我是在和所有人戰鬥」。

　　美國當下正在經歷著前所未有的大撕裂，而川普彷彿也在加劇這一撕裂。但我們該感到悲觀嗎？如果說撕裂是一種亂，那麼亂後的「治」應該是什麼？行文至此，答案似乎已漸漸清晰：作為對「全球化陷阱」背景下的美國現實的校

---

6　編注：愛潑斯坦（Jeffrey Epstein）是美國金融家及億萬富豪，在二〇一九年七月遭指控性販運（其中涉及未成年少女）而被捕入獄，最重可判刑四十五年。但愛潑斯坦入獄一個月後，便上吊自殺身亡。

正，川普主義已經深刻地影響美國的未來走向，也開啟了美國歷史的新時代。此外，他的「美國優先」戰略已無法為包括拜登在內的未來總統所忽視，即使拜登駕著新自由主義的戰車疾行，那後面也一定跟隨著保守主義的影子。美國的未來一定會繼續著延續數十年的全球化戰略，但那也一定是「美國優先」的全球化。

「成功不必在我，而功力必不唐捐」。我將中國上個世紀的自由主義者胡適的這句話，送給即將離任的川普總統。

410年，羅馬逐漸遭入侵而走向衰亡。聖奧古斯丁（Augustine of
Hippo）寫作《上帝之城》（*The City of God*），駁斥將羅馬的陷
落歸咎於基督教之說。書中，聖奧古斯丁寬慰基督徒，即使身處
地上之城，基督徒仍隸屬於上帝之城。到了二十世紀，柯克點出
美國是建立在基督教傳統之上國家，說明基督教的道德秩序深刻
地影響了美國的政治安排。

我們堅韌忍耐，信靠上帝，並希望越過時間和死亡的限制抵達上帝之城。我們盡其可能地生活在共同體之中，與那些試圖依靠新的時代秩序自我治理的人聯合起來，努力幫助其他人抵禦試煉和誘惑。

我們在此世的身份是朝聖者，明瞭眼下的疲憊和危險過後是永恆的歸宿。而且我們不會迷失在塵世生活之中：因為上帝的護理掌管一切。我們彷彿被帶入一個競技場，為真理而戰鬥。

——羅素·柯克（Russell Kirk），
美國保守主義政治理論家

# 川普主義與中國未來

蕭三匝

獨立研究學者

隨著美國大選後共和與民主兩黨的爭執日益白熱化，以及美國社會的撕裂日益加劇，川普主義正成為全球思想界普遍關注的話題。可以肯定的是，無論川普最終是否連任美國總統，川普主義都將在全球範圍內持續發揮深遠的影響力。

那麼，什麼是川普主義？在我看來，川普主義就是政治哲學意義上的基督教保守主義（非神學意義上的基督教保守主義，本文也非神學文章），它的關鍵詞有兩個：基督教與保守主義。川普主義的對立面是自由主義、個人主義、進步主義、多元主義等。

基督教保守主義並非一種新興思潮。我們現在之所以將其稱之為川普主義，是因為美國總統川普在當今非常的歷史時刻，扛起了基督教保守主義的大旗。眾所周知，在整個西方世界，基督教保守主義都面臨各種勢力的打壓，甚至出現

衰落之勢。川普作為獨膽英雄，欲挽狂瀾於既倒，其現實意義和歷史意義都相當重大。因此，將當代基督教保守主義命名為川普主義是適當的。

既然川普主義不是憑空出現的，那麼它的來源是什麼？我認為，追溯川普主義的來源，實質上就是追問西方文明的本質。探尋西方文明的演進史，這樣就能證成川普主義的「合法性」。

# 川普主義的來源

西方文明有兩大源頭：一是希伯來信仰，二是希臘哲學。整個西方文明的演變都可以從這兩大源頭找到根據。西方文明的輝煌，以「兩希」的有機融合為條件，而西方文明的衰落，也以「兩希」的對抗為原因。

希伯來信仰的核心是神的啟示，它是由上而下、以神為本的，而人只需遵從神的旨意，只要愛神和愛人就可獲得幸福、喜樂、平安。神創造宇宙萬物，神的主權也充滿宇宙萬物。因此，人間本不需要君王，當神的選民以色列人羨慕外邦人有君王，希望先知撒母耳也給他們立一個王時，神認為這是選民背離祂的表現。不過，神出於對選民的憐憫，還是同意給他們立王，但以色列的君王從掃羅開始，都是神所選立的。神給以色列人選立君王，但神並未讓渡神的無限主權——宇宙萬物只有一個主權者，這個主權者從來都是神。

希伯來信仰的外化就是三大一神教。首先是猶太教。但猶太教是猶太民族的宗教，無法成為普適性的宗教。真正成為普適性宗教的是基督教（天主教、東正教及後來的基督新教）和伊斯蘭教；前者更完美地體現了神的公義和慈愛（神的律法和基督救贖）。對於西方而言，普適宗教就是基督教，抽離基督教來談西方文明，無異於緣木求魚。

　　希臘哲學的核心是人的啟蒙，它是由下而上、以人為本的，後來逐漸發展到認為「人是萬物尺度」，人能為人間立法，而人的幸福也只能由人來定義、由人來追求和獲致。這是各種社會契約論的源頭。古希臘盛產哲學家，此後歷世歷代的哲學家都試圖由自己來定義人、社會、制度，甚至宇宙的生成。古希臘人也有自己的神，但奧林匹斯山上的眾神不過是人的意願的投影，本質上是一些人造神。因此，我們看到希臘眾神都有人所具有的各種毛病；他們或淫亂、或暴虐、或嫉妒，沒有一位神像猶太教和基督教所高舉的獨一真神耶和華那樣全知、全能、全善。這就注定了希臘眾神無法為人類提供絕對的、恆定的價值和標準。眾神狂歡的結果只能是眾神消隱，人造的神必然坍塌。

　　當羅馬帝國統一了西方及其周邊區域，猶太人和希臘人都成為了羅馬帝國的臣民。羅馬征服者沒有文明，他們羨慕希臘文化，於是在羅馬帝國最初的三百多年，希臘文化風靡了整個帝國，成為一種時尚。彼時，基督教被帝國打壓，被認為是一種落後的信仰。之所以如此，是因為神的真道總是

「冒犯」人的欲望，而人不能忍受這種冒犯。在這三百多年內，無數基督徒為了信仰殉道，但基督教卻在嚴酷的處境中蓬勃地發展起來。

我們需要深入思考的是，羅馬帝國政府如此提倡和推廣希臘文化，為什麼後來希臘文化卻衰亡了？與此相反，羅馬帝國政府如此打壓和迫害基督教，為什麼基督教最後反而成為西方人普遍信仰的宗教？

根本原因是，希臘哲學根本無法讓人「認識你自己」（古希臘德爾斐神廟箴言「know thyself」）。人根本無法定義自己，也根本無法為人生找到意義，更無法為社會定義人人自願遵行的典則。信仰也好，哲學也好，透過強迫是無法真正深入人心的，唯有人自願接受的結果才會深入人心。希臘哲學發展到晚期，已經流入快樂主義、詭辯主義、懷疑主義的沼澤地，這樣的哲學不可能為人心提供確定性期盼，因此就不可能征服人心。基督教之所以能征服人心，根本上源於兩點：一是獨一真神能為人提供確定性期盼；二是基督徒處處體現了基督博愛的本質，尤其殉道者的行為。不要忘了，基督教是在與希臘哲學論戰的處境下發展起來的；使徒保羅（Paul the Apostle）在不少書信中回答的，就是有關希臘哲學的問題。基督教會手無寸鐵，最終卻征服了羅馬帝國的人心，並使羅馬皇帝發現，不立基督教為國教，就無法進行有效統治。基督教如何翻轉羅馬帝國的人心是人類思想史上最重要的課題，可惜思想界對此的重視遠遠不夠。中國從

晚清開始就進入大規模「西學東漸」階段，但並未實現「西教東漸」；菁英知識分子對基督教的認識一直都很膚淺，甚至抵制基督教對人心的更新作用。這在本質上是因為人類從始祖亞當與夏娃墮落後，生來就帶有罪性，而這罪性的本質就是偏離神。

那麼，如何理解近現代西方和現代性？我認為，近現代西方和現代性的本質是「兩希」的重新組合。當這種組合達到有機融合的狀態，則現代世界蒸蒸日上；相反地，當這種組合發生扭曲甚至撕裂，則現代世界必然出現危機。

近現代西方是從「走出中世紀」為開端的。中世紀的確存在黑暗的一面，尤其是天主教會壓倒性統治整個社會，使人不再是自由的人，社會也由此陷入窒息狀態。無形的教會以耶穌基督為元首，但有形的教會卻是罪人的聚集地；若不約束教會的權力，就必然導致敗壞。教會的越權從根本上違背了耶穌基督的教導：「凱撒的物當歸給凱撒，神的物當歸給神。」此外，教會也違背了基督道成肉身的根本目的：釋放人、給人自由，而非捆綁人。

文藝復興是近代第一次回歸基督信仰的運動。文藝復興試圖發現人、給人自由，但其路徑是回到基督信仰，以此讓人自由。真正塑造現代世界的是另外兩場運動：一是宗教改革，二是啟蒙運動。兩場運動都是為了反對教權的腐敗統治，但兩場運動的方向不同，導致的結果也存在巨大差異。

宗教改革與其說是一場改革，不如說是一場信仰歸正運

動，而改教家的目的是讓基督徒的信仰回歸到使徒時代。宗教改革主張「因信稱義」、「人人皆祭司」，目的是讓每個人都直接、真誠地面對上帝，實現真正的救贖。也就是說，宗教改革反對的只是腐朽的天主教會，而不是反對神的主權。毋寧說，改教家的目的正是為了彰顯神的主權。

不過啟蒙運動的思想家不滿足於此；他們中的大多數人雖然仍承認自己是基督徒，他們信仰的上帝卻逐漸不再是基督教的耶和華。他們原本反對教權，但逐漸走向了疏離、反對神本身。於是，他們先是滑向自然神論，認為神雖然創造了宇宙萬物，但神創造宇宙萬物以後，就讓其自然運轉，並未護理宇宙萬物，最後發展成為無神論者。

換言之，宗教改革強調的是希伯來信仰和神的主權；啟蒙運動繼承的則是希臘哲學，是踢開上帝鬧革命，發展的是人的主權。宗教改革反對的只是天主教會，而啟蒙運動從反對天主教會開始，最後發展到反對神本身。到了尼采，他甚至高呼「上帝死了」。問題是，作為人的尼采高呼「上帝死了」，但他本人事實上卻瘋了。尼采用「強力意志」和「超人哲學」代替上帝，將人的自由意志放大到了讓人瞠目結舌的地步。此外，他的「超人哲學」更使他臨終時幻想自己就是拯救人類的耶穌基督——這是多麼赤裸裸的自以為神的宣告！自我無限膨脹的結果是什麼呢？是爆炸，是自我毀滅。

尼采的發瘋具有深刻的象徵意義。人只要拋開神、陷入狂想，就極其容易發瘋。從這個角度理解現代世界，可謂一

目了然。法國大革命、兩次世界大戰、核戰爭等，都可以看成是人背離神、走向瘋狂的結果，而歐洲的衰落與穆斯林化，在本質上也是人背離神的結果。

人的理性本為神所恩賜，所以希伯來信仰從來不排斥希臘哲學和理性——信仰反而會成全理性。凡是奠基於信仰的理性，對人類而言都是好事，但凡是拋開信仰單單高揚理性，結果必然陷入理性的自負，最終則必然走向滅亡。

宗教改革和啟蒙運動共同催生了現代西方和現代世界；從政治上來講，憲政、自由、民主、法治等普適價值無不來源於這兩場運動。當然，事實上有兩種不同的啟蒙運動：一種是承認宗教改革精神的啟蒙運動，也就是基於啟示的啟蒙運動，這就是蘇格蘭啟蒙運動；另一種是則背離宗教改革精神的啟蒙運動，也就是反對啟示的啟蒙運動，而這就是法蘭西啟蒙運動。前者導致了英美的繁榮，後者導致了歐洲大陸的長期混亂。

基督教保守主義就是捍衛神的主權、強調秩序下的自由、尊重傳統、主張漸進改良的政治思想。它是蘇格蘭啟蒙運動的成果，體現的是對法國啟蒙運動的抵制。保守主義的鼻祖被公認是英國的柏克，而柏克的名著正是對法國大革命的批評和反思。

透過上述追溯，我們不難發現川普主義其實導源於蘇格蘭啟蒙運動。這是一種高揚神的主權，同時發展人的自由的保守主義，因此川普正是柏克在思想上的繼承人。換言之，

川普主義有機融合了希伯來信仰與希臘哲學。

## 美國大選的本質

基於上述分析，我們來看美國大選，就會發現美國大選的本質。二〇二〇年的美國大選，不是一次普通的總統換屆選舉——美國選民正在選擇的是國家道路。因為美國不僅是美國人的美國，也不僅是西方的美國，更是世界老大，所以說美國大選是關乎人類未來的選舉並不過分。

美國的共和與民主兩黨爭論的本質是什麼？是美國的立國根基之爭。換言之，兩黨爭的，是關於什麼是美國，以及美國的偉大到底體現在哪裡。

以川普為代表的共和黨（共和黨內也分派系，此處暫且如此分類）認為，美國是清教徒建立的國家，所以美國的立國根基是基督教信仰。美國憲法雖然沒有立基督教為國教，但從憲法文本可以看出憲法處處體現了基督教精神，比如對人性和權力的不信任等。雖然制憲會議代表們的宗教信仰不完全相同，但可以肯定的是，他們中的大多數人都是廣義上的基督徒。美國之所以成為「山巔之國」，之所以有資格成為「大熔爐」，本質上是因為它奠基於基督信仰。這並不妨礙它吸取啟蒙運動的價值，只是說神的啟示高於人的啟蒙，信仰高於理性，啟示成全啟蒙，信仰成全理性。

由於多年以來，美國社會的基督教信仰遭到蠶食，公開

討論信仰甚至成為政治不正確之舉，美國的立國根基遭到巨大挑戰。因此，川普要奮起捍衛他和共和黨所認可的美國立國根基，這在他們看來就是捍衛美國憲法。

另一方面，以拜登為代表的民主黨認為，美國的立國根基是啟蒙運動以來所誕生的所謂普適價值：自由、民主、憲政、法治等。他們雖然明確反對基督教，但從主張墮胎、主張同性戀、主張少數族裔權利、主張身分政治、主張開放移民等政綱來看，民主黨顯然反對基督教信仰是美國的立國根基。民主黨的許多主張都呈現出多元主義特點，而多元主義的本質是反對神是唯一的主權者，顯然違背了《聖經》的教導。民主黨繼承的是希臘哲學，是人可以定義自己，是人可以設計社會制度。

如果說高舉神的主權是「右」，民主黨高舉人的主權則顯然就是「左」。所以有學者認為，世界上所有的左派都是一家，他們的共同特點都是背離神、自以為是、自以為神。川普主義者提醒人們，民主黨雖然號稱自由主義，但不信神的自由主義者就是左派。溫和左派既然和極左派都同屬一個家族，就很容易發展成極左派，所以存在極大危險。美國如果長期讓民主黨當政，就會墮落成第三世界國家，就會不再有「山巔之國」的榮光。

接下來，讓我們比對一下二〇二〇年美國大選中共和與民主兩黨的部分政綱及其與基督教理念的關係，兩黨爭論的本質就能一目了然。

| 共和黨政綱 | 民主黨政綱 | 基督教理念 |
|---|---|---|
| 反對大麻合法化 | 支持大麻合法化 | 身體是聖靈的殿，應該保持潔淨。 |
| 機會均等，反對特權 | 機會按照種族分配、身分政治 | 人人被造而平等。 |
| 堅持兩種性別的婚姻 | 製造數種性別的隨意婚姻 | 神造男造女，並未造其他任何性別的人，而且神命男女結合成為一體。 |
| 減稅，多勞多得 | 高稅負、福利國家和平均主義 | 不勞不得食，神創造的世界從來就有富人和窮人。 |
| 反對墮胎，反對用納稅人的錢墮胎 | 支持用納稅人的錢墮胎 | 人的生命源自神，人擁有神的屬性，任何人無權剝奪別人的生命權，否則是忤逆神。 |
| 增加警力保護人民 | 裁減警力 | 統治者有義務保護人民。 |
| 反對打砸搶燒，抵制暴力 | 同情打砸搶燒，同情暴力 | （1）「不可殺人。不可姦淫。不可偷盜。不可作假見證陷害人。不可貪戀人的房屋；也不可貪戀人的妻子、僕婢、牛驢，並他一切所有的。」<br>（2）「愛人如己。」 |

　　由上述政綱對比可知，共和黨與民主黨的根本分歧在於，美國應該讓神掌權，還是讓人掌權。這兩種選擇導致的結果可謂天壤之別：前者將延續美國的輝煌，鞏固美國作為世界老大的地位；後者則必將導致美國急劇衰落、甚至解體。原因很簡單，就是因為民主黨所主張的普適價值缺乏堅

實的根基：

（1）由於認識不到自由源自於神的恩賜，由人自己來把握自由的限度，自由就一定會走向放縱。

（2）由於對民意缺乏必要的警惕和約束，民主必然會導致多數人的暴政。

（3）由於對人性極度自負，對人性中的罪性缺乏必要的認識，憲政就成了一句空話。這是因為憲政的基礎正是由於承認敗壞；如果人性都是良善的，限制各方權力就毫無必要。憲政的本質就是「限政」，也就是限制各個權利主體的權力。

（4）由於人間的法律不以神的律法為根源，法治就缺乏讓人敬畏、讓人主動遵行的基礎，於是法治就可能退化為人治。

更為關鍵的是，如果拋棄了神，也就是拋棄了神所提供的絕對價值，任何共同體都無法達成共識，更不要說國家的有效運轉了。試想，如果美國開放穆斯林移民，如果穆斯林和其他非基督徒占美國人口的一半以上，那麼美國的憲政體制還能正常運轉嗎？到那時，現有的憲政體制不會選舉出一個何梅尼[1]式的人物成為總統，並在當選總統以後透過種種辦法修改憲法、甚至廢除憲法嗎？

如果說啟示可以成全啟蒙，那麼宗教改革和啟蒙運動就

可以相互成就，神就可以為普適價值立定根基。

　　當然，政治是相當複雜的，任何政黨都不可能完全基於神的教導來制定政策。政治不可能實行教條主義。前文評論共和與民主兩黨政綱，只是大略說明何者更符合基督教理念，而這也只是分析兩黨政綱的一個角度，既不表明民主黨黨員都違背基督教理念，也不表明民主黨的政綱就沒有符合基督教理念的地方。

　　二〇二〇年的美國大選突顯了美國社會的深度撕裂。這種撕裂由來已久，只是到如今表現得更加嚴重而已。民主黨所代表的價值觀為什麼也能贏得眾多支持者擁戴？我認為原因可以大致列舉如下：

（1）人性中的罪性，決定了人天生就容易背離神。

（2）啟蒙運動以後，引導人心的權柄由神職人員交棒給知識分子，而知識分子自命為社會的良心和燈塔，不自知地扮演起先知和祭司的角色。他們占領了大學講臺，充斥著各種大眾媒體，他們注重的是所謂的獨立、原創、語不驚人死不休，但他們從來不為他們的言論後果負責。由於每位知識分子的主張各不相同，最後就必然導致多元主義

---

1　編注：何梅尼（Ruhollah Khomeini，1900-1989）是伊朗已故革命英雄，也是伊朗的創建者。

成為「政治正確」。

（3）社會菁英不過是知識分子思想所下的蛋，大學與
　　　媒體的自由主義和多元主義，必然導致社會大多
　　　數成員被裹挾，進而信奉其主張。

然而問題在於，沒有一元的存在，多元主義只能導致分
崩離析。

從這個角度看，川普發動的「護法運動」與其說是一種
革命，不如說是一場撥亂反正運動，而這個運動不僅僅指向
信仰，更指向政治、經濟、社會、文化等方方面面。川普憂
慮的與其說是總統寶座，不如說是美國的未來，甚至人類的
未來。

# 中國之思

二〇二〇年的美國大選關係重大，成了世界各國關注的
焦點，因此自然也成為中國人關注的焦點。中國人以前聽說
過憲政，藉由這次大選，算是觀摩了美國憲政的運行機制及
其局限，而這對中國人來說無疑是好事。那麼，川普主義又
帶給中國人怎樣的啟發呢？

在我看來，最大的啟發有三點：

（1）制度和人性都是靠不住的。政治是人心決定的，

若人心變了，政治格局自然就變了。因此，沒有永遠不變的制度，也沒有完美的制度。美國制度也是不完美的，它只是最不壞的制度而已。人間制度的不完美性是由人性的缺陷、亦即原罪決定的。這次美國大選的亂象，最讓人印象深刻的就是人性的敗壞。認為美國制度不會出大問題，不會出現操縱選票的事件，既高估了人性，也高估了美國制度。甚至，認為美國制度不至於出現操縱選票的事件，事實上就否定了它只是最不壞的制度（而不是完美的制度）這一事實。

（2）憲政體制的運行需要相對共同的信仰基礎，否則再好的制度都無法運作。這是因為，徒法不足以行，只有人們內心裡認可這個法（制度）才能主動遵行，而內心認可的前提在於大多數人有共同的信仰。正如美國第二任總統約翰·亞當斯（John Adams）所說：「我們的政府不具備能力去對付不受倫理和宗教約束的人類情感，我們的憲法只是為有道德和宗教信仰的民族制定的，它遠遠不足以管理任何其他民族。此憲法只適合於有道德與信仰的人民。」由於中國人沒有真正的信仰（表現為不敬畏神），因此當務之急與其說是移植先進國家的制度，不如趕快著手迎進獨一真神。當然，這並不意味著不能同時借鑒別國制

度,任何孰先孰後的討論都是沒有意義的,因為它本質上是一種非黑即白的思維,歷史也從來不按人的意願發展。

（3）制憲是一個高難度的技術,偉大的憲法的制定必須正視人的罪性,任何對人性的潛意識的高估（如性善論）都必然使憲法成為一紙空文。美國的制憲者想出了種種辦法來預防權力腐敗,實現分權制衡,但即便如此,從憲法誕生之日起,利用憲法漏洞的行為就綿綿不絕。如果前現代國家要實現政治現代化,不充分借鑑先進國家的制憲經驗、規避制憲失敗國家的制憲教訓,就會「盲人騎瞎馬,夜半臨深池」,必然失敗。另外,由於知識分子天生就傾向於理想主義,因此制憲者絕不能以所謂專家和文人為主,應該要涵蓋主要社會階層的代表。

總之,因為權力必然走向敗壞,所以如何制衡權力就是最重要的事;因為人性本就敗壞,所以透過信仰拯救人心就是最重要的事。

基於以上認識,接下來我願意再談談中國知識分子的幾大迷夢。事實上,川普主義和這次美國大選已經戳破了這些迷夢。

（1）**制度主義**。一些人雖然口頭上認為美國制度是最不壞的，其實骨子裡認為美國制度是完美的，因此不可能發生制度性腐敗。但制度既然是建基於人心與人性，如果人性本就墮落，怎麼能認為制度還完全靠得住呢？制度從何而來？制度不就是人心的外化嗎？如果制度靠得住，民國初年為什麼出現了那麼多「豬仔議員」[2]？

（2）**普適價值神聖論**。有些人高舉普適價值，認為普適價值神聖不可侵犯，而我們只要追求普適價值落地就足夠了。但這是不恰當的。如果拋開神，普適價值就不具有神聖性，因為神聖性只能源自神。普適價值好不好？當然好。因為它體現了對普遍人性的尊重。然而，普適價值是人追求的終點嗎？並不是。儘管人人都認同普適價值，不同人對普適價值的理解卻不同，有的甚至差異極大。川普和拜登，哪個不支持普適價值呢？但他們理解的普適價值是一樣的嗎？彭斯理解的自由和賀錦麗（Kamala Harris）理解的自由是一回

---

2　編注：一九二七年二月十七日，孫中山在〈民權主義第四講〉中說道：「我們中國革命以後，是不是達到了代議政體呢？所得民權的利益究竟是怎麼樣呢？大家都知道，現在的代議士都變成了『豬仔議員』……各國實行這種代議政體都免不了流弊，不過傳到中國，流弊更是不堪問罷了。大家對於這種政體如果不去聞問，不想挽救，把國事都付託到一般豬仔議員，讓他們去亂作亂為，國家前途是很危險的。」

事嗎?基督徒理解的自由與吸食大麻者理解的自由是一回事嗎?更要命的是,普適價值內部之間的衝突(比如自由和民主之間的衝突)怎麼辦?要由誰來並用什麼標準來定奪是非?任何嚴肅的政治哲學家都會承認,普適價值內部之間是存在張力的,既然如此,泛泛而論維護普適價值有什麼意義呢?更進一步地說,就算人們理解的普適價值定義相同,道理上認可是否就意味著行動上努力爭取呢?所以,如果普適價值缺乏一個神聖的源頭,它必然是乏力的。如果我們承認存在普適價值,我們就應該承認「信仰」是第一普適價值,沒有上帝來判斷,普適價值之間的爭論就不可能消解。

(3)**歷史主義**。歷史上美國戰勝了憲政危機,並不意味著此次就一定能戰勝或一定不能戰勝危機。歷史向來證明不了未來,歷史學家也向來不能預測未來。未來是人心決定的。所以與其翻古書,不如實地瞭解美國選民的內心想法,以及讓他們產生這些想法的信仰因素。歷史學家很容易泥古不化;他們自稱能通古今之變,但卻最容易滑向靜態視角。事實上,美國的制度框架雖然兩百年來大抵不變,其具體制度構成卻已經發生了天翻地覆的變化。比如,如今美國總統的權力顯然遠

遠高於建國時期。美國憲法誕生於農業時代，在工業時代有所修正，但現在是資訊時代了──農業時代的憲法能完美地適應資訊時代的社會現實嗎？難道不存在任何漏洞嗎？

（4）**熔爐論**。有人說，美國是個熔爐，是個天生的移民國家，因此多元主義具有天生的合法性。但這個熔爐的火焰是什麼？如果這個火焰不夠大，溫度不夠高，甚至在逐漸熄滅，它不就是廢爐嗎？還能熔什麼？這樣的社會還能有什麼吸引力？值得一提的是，王建勳教授就認為，美國並非天生的移民國家，最初幾代美國人不能算作移民，而是殖民者。殖民者是當時美洲的主導者，因為他們是帶著價值觀來到美洲；移民則是指後來歸化到美國的人，需要認可、效忠美國憲法，即美國價值觀。

（5）**媒體清白論**。媒體的利益集團化和政黨化是一個不爭的事實。當媒體進行廣泛地選擇性報導而迴避某些事實的時候，它們的目的就是為了自己的利益。當然，說媒體集體被操縱，並不意味著任何媒體都被操縱，讓川普的任何聲音都發不出來，反而是在說所謂的主流媒體利益集團化、政黨化了。這也不意味著它們就一定收了民主黨的錢，也可能是因為民主黨的政策有利於它們賺

錢，因此是「政黨化」而未必是「被政黨化」。誠然，在民主社會，任何人都可以創建媒體，但問題在於主流媒體聲音太大，而且大大地蓋過了非主流媒體，這就導致了一定程度上的資訊失真，而人又是透過資訊來認識世界的。媒體作為第四權如何代表人民的聲音，這不是一個空穴來風的話題，因為就目前的支持率來看，川普所得到的選民支持和媒體支持顯然是不成正比的。媒體被操縱有深層原因，而這種操縱是廣義的而非狹義的，比如很多人就說美國的大學教育確實就被「多元主義」、「政治正確」操縱了，所以被操縱的不僅是媒體，還有社會。因此，我們可以想像這個問題解決起來相當困難。

（6）**「理中客」**。所謂的「理性」、「中立」、「客觀」是做不到的。首先，政治本身就不是純理性的；再來，說自己中立，並不意味著你立定在真理上，更多時候不過是要雙方「各打五十大板」以證明自己的超然；最後，客觀很難做到，因為從不同角度看，就能看到不同的客觀事實，而任何人都無法做到全方位的客觀。換句話說，任何人的評論本質上都是主觀的，你可能受到你讀的書、你的人生閱歷、你所掌握的訊息、你所喜好的某權威學者的影響。當你下一個綜合判斷時，

它注定是主觀的。

（7）**功利主義**。首先，功利主義者認為任何人都是可以買通的。有些人認為政治只關乎利益，但如果是這樣，曾經作為商人的川普應該是最容易收買的了，為什麼他還與華爾街、矽谷等大資本唱反調呢？而作為一個國家，要想與美國處理好關係，隨便送川普幾十億、上百億鈔票不就事成了嗎？另一方面，功利主義者傾向以成敗論是非，認為大選的最終結果可以證明誰對誰錯。有人問，我支持川普，而看起來川普真的會敗選，到時候我不是會被打臉嗎？但我是否支持川普，與川普最終是否會連任，有什麼必然關係？他連任就證明我對，他敗選就證明我錯嗎？即使他敗選，我就不能繼續支持他嗎？很多人不明白的是，挺川的實際上就是支持川普主義。如果結果可以證明立場的對錯，這不是市儈哲學嗎？那麼，我們何必評論政治，我們「不沾鍋」不就行了嗎？可這有什麼價值呢？

（8）**文人好惡論**。有人說，川普滿嘴跑火車、橫衝直撞、大腹便便，還離了幾次婚，就是那一頭金毛也讓人看不慣，所以不能選這樣的人當總統。與前一個問題一樣，大選是選總統，還是選聖人？選總統難道不是選擇候選人所代表的政綱嗎？是

贊成川普的政綱還是拜登的政綱？如果你是自由派，同時又支持拜登，請論述拜登所主張的大政府與你所主張的自由主義有什麼關係。

（9）**知識分子分化有害論**。美國大選導致了中國知識界的分化。這種分化是邏輯上的必然，只不過藉由美國大選這一導火線適時完成了而已──真正的問題在於如何看待這種分化。我認為，這種分化利大於弊，因為這是思想市場自由競爭的必然結果，中國在未來也必然面臨這種分化，早點分化比晚點好。有些人原來是自由派，現在認識到了自由派的局限，於是決定再進一步，這哪裡能說是壞事呢？認為分化是壞事的朋友說，因為廣義的自由派本身力量就弱小，分化意味著大家的力量都更弱小了。但是，我們應該深入思考的是，原來弱小的原因是什麼？分化後是否反而意味著生機，而不是勉強追求大家的「同」？更何況，從狹義的角度看，把希望、力量寄託於知識分子身上，本身就是知識分子的自大和自欺，知識分子何曾有過什麼力量？當然，分化並非意味著雙方不再共用任何前提，也不意味著否定任何意義上的團結的重要性，更不意味著彼此情緒化的對峙、甚至謾罵。知識界的團結是必要的，但團結只能是基於相對共識，沒有共識就不可能實

現團結。對於中國知識界而言，最重要的是討論問題的規則共識（程序正義），而不可能是價值共識。

《詩篇》三十三章十二節說：「以耶和華為上帝的，那國是有福的！他所揀選為自己產業的，那民是有福的！」

川普主義是社會的穩定器。美國為什麼會出現川普主義呢？因為很多人認識到了立國根基（精神資源）的重要性，他們要護衛立國根基。但對於很多前現代國家而言，根本就沒有立國根基，因此其政權有著高度不確定性。川普主義是因應西方後現代社會的到來出現的重要思潮，它表明了一個常識：沒有秩序就沒有自由，而穩定的秩序源自穩定的人心。

願整個世界都認識到川普主義的價值。

1629年，溫斯羅普帶領清教徒前往美洲，登陸於今日麻薩諸塞州的普利茅斯。

當上帝賦予人們一項特殊使命的時候，他指望人們嚴格遵守每一個條款……我們為此和上帝簽訂了聖約，我們致力於完成一項使命……

我們必須認為，我們應當是一座山巔之城。全人類的眼睛都在盯著我們。因此，如果我們在此項事業中背叛了上帝，整個世界將會知曉並蔑視我們。

——約翰·溫斯羅普（John Winthrop），
麻薩諸塞灣殖民地的創始人

# 從大選看美國秩序的根基

劉軍寧
中國文化部中國文化研究所研究員

以耶和華為神的，那國是有福的！他所揀選為自己產業的，那民是有福的！

——《舊約·詩篇》三十三章十二節

# 誰輸不起？

近來，常有人問我，最終誰會贏得這次大選。答案其實很簡單。按照美國當初建國者們的理解，美國是一個由雅威[1]掌管的國度，是按照它的公義原則來治理的。如果美國將繼續按照它的公義原則來治理，大家當然知道誰會當選；假如美國從此不再是按照此公義原則來治理的國家，大家也

---

1　編注：雅威（Yahweh）通常被譯為「耶和華」，但當代學者認為該稱呼實際上的發音可能與前者更相近。

知道誰會當選。所以，重要的不是誰當選，而是美國是否還繼續按照此公義原則來治理。

二〇二〇年美國總統大選激烈到讓人屏住呼吸。它不僅吸引美國人民的關注，也吸引了中國人乃至整個世界的關注。為什麼這次美國大選如此重要？這個重要性不在於誰當選總統，其實質不是在兩位候選人之間做出選擇，而是在人與神之間、他與祂之間做出選擇。祂輸得起這次美國大選，雙方候選人也都輸得起；但是，美國人民輸不起，他們的生命權、自由權、財產權更輸不起。

## 秩序的根基在哪裡？

如著有《美國秩序的根基》的柯克先生所言，美國之所以如此不同於其他國家，是因為雅威一直在美國的時間與歷史中完全掌權。西奈山上，上帝與摩西和以色列人訂立聖約，文本由上帝親自擬定並被以色列人一致認可。這就是含有十誡的《摩西之約》，而人類政治秩序的關鍵原理都包含在這一聖約之中。確立美國秩序的《五月花號公約》與《美國憲法》在形式上和內容上都是這一聖約原理的再現，並把它所啟示的原理變成了人間的現實。

然而，在二〇二〇年美國總統大選中，祂的權柄卻面臨空前的挑戰，由四百年前《五月花號公約》開創的美國秩序的根基正在被動搖。這次危機是四百年以來最嚴重的危機，

其嚴重的程度甚至超過了南北戰爭。南北戰爭只是針對奴隸制這一個具體問題發生衝突，雙方並沒有在美國秩序的根基上發生衝突。所以，這次選舉也是美國建國兩個多世紀以來最關鍵的選舉。

## 左與右在爭什麼？

美國這次選舉也被認為是左與右兩大陣營的全面對決。所謂左，就是悖逆雅威，就是要擺脫與祂的聖約與律法，就是背離祂的公義原則；所謂右，就是順服雅威，守住與祂的聖約與律法，堅持祂的公義原則。這次衝突的本質是：左派要「他」來統治，保守主義要「祂」來掌舵。美國的未來與人類的未來，同樣取決於：選擇「他」，還是選擇「祂」？左右雙方的答案完全相反。

在本次總統大選中，左右雙方的陣營與代表，大家都看得清清楚楚。與神的關係是雙方衝突的焦點。現在，一方要美國繼續在神的公義原則下來治理，而另外一方卻要強拆美國秩序的根基，要顛覆神對美國的掌管，進而從根本上改變美國。大家都已經看到他們肆意打砸搶燒，推倒美國創始人的雕像，褻瀆重要的紀念碑，焚燒美國國旗乃至標誌性教堂。有個政黨甚至首次毫不掩飾地把祂逐出了這個黨，讓雅威從他們的話語中消失。本次左與右的衝突，甚至不是以黨派來劃線的，比如說很多共和黨人並未站在共和黨的傳統

立場一邊，為此還出現一個專門指稱他們的英文詞：RINO（Republican In Name Only，即名義上的共和黨人）。

# 他們的訴求是什麼？

美國秩序的根基來自於神啟示給人的根本秩序原理，這就是作為《聖約》的十誡。它有兩個方面：它既是雅威與人之間的聖約（摩西之約），也是對人產生約束的律法。《聖約》有十條（即「十誡」），每一條都是對神與人有約束力的聖約義務，並因此成為律法。換句話說，神在約上，約在法上，法從約生。

這次美國大選最激烈的就是關於其中第一條的爭論。按照「十誡」的第一條，神是人間一切事務的掌管者。但是，今天在美國，很多人不承認這一條，他們不要神當他們的家，他們要自己當自己的家。他們拒絕雅威的律法，他們要任意地給自己立法。

作為《聖約》的第八誡明明白白地寫著「不可盜竊」。第十條也強調，不要覬覦他者的人與物。這也是美國的秩序與法治的重要基石之一。不可盜竊，當然也包括不可盜竊別人的選票；不得覬覦，當然也包括不得覬覦對方的選票。二〇二〇年選舉最激烈的爭論，就是圍繞著是否存在選舉舞弊展開的。而選舉舞弊在性質上，就是盜票。其中有一方受到了涉及選舉舞弊的許多指控。盜竊與覬覦是為神及其律法，

以及美國法律所禁止的。盜票與盜竊財物不同，是破壞聖約的竊國行為。容忍盜票，就是容忍摧毀美國的秩序。

在美國這次大選中，一方代表了一個強大的聲音，就是大政府、高稅收、福利國家的訴求。支持這一方的暴徒對無辜者，對商店、銀行與教堂肆意打砸搶燒，更強占富人住宅。他們完全無視造物主賦予每個人的生命權、自由權、財產權。

此外，各路左派還提出各種動議來試圖改變現行的憲法。他們極力要求取消作為複合共和基本制度的選舉人團制度，要求擴大聯邦最高法院的法官規模，主張司法能動主義，賦予最高法院法官透過判例來任意立法的權力。如果這些主張得以實現，美國的現行憲法與憲政將面目全非。

## 為何美國的憲政難以移植？

政治學經驗研究發現，美國的憲政制度很難移植到其他國家，在美國之外的國家無法成功。但為什麼美國憲政與政體很難被成功移植？這是因為美國的制度是建立在信仰與聖約基礎之上的。這是美國憲法與政治制度的靈魂。不移植信仰與聖約，就不可能成功移植制度。今天，美國也面臨同樣的情形；如果美國人放棄了他們與神的聖約，那麼美國的憲政與制度就不能縱向地平移到下一代。雖然這些制度在形式上不會有太大的變化，但一定會形是實非。

美國第二任總統亞當斯曾說：「我們的政府不具備能力去對付不受倫理和宗教約束的人類情感，我們的憲法只是為有道德和宗教信仰的民族制定的，它遠遠不足以管理任何其他民族。此憲法只適合於有道德與信仰的人民。」美國的秩序，其憲法與憲政是為信雅威與接受聖約的國民準備的。如果美國的多數選民們不願意接受神的主權、聖約與律法，沒有信仰與道德，美國的秩序與憲政就名存實亡了。

# 誰的燈塔？

美國到底為什麼強大？不是它的科技、教育、軍事、財富，而是它與上帝之間存在的聖約，並且以此為制度的根基。美國創造的自由和繁榮，比人類歷史上任何一個國家都多得多，這是信雅威所得到的賜福與恩典。美國人透過與神立約得到神的賜福，因此成為全世界人們所嚮往的地方。

二〇二〇年美國大選深深牽動普通中國人的另一個原因，是關於「燈塔國」的話題。在不少中國人眼裡，美國是燈塔國，他們非常擔心這次大選的結局會影響到燈塔的未來。如果美國有這樣的燈塔，那麼燈塔是美國自帶的、固有的嗎？其實美國不是自帶燈塔。如果說美國是燈塔國的話，是因為它高舉了神的公義原則。這燈塔不是美國自帶的，而是在《聖經》裡的。如果把信仰與聖約從美國的秩序當中抽離拆除，那麼美國將跟中國人最厭惡的那些國家一樣令人厭

惡。如果美國實行曹縣的意識形態與體制，那美利堅還是燈塔嗎？美國的燈塔，發出的是神的光芒，不是美國人自身的光芒。一旦美國離開了神的光芒，一旦神收回給美國的賜福，美國將變得跟世界上那些黑暗的國家一樣黯淡。

# 追討，還是賜福？

《聖約》第二條規定，我耶和華你的神是忌邪的神。恨我的，我必追討他的罪，自父及子，直到三四代；愛我、守我誡命的，我必向他們發慈愛，直到千代（出自《出埃及記》第二十章、《申命記》第五章）。美國今天的成就是神發慈愛的結果，那些流氓國家所遭受的厄運是神懲罰的結果。是「放棄神的律法、被神懲罰」，還是「繼續遵守神的律法、守神的誡命、繼續得到神的賜福」？這才是美國二〇二〇年大選真正的爭執點所在。

本次大選一切衝突與爭執的根本是與神的關係的爭論，而恰恰在這一點上，關係到美國秩序的根基。《聖約》與十誡是美國秩序的底層架構，也是左派所要摧毀的最關鍵目標。

美國的立國根基，是與神的聖約，是雅威頒布的摩西律法。這是美國的精神支柱、道德基礎與制度支柱，而在此基礎上才有現在的法律與秩序。如果把這個神聖的根基毀掉，兩百多年以來的法律與秩序將坍塌。今天的美國面對一個歷

史性抉擇關頭：是繼續在神的主權、聖約與律法之下，還是執意走悖逆之路，擺脫神的主權、聖約與律法？雅威給美國人乃至全人類選擇的自由，並在第二誡中有言在先，規定了兩種選擇各自的後果。

那些分別為兩位候選人操心的人，其實在很大程度上是在為自己操心。一方渴望被法老統治，另一方渴望生活在雅威的權柄之下。你的選擇是哪一方？無論這次美國大選的結局如何，有一點是亙古不變的。那就是雅威永在，公義不敗！

# 附錄：
# 「川普主義」釋義

「川普主義」是指與美國第四十五任總統唐納・川普及其政治基礎有關的政治意識形態、治理風格、政治運動，或者其獲取和保持權力的一系列機制。這是美國政治版本的右翼到極右翼，而國家民粹主義情緒在世界各地多個國家都可以看到，並帶有非自由民主的外觀。

## 川普主義的意識形態

川普主義的發展主要始於唐納・川普在二〇一六年競選總統。它指的是一種民粹主義的政治方法，對複雜的政治、經濟和社會問題提出民族主義的答案。作為一種政治手段，民粹主義不受任何特定意識形態驅動。川普的前國家安全顧問約翰・波頓（John Bolton）表示，川普的情況確實如此；他質疑「川普主義」是否奠基於任何有意義的哲學上，並強

調「這個人沒有哲學」，也說「人們可以嘗試在他的決定中劃出界限，但他們將會失敗」。

在二〇一九年的《全球民粹主義手冊》（*Routledge Handbook of Global Populism*）中，多位合著者指出，民粹主義領袖反而在主題，在思想和信念方面表現出務實和投機的態度，引起了追隨者的強烈共鳴。民調資料顯示，競選活動成功地動員了「被剝奪公民權的白人」；這些人是歐洲工薪階層中的下層美國人，他們正經歷著日益嚴重的社會不平等，他們經常對美國的政治體制表示反對。在意識形態上，川普主義帶有右翼民粹主義的音調。

在自由貿易、移民、平等、聯邦政府的制衡及政教分離等方面，川普主義與經典的林肯的共和主義有許多不同之處。WZB柏林社會科學中心（WZB Berlin Social Science Center）的彼得・卡岑斯坦（Peter J. Katzenstein）認為，川普主義基於三大支柱，即民族主義、宗教和種族。

## 川普主義的背景

根據學者沃爾特・羅素・米德（Walter Russell Mead）、彼得・卡岑斯坦，以及埃德溫・肯特・莫里斯（Edwin Kent Morris）的研究，川普主義在美國的根源可以追溯到美國第七任總統安德魯・傑克森（Andrew Jackson）的時代。米德是一位著名的歷史學家，也是保守派的哈德遜

研究所傑出研究員，他承認傑克森派經常是一個排外的、「僅限白人」的政治運動。

傑克森的追隨者認為，傑克森就是他們之中的一員，熱情支持他蔑視十九世紀的政治正確規範乃至憲法，當時這些規範阻礙了他們所支持的公共政策。一八三二年，傑克森無視美國最高法院在伍斯特訴喬治亞州（Worcester v. Georgia）一案中的裁決，開始強迫原住民切羅基人（Cherokee）離開受條約保護的土地，讓當地白人受益，代價是2,000到6,000名切羅基人的男人、女人和孩子死亡。儘管有這些傑克森式的不人道行為，米德認為傑克森主義提供了歷史先例，解釋了川普追隨者的運動，是如何結合了草根階層對菁英的蔑視、對海外糾葛的深深懷疑，以及對美國權力和主權的癡迷。米德認為，這種「美國對傑克森式人物的渴望」驅使追隨者轉而支持川普，但他也警告，從歷史上來看，川普「不是安德魯‧傑克森的重生」；米德觀察到「他的提議往往相當模糊，而且往往相互矛盾」，顯示出新當選的民粹主義領導人的共同弱點。此外，米德也在川普擔任總統初期評論道：「現在他面臨著『你知道，你該如何治理國家嗎？』這個難題。」

政治學學者莫里斯同意米德的觀點，認為川普主義起源於一八二年至一八四八年傑克森時代，這段時間擔任總統的分別是傑克森、馬丁‧范布倫（Martin Van Buren）和詹姆斯‧波爾克（James K. Polk）。在莫里斯看來，川普主義與

第一次世界大戰後的進步運動派別也有相似之處；後者迎合了保守的民粹主義者對大都市的寬鬆道德和美國不斷變化的種族膚色的畏懼。歷史學家理查・霍夫士達特（Richard Hofstadter）在其一九五五年的著作《改革的年代》（*The Age of Reform*）中指出，這個派系的出現，「正值進步民粹主義傳統的很大一部分開始變質，變得狹隘而暴躁」。

在第二次世界大戰之前，川普主義的保守派利益在二十世紀初的「美國優先」運動中得到了體現，而在第二次世界大戰之後，川普主義的保守派利益被歸於一個被稱為舊右派的共和黨派系。到了二十世紀九〇年代，它被稱為古老保守主義運動，而根據莫里斯的說法，它現在則被重新命名為川普主義。

德國社會學家洛文塔爾（Leo Löwenthal）與思想家諾伯特・古德曼（Norbert Guterman）在一九四九年合著的著作《虛假的先知》（*Prophets of Deceit*）中，總結了二戰後那段瀕臨民粹主義邊緣時期的常見敘事，並特別審視了那段時期的美國煽動者。當時的大眾媒體與歷史學家查爾斯・克拉維（Charles Clavey）所認為的川普主義式的破壞性政治風格結合在一起。克拉維認為，洛文塔爾的書最好地解釋了川普主義經久不衰的吸引力，並對該運動提供了最引人注目的歷史見解。

記者尼可拉斯・萊曼（Nicholas Lemann）在《紐約客》（*The New Yorker*）上撰文指出，冷戰和「共產主義蔓延的

相互恐懼和仇恨」使戰後共和黨的「融合主義」意識形態成為可能。這種意識形態是親商的政黨與本土主義和孤立主義因素的融合；後者傾向於共和黨，而不是民主黨，後來又加入了「擔心世俗主義崛起」的基督教福音派信徒。

這種融合由小威廉・巴克利（William F. Buckley Jr.）宣導，並在一九八〇年由雷根帶來了成果。但隨著蘇聯解體，這種融合失去了凝聚力，隨之而來的是不平等和全球化的增長，在共和黨內外，也「在中低收入白人中間造成了巨大的不滿」。

在二〇一二年美國總統大選中，米特・羅姆尼（Mitt Romney）被巴拉克・歐巴馬（Barack Obama）擊敗後，共和黨權勢集團接受了一份名為《增長與機遇計劃》（Growth and Opportunity Project）的「驗屍報告」，該報告「呼籲共和黨重申其支持市場、對政府持懷疑態度，以及種族和文化包容」。但川普不顧這份報告的調查結果，在競選時也不理會共和黨黨內的建制派，他「遭到了本黨更多官員的反對……但與此同時，他在共和黨初選中贏得的選票也比以往任何一位總統候選人都要多。用政治分析人士卡爾・羅夫（Karl Rove）的話來說，到二〇一六年，『人們希望有人能把磚頭扔進玻璃窗』。」他在黨內的成功使二〇二〇年十月的一項民意調查顯示，百分之五十八的共和黨人和較支持共和黨的獨立人士認為自己是川普的支持者，而不是共和黨的支持者。

# 川普主義的外交與經濟政策

　　川普的外交政策奠基於「美國優先」意義之上，奉行單邊主義而非多邊政策，尤其在經濟條約和聯盟義務的背景下，特別強調國家利益。川普對加拿大等美國傳統盟友，以及跨大西洋夥伴北約（NATO）和歐盟表現出了不屑。相反地，川普對獨裁統治者表示同情，尤其是俄羅斯總統普丁（Vladimir Putin），他甚至在上任之前和在二〇一八年俄美峰會期間，就經常稱讚普京。「美國優先」的外交政策包括川普承諾結束美國對外戰爭的介入，尤其是在中東，同時還透過制裁伊朗等國，以發布更嚴格的外交政策。

　　在經濟政策方面，川普主義「承諾新的就業機會和更多的國內投資」。此外，川普對美國交易夥伴的出口順差採取強硬路線，導致二〇一八年局勢緊張，美國與歐盟和中國之間相互徵收懲罰性關稅。簡單來說，川普是透過一項強調民族主義和批評全球化的政策，來確保其政治基礎的支持。

# 川普主義的支持者樣貌

　　《大西洋月刊》（*The Atlantic*）記者伊萊娜·普洛特（Elaina Plott）認為，川普主義本身的意識形態特徵並沒有其他方面的特徵來得那麼重要。普洛特援引政治分析人士傑夫·羅伊（Jeff Roe）的話指出，羅伊觀察到川普「理解」

並順應共和黨選民的趨勢，表現出「較少意識形態色彩」，而是「更加兩極化」。共和黨人現在更願意接受諸如政府規定的針對既存疾病或貿易關稅的醫療保險等政策，與此同時，對川普的強烈支持和激進的黨派鬥爭已經成為共和黨競選活動的一部分，至少在美國的一些地方，甚至延伸到了以前由權力集團、議題驅動、無黨派的地方政府競選活動中。政治學家馬克·海瑟林頓（Marc Hetherington）和其他人的研究發現，川普的支持者通常擁有一種超越政治意識形態的「世界觀」，同意「最好的策略是採取強硬態度，即使這意味著不公平」。相比之下，那些同意「合作是成功的關鍵」等聲明的人往往更喜歡川普的對手米特·羅姆尼（Mitt Romney）。

記者尼可拉斯·萊曼曾指出，川普競選活動的一些言論（反自由貿易的民族主義、捍衛社會保障、攻擊大企業）與競選承諾（「建造那座美麗的大牆並讓墨西哥為之付費」和廢除歐巴馬醫保），與川普上任後制定的「傳統」共和黨政策和立法（大幅減稅，削減聯邦法規並增加軍費）有著一定程度的落差。許多人注意到，共和黨全國代表大會沒有發布二〇二〇年的競選政策和承諾的慣常「綱領」，而是提供了一份「一頁紙的決議」，表示共和黨「不會有新的綱領，而是……已經並將繼續熱情地支持總統的美國優先議程」。

# 川普主義與修辭學

　　根據民權律師伯特・諾伊伯恩（Burt Neuborne）和政治理論家威廉・康諾利（William E. Connolly）的說法，川普主義的修辭採用了類似於德國法西斯主義者使用的比喻來說服市民（起初是少數派）放棄民主手法，而且透過使用大量謊言、半真半假、人身攻擊、威脅、仇外心理、國家安全恐慌、宗教偏見、白人種族主義，或者利用經濟不安全，無休止地尋找替罪羊。諾伊伯恩發現了二十種類似的做法，大致如下：

（1）透過直接的交流，培育一個奉承的大眾媒體，嘲弄科學家以削弱客觀真理的概念，在追隨者的頭腦中創造一個相當於另一種現實的世界觀。

（2）組織精心策劃的群眾集會。

（3）當法律案件敗訴或被駁回時，激烈攻擊法官。

（4）使用一連串不間斷的謊言、半真半假的話，來侮辱、辱罵和含沙射影，旨在排斥、妖魔化並最終摧毀對手。

（5）用沙文主義的訴求來迎合極端民族主義的狂熱。

（6）承諾減緩、停止少數民族流入國家，甚至扭轉人們對他們的印象，讓這些「不受歡迎的」少數民族被視為國家弊病的替罪羊。

康諾利在他二○一七年的著作《走向法西斯主義》（*Aspirational Fascism*）中列出了一個類似的清單，把戲劇效果與群眾參與和修辭結合起來進行了比較。他發現，誇張的身體姿勢、鬼臉、歇斯底里的指控、戲劇性地重複現實中的虛假，以及極權主義式的斷言，這些都被納入了標語中，而觀眾們則被強烈地鼓勵加入吟誦。儘管有這些相似之處，但康諾利強調，川普不是納粹，而是「一個有抱負的法西斯主義者，追求群眾奉承、極端好鬥的民族主義、白人必勝主義和軍國主義，追求一個給予員警不負責任的權力的法治政權，是一種修辭風格的實踐者，這種風格經常製造假新聞來詆毀對手，以動員民眾支持他提出的謊言」。

　　在修辭上，川普主義採用了專制主義的框架與拒絕政治建制的威脅敘事。專制主義修辭學強調的是不可協商的界限和對所謂的違反道德的義憤。川普集會中的修辭模式在威權運動中很常見。首先，引發一種沮喪感、羞辱感和受害感。其次，把世界分成兩種對立的群體：一種是被無情地妖魔化的群體，另一種則是有能力和意願戰勝他們的群體。這涉及主動識別可能導致當前事態的敵人，然後推廣偏執狂陰謀論來激起恐懼和憤怒。在民眾中完成這兩階段之後，最後的步驟旨在釋放被壓抑的民眾能量，並承諾拯救就在眼前，因為有一個強大的領導人將把國家帶回過往的榮光。

　　一九三二年，心理分析師羅傑・莫尼－克爾（Roger Money-Kyrle）首次發現了這種三階段模式，並在他的《宣

傳心理學》（*The Psychology of Propaganda*）一書中發表。連續不斷的轟動性言論在達到多重政治目標的同時，也吸引了媒體的注意，其中最重要的是這樣的言論掩蓋了一些行動，如新自由主義放鬆管制。有項研究曾舉出，由於川普政府同時使用了引人注目的種族主義言論，在他執政的第一年裡發生的環境放鬆管制一事雖然重大，卻逃過了媒體的關注。根據莫尼－克爾的說法，言論透過達到情感上與追隨者基礎之間的情感聯繫和煽動不滿的目的，除了成功妖魔化其目標，侵蝕了民主規範和鞏固權力的政治目標，更重要的是它透過引發媒體對干擾因素的密集報導，分散了媒體對放鬆管制政策制定的注意力，而這恰恰是由於這些干擾具有越界性質。

另一方面，有一份調查川普集會上的群眾互動的報告記錄了川普對上述模式的運用及其舞台表演技巧。研究者甚至在報告中將取悅群眾的行為與川普自二十世紀八〇年代以來就參與的體育活動的風格進行了比較。康諾利認為，這種表演是從群眾的憤怒中汲取能量，將群眾的焦慮、沮喪和不滿匯聚起來（這些焦慮和不滿來自去工業化、工作外包、種族、政治正確，以及美國在全球安全和經濟中越來越卑微的地位）。他觀察到，動作、手勢、面部表情、趾高氣揚和指指點點都是表演的一部分，將群眾的焦慮轉化為針對特定目標的憤怒。康諾利因此結論道：「川普表演中的每一個元素都會流動並和其他元素重疊，直到他塑造出一個激進的共鳴機器，比它的各個零件都更為強烈。」

還有一些學者指出，大眾媒體描述這類群體心理的常見說法，和法國社會心理學家古斯塔夫・勒龐（Gustave Le Bon）在十九世紀提出的理論相同。當時，政治菁英們認為有組織的群體可能會對社會秩序構成無政府主義威脅。勒龐在他的一八九五年的著作《烏合之眾》（*The Crowd: a Study of The Popular Mind*）中描述了一種集體傳染，將一群人凝聚成近乎宗教狂熱的狀態，將他們的意識降低到野蠻人的程度，甚至低於人類的水準，目標是盲目的無政府主義。

　　不過，由於這樣的描述貶低了支持者的人格魅力，有些批評者認為，那些自稱為自由民主捍衛者的人使用勒龐的敘述，以逃避調查群眾的不滿的責任之時，也無意中接受了「我們VS他們」的反自由主義框架。康諾利知道這種風險，但他堅持指出，忽視川普式的演講有多成功其實風險更大，尤其當這種成功是因為川普故意使用足以巧妙地渲染情感的技巧。

　　專制者的言語在很大程度上取決於群眾的反應，而不是言論的真實性。比如，川普就把大量的錯誤或誤導性的陳述說成是事實。這與政客們誇大自己成就的傳統謊言不同，川普的謊言是驚人的，是容易查核事實的謊言。川普表示，他簽署的法案比其他任何一屆政府都多，但事實上，他在執政的第一年中所簽署的法案數量，少於二戰後所有總統在執政的第一年所簽署的數量。他在瑣碎的事情上撒謊，聲稱他就職那天沒有下雨，而實際上確實下雨了。他編造誇大的謊

言，比如他說歐巴馬創立了伊斯蘭國，或是在歐巴馬的公民身分上大作陰謀論文章，指出歐巴馬出生在肯亞，而不是夏威夷。康諾利指出，這種扭曲現實的說法與法西斯主義和後蘇聯時代的宣傳手段有相似之處，包括「黑材料」（Kompromat），也就是醜聞。康諾利說：「川普的演講在很大程度上是在重複各種謊言論調。」

心理史學家和邪教研究權威學者羅伯特‧利夫頓（Robert Jay Lifton）強調，理解川普主義「對現實的打擊」十分重要。如果掌權者能成功地讓追隨者不去理會真相，那麼他的權力就會更大。針對這點，川普的傳記作者蒂莫西‧歐布萊恩（Timothy L. O'Brien）也表示贊同，稱「這是川普主義的核心運作原則。如果你不斷攻擊客觀現實，你就會成為唯一可靠的資訊來源，而這也是川普與他的支持者建立關係的目標之一，那就是讓他們除了他以外，不相信任何人」。

## 川普主義與社會心理學

社會心理學者也對「川普運動」進行了一系列的研究。鮑伯‧阿特梅耶（Bob Altemeyer）、湯瑪斯‧佩蒂格魯（Thomas Pettigrew）和凱倫‧斯坦納（Karen Stenner）就在研究中指出，川普運動主要是由其追隨者的心理傾向驅動的。不過，阿特梅耶等人也強調這些因素不能提供一個完

整的解釋，重要的政治和歷史因素顯然也牽涉其中。在他與約翰‧迪安（John Dean）合著的著作《威權主義噩夢：川普及其追隨者》（*Authoritarian Nightmare: Trump and His Followers*）中，阿特梅耶描述了一項研究：該研究表明，川普的追隨者對高度階層化和以民族為中心的社會秩序有著明顯的偏好，因為這有利於他們所在的群體。儘管群體內成員的信仰和意識形態迥異且不一致，但這樣的追隨者聯盟可以變得更加團結並容納更多人，部分原因在於每個人都會「區分」自己的思想。換句話說，他們可以自由地用自己的話語來定義這個受威脅的群體的感受，無論是他們的文化或宗教觀點（比如川普獲得福音派支持之謎）、民族主義（比如讓美國再次偉大的口號），或他們的族群（維持讓白人占多數）。

阿特梅耶、馬修‧麥克威廉斯（Matthew Macwilliams）、史丹利‧菲德曼（Stanley Feldman）、貝琪‧喬曼（Becky Choma）、亞尼夫‧漢諾赫（Yaniv Hanoch）、賈斯柏‧凡‧雅絮（Jasper Van Assche），以及湯瑪斯‧佩蒂格魯等人聲稱，與其直接嘗試衡量這種意識形態、種族或政策觀點，不如透過使用兩種社會心理學量表（單獨或結合使用）來可靠地預測此類運動的支持者：即阿特梅耶和其他研究人員在一九八〇年代開發的右翼威權主義（RWA）衡量措施，以及社會優勢理論家在一九九〇年代開發的社會優勢取向（SDO）量表。

二〇一九年五月，蒙茅斯大學民調研究所（Monmouth University Polling Institute）與阿特梅耶合作進行了一項研究，以便使用SDO和RWA度量對假設進行實證檢驗。研究發現，川普主義的追隨者確實明顯有社會支配取向和對專制領導的喜好。阿特梅耶的觀點及他使用威權主義傾向和SDO來識別川普追隨者的情況並不少見。他的研究也進一步證實了其他研究者的討論。

　　不過，阿特梅耶的這項研究也不意味著川普的追隨者總是以專制風格行事，而是說明這種表達是有偶然性的。也就是說，如果這些人的行事風格不是由恐懼和威脅引發，影響力就會降低。這項研究是一項全球性的研究，分析川普主義的類似社會心理學技術已經證明，它們在鑑別歐洲（包括比利時和法國）類似運動的追隨者方面也是有效的（參見Lubbers & Scheepers, 2002；Swyngedouw & Giles, 2007；Van Hiel & Mervielde, 2002；Van Hiel, 2012），在荷蘭（見Cornelis & Van Hiel, 2014）和義大利（見Leone, Desimoni & Chirumbolo, 2014）也是如此。民調專家黛安・費爾德曼（Diane Feldman）研究了那些在二〇一二年投票給民主黨的歐巴馬，但在二〇一六轉而支持川普的民眾，並從其研究對象的評論中指出了反政府、反菁英的憤怒：「他們認為自己比我們更好，他們是政治正確的人，他們是道德模範」；「（川普）給人的印象並不是那種自認為比我們優秀、在耍我們的人」；「他們教訓我們，但他們甚至不去教堂」；

「他們是老大，他們在剝削我們」。

# 對川普主義的回應

美國歷史學家羅伯特・帕克斯頓（Robert Paxton）提出了川普主義是否是法西斯主義的問題。對帕克斯頓而言，川普主義或許更像一個富豪統治集團，一個由富裕菁英控制的政府。社會學教授狄倫・約翰・萊利（Dylan John Riley）就稱川普主義為「新波拿巴主義者的家長主義」（neo-Bonapartist patrimonialism）。不過，英國歷史學家羅傑・格里芬（Roger Griffin）則認為川普主義並沒有顯現法西斯主義的特點，因為川普不質疑美國的政治，也不想徹底廢除美國的民主制度。

阿根廷歷史學家費德里科・芬切爾斯坦（Federico Finchelstein）認為，庇隆主義（Peronism）和川普主義之間存在著重要的交集，因為他們都無視當代政治制度（無論是在國內政策還是外交政策方面），這是顯而易見的。尤其美國歷史學家克里斯多福・白朗寧（Christopher Browning）認為，對民主來說，川普的政策的長期後果，以及川普從共和黨得到支持一事具有潛在的危險。

在德語辯論中，「川普主義」一詞迄今只是偶爾出現，大多與政治和媒體的信任危機有關；它被用來描述大多數右翼政治行為者的策略，他們希望挑起這場危機，以便從中獲

利。二○一六年，英國科林斯英語詞典將脫歐和「川普主義」列為年度詞彙；在他們的定義中，這個詞既指川普的意識形態，也指他特有的說話方式。

在《如何失去一個國家》（How to Lose a Country: The 7 Steps from Democracy to Dictatorship）一書中，土耳其作家艾婕・泰梅爾古蘭（Ece Temelkuran）將川普主義描述為呼應了土耳其政治家雷傑普・塔伊普・艾爾多安（Recep Tayyip Erdoğan）在上台執政期間表達和使用的許多觀點和策略。艾爾多安使用的部分策略和觀點具有右派民粹主義的色彩：他妖魔化新聞界，顛覆既定和已證實的事實（包括歷史和科學），廢除司法和政治機制，將諸如性別歧視或種族主義等系統性問題描述為個案，甚至企圖告訴人們「理想」的公民為何。

政治科學家馬克・布萊斯（Mark Blyth）和他的同事喬納森・霍普金（Jonathan Hopkin）認為，川普主義和全球範圍內類似的非自由民主運動之間存在著強烈的相似性，但他們不認為川普主義是一場僅僅由惶恐、失敗和種族主義推動的運動。布萊斯和霍普金認為，全球經濟在左右兩派都推動了新民族主義聯盟的發展，這些聯盟的成員希望擺脫權勢菁英階層對他們施加的約束。對於這樣的說法，有些學者則不認為能找到方法，以真正解決這種已被證實的社會弊病；他們還認為，那些執行政策的個人和團體實際上遵循著一種模式，而這種模式被社會學研究者如洛文塔爾和古特曼確認為

最早起源於二戰後法蘭克福社會理論學院的研究成果。基於這一觀點，洛文塔爾和古德曼的《虛假的先知》等著作為我們提供了最好的視角，讓我們瞭解川普主義運動是如何通過延續其追隨者的不安，讓他們一步步走向專制，從而欺騙他們的追隨者。

公眾和主流媒體對川普主義的定義則並不一致。二〇一七年，美國知名網路媒體Vox的資深政治編輯珍・科斯塔恩（Jane Coaston）在一篇文章中斷言，川普主義並不存在，存在的只是川普。科斯塔恩寫道：

> 川普主義是由他的支持者和批評者拼湊而成的，是由「交易的藝術」（The Art of the Deal）和根據他的人事決定與推文推測出的內心想法所拼湊而成的。川普主義與其說是對另一種語言的解讀，不如說是完全為一種從一開始就不存在的語言所創造的措辭手冊。川普的天才之處在於，他讓數百萬人毫無保留地在政策上與偏好上相信他們所希望相信的事物。

隨後，Vox發表了大量使用「川普主義」一詞的文章。同年，《國家評論》也刊登了科斯塔恩的一篇評論文章，稱「川普主義不存在」，但該雜誌在二〇二〇年就發表了六篇文章，把「川普主義」視為有特殊意義的詞語。

# 引用文獻

---

## 文化戰爭、保守主義與西方文明的未來

① Hunter, James Davison. 1991. *Culture Wars: The Struggle to Define America*. New York: Basic Books.

② Kazin, Michael. "America's Never-ending Culture War," *New York Times*, August 24, 2018, https://www.nytimes.com/2018/08/24/opinion/sunday/chicago-protests-1968-culture-war.html。2019年10月15日查閱。

③ Grunwald, Michael. "How Everything Become the Culture War," *Politico*, November 3, 2018, https://www.politico.eu/article/democrats-republicans-us-immigration-global-warming-education-how-everything-became-the-culture-war/。2019年10月20日查閱。

④ Charity, Justin. "We Are Living in the Age of Total Culture War," *The Ringer*, May 1, 2019, https://www.theringer.com/2019/5/1/18524604/culture-war-donald-trump-2020-election-joe-biden-bernie-sanders-social-justice-warriors。2019年10月20日查閱。

⑤ Cleveland, Grover. 1892. "Cleveland's Veto of the Texas Seed Bill," in *The*

Writings and Speeches of Grover Cleveland. New York: Cassell Publishing Co. P. 450.

⑥ Burke, Edmund. 1999. *Select Works of Edmund Burke, Vol. IV, Miscellaneous Writings*. Indianapolis, IN: Liberty Fund. P. 61.

⑦ Pew Research Center. "The Public, the Political System and American Democracy," April 26, 2018, https://www.people-press.org/2018/04/26/the-public-the-political-system-and-american-democracy/。2019年10月21日查閱。

⑧ Piketty, Thomas. 1993. *Capital in the Twenty-First Century*. Cambridge, MA: Harvard University Press.

⑨ 「綠色新政」的全文見https://www.congress.gov/bill/116th-congress/house-resolution/109/text。2019年10月15日查閱。

⑩ Hayek, F. A. 1944. *The Road to Serfdom*. London: Routledge. Pipes, Richard A. 1999. *Property and Freedom*. New York: Knopf.

⑪ Jones, Jeffrey M. "U.S. Abortion Attitudes Remain Closely Divided," June 11, 2018, https://news.gallup.com/poll/235445/abortion-attitudes-remain-closely-divided.aspx。2019年11月1日查閱。

⑫ Roe v. Wade, 410 U.S. 113 (1973).

⑬ Majority of Public Favors Same-Sex Marriage, But Divisions Persist,」 May 14, 2019, https://www.people-press.org/2019/05/14/ majority-of-public-favors-same-sex-marriage-but-divisions-persist/。2019年11月3日查閱。

⑭ Obergefell v. Hodges, 576 U.S. (2015).

⑮ Higgs, Robert. 1987. *Crisis and Leviathan: Critical Episodes in the Growth of American Government*. New York: Oxford University Press.

⑯ 資料見https://www.imf.org/external/datamapper/exp@FPP/USA/JPN/GBR/SWE/ITA/ZAF/IND/CHL/FRA/GRC/NLD/ESP/RUS；https://ourworldindata.org/government-spending。2019年11月5日查閱。

⑰ Shaviro, Daniel N. 2007. *Taxes, Spending, and the U.S. Government's*

*March Toward Bankruptcy*. New York: Cambridge University Press.

⑱　Pew Research Center. "Little Public Support for Reductions in Federal Spending," April 11, 2019, https://www.people-press.org/2019/04/11/little-public-support-for-reductions-in-federal-spending/。2019年11月7日查閱。

⑲　Tocqueville, Alexis de. 1990. *Democracy in America*. Vol. II. Trans. Henry Reeve. New York: Vintage Books. P. 318.

⑳　Lavoie, Don. 1985. *Rivalry and Central Planning: The Socialist Calculation Debate Reconsidered.* New York: Cambridge University Press.

㉑　Hayek, F. A. 1945. "The Use of Knowledge in Society," *American Economic Review* 35(4): 519-530.

㉒　Tocqueville, Alexis de. 1990. *Democracy in America.* Vol. II. Trans. Henry Reeve. New York: Vintage Books. Pp. 94-98.

㉓　Smith, Christian. Ed. 2003. *The Secular Revolution: Powers, Interests, and Conflicts in the Secularization of American Public Life.* Berkley and Los Angles: University of California Press.

㉔　Marsden, George M. 2014. *The Twilight of the American Enlightenment: The 1950s and the Crisis of Liberal Belief.* New York: Basic Books.

㉕　Hunter, James Davison. 2009. "The Culture War and the Sacred/ Secular Divide: The Problem of Pluralism and Weak Hegemony," *Social Research* 76 (4): 1307-1322. P. 1319.

㉖　"In U.S., Decline of Christianity Continues at Rapid Pace," Pew Research Center, October 17, 2019, https://www.pewforum. org/2019/10/17/in-u-s-decline-of-christianity-continues-at-rapid-pace/。2019年11月10日查閱。

㉗　Carter, Stephen L. 1993. *The Culture of Disbelief: How American Law and Politics Trivialize Religious Devotion.* New York: Basic Books.

㉘　Calvert, Kenneth. 2018. "The Movement Away from God in American Education," in *The Wiley Handbook of Christianity and Education*, ed.,

William Jeynes, 5-42. Hoboken, NJ: John Wiley & Sons, Inc.

㉙ Engel v. Vitale, 370 U.S. 421 (1962).

㉚ Abington School District v. Schempp, 374 U.S. 203 (1963).

㉛ Lee v. Weisman, 505 U.S. 577 (1992).

㉜ Santa Fe Independent School District v. Doe, 530 U.S. 290 (2000).

㉝ Vidal v. Girard's Executors, 43 U.S. 127 (1844).

㉞ Marsden, George M. 1994. *The Soul of the American University: From Protestant Establishment to Established Nonbelief.* New York: Oxford University Press.

㉟ Novak, Michael. "Christianity's Place in Political Life," *Christian Science Monitor*, February 2, 1990. P. 12.

㊱ Turner, James. 1985. *Without God, Without Creed: The Origins of Unbelief in America.* Baltimore, MD: John Hopkins University Press.

㊲ Hunter, James Davison. 2009. "The Culture War and the Sacred/ Secular Divide: The Problem of Pluralism and Weak Hegemony," *Social Research* 76 (4): 1307-1322. P. 1317.

㊳ Hunter, James Davison. 1991. *Culture Wars: The Struggle to Define America.* New York: Basic Books. P. 63.

㊴ Scruton, Roger. 2001. *The Meaning of Conservatism.* 3rd ed. Hampshire: Palgrave. P. 1.

㊵ Scruton, Roger. 2001. *The Meaning of Conservatism.* 3rd ed. Hampshire: Palgrave. P. 8.

㊶ Oakeshott, Michael. 1962. *Rationalism in Politics and Other Essays.* London: Methuen & Co Ltd. P. 169.

㊷ Kirk, Russell. 2004. *The Politics of Prudence.* Wilmington, DE: ISI Books. Pp. 15-29.

㊸ Burke, Edmund. 1999. *Select Works of Edmund Burke, Vol. II, Reflections on the Revolution in France.* Indianapolis, IN: Liberty Fund. P. 186.

㊹ Ibid.

㊺ Tocqueville, Alexis de. 1990. *Democracy in America.* Vol. I. Trans. Henry Reeve. New York: Vintage Books. Pp. 309-310.

㊻ Tocqueville, Alexis de. 1990. *Democracy in America.* Vol. I. Trans. Henry Reeve. New York: Vintage Books. P. 308.

㊼ Tocqueville, Alexis de. 1990. Democracy in America. Vol. I. Trans. Henry Reeve. New York: Vintage Books. P. 306.

㊽ Tocqueville, Alexis de. 1990. *Democracy in America.* Vol. I. Trans. Henry Reeve. New York: Vintage Books. P. 305.

㊾ Tocqueville, Alexis de. 1990. *Democracy in America.* Vol. I. Trans. Henry Reeve. New York: Vintage Books. P. 307.

㊿ Tocqueville, Alexis de. 1990. *Democracy in America.* Vol. I. Trans. Henry Reeve. New York: Vintage Books. P. 303-304

(51) Huntington, Samuel. 2004. *Who Are We?: The Challenges to America's National Identity.* New York: Simon & Schuster. Pp. 40-41.

(52) Winship, Michael P. 2012. *Godly Republicanism: Puritans, Pilgrims, and a City on a Hill.* Cambridge, MA: Harvard University Press.

(53) 《五月花號公約》全文見Donald S. Lutz. 1998. *The Colonial Origins of the American Constitution: A Documentary History*. Indianapolis, IN: Liberty Fund. Pp. 31-32。

(54) Rogers, Daniel T. 2018. *As a City on a Hill: The Story of America's Most Famous Lay Sermon.* Princeton, NJ: Princeton University Press. Pp. 306-307.

(55) Cousins, Norman. 1958. Ed. *In God We Trust: The Religious Beliefs and Ideas of the American Founding Fathers.* Kingsport, TN: Kingsport Press; Hall, Mark David. 2019. *Did America Have a Christian Founding: Separating Modern Myth from Historical Truth.* Nashville, Tennessee: Nelson Books.

(56) Elazar, Daniel J. 1987. *Exploring Federalism.* Tuscaloosa, AL: University of Alabama Press. P. 5.

(57) Church of the Holy Trinity v. United States, 143 U.S. 457 (1892).

(58) Brewer, David J. 1905. *The United States: A Christian Nation*. Philadelphia: The John C. Winston Company. P. 40.

(59) Brewer, David J. 1905. *The United States: A Christian Nation*. Philadelphia: The John C. Winston Company. P. 46.

(60) Brewer, David J. 1905. *The United States: A Christian Nation*. Philadelphia: The John C. Winston Company. P. 65.

(61) Woolsey, Theodore Dwight. 1874. "The Relations of Constitution and Government in the United States of Religion," in *History, Essays, Orations, and Other Documents of the Sixth General Conference of the Evangelical Alliance*, ed., Philip Schaff and S. Irenaeus Prime. New York: Harper & Brothers Publishers. P. 527.

(62) Hamilton, Alexander, John Jay, and James Madison. 2001. *The Federalist: The Gideon Edition*. Ed. George W. Carey and James McClellan. Indianapolis, IN: Liberty Fund.

(63) Peacock, Anthony A. 2018. *Vindicating the Commercial Republic: The Federalist on Union, Enterprise, and War*. Lanham, MD: Lexington Books.

(64) Weber, Max. 2001. *The Protestant Ethic and the Spirit of Capitalism*. London: Routledge.

(65) Toynbee, Arnold. 1987. *A Study of History*. New York: Oxford University Press; Dawson, Christopher. 2001. *Progress and Religion: An Historical Enquiry*. Washington, D.C.: Catholic University of America Press; Woods, Thomas E. 2005. *How the Catholic Church Built Western Civilization*. Washington, D.C.: Regnery Publishing, Inc.

(66) 關於美國歷史上的宗教「大覺醒」運動，參見：Lacorne, Denis. 2011. Religion in America: A Political History. Trans. George Holoch. New York: Columbia University Press. Pp. 40-60. Butler, Jon, Grant Wacker, and Randall Balmer. 2011. Religion in American Life: A Short History. 2nd ed. New York: Oxford University Press. Pp. 171-185。

# 川普主義與美國保守主義的興起

① Hanson, Victor Davis. 2019. *The Case for Trump*. New York: Basic Books. Gingrich, Newt. 2018. *Trump's America: The Truth about Our Nation's Great Comeback*. New York: Hachette Book Group.

② Tate, Kristin. "Why Trumpism Is Here to Stay," https://thehill.com/opinion/white-house/526166-why-trumpism-is-here-to-stay。2021年1月2日查閱。

③ Tate, Kristin. "Why Trumpism Is Here to Stay," November 16, 2020, https://thehill.com/opinion/white-house/526166-why-trumpism-is-here-to-stay。2021年1月2日訪問。Peter J. Katzenstein. "Trumpism is US," March 20, 2019, https://www.wzb.eu/en/news/trumpism-is-us。2021年1月5日查閱。

④ Connolly, William E. 2017. *Aspirational Fascism: The Struggle for Multifaceted Democracy under Trumpism*. Minneapolis, MN: University of Minnesota Press. Giroux, Henry A. 2018. *The Public in Peril: Trump and the Menace of American Authoritarianism*. New York: Routledge. D. J. Mulloy. 2018. *Enemies of the State: The Radical Right in America from FDR to Trump*. Lanham, MD: Rowman & Littlefield. Peter J. Katzenstein. "Trumpism is US," March 20, 2019, https://www.wzb.eu/en/news/trumpism-is-us。2021年1月5日查閱。

⑤ Rodgers, Daniel T. 2018. *As a City on a Hill: The Story of America's Most Famous Lay Sermon*. Princeton, NJ: Princeton University Press.

⑥ Milikh, Arthur. 2018. "Trump and The Federalist on National Greatness in a Commercial Republic," in *Trump and Political Philosophy: Leadership, Statesmanship, and Tyranny*. Eds., Angel Jaramillo Torres and Mark Benjamin Sable. New York: Palgrave Macmillan. Pp. 179-194.

⑦ Vance, J. D. 2016. *Hillbilly Elegy: A Memoir of a Family and Culture in Crisis*. New York: HarperCollins Publishers；Bradlee Jr., Ben. 2018.

*The Forgotten: How the People of One Pennsylvania County Elected Donald Trump and Changed America*. New York: Little, Brown and Company。對川普主義興起原因的不同分析，參見John L. Campbell. 2018. *American Discontent: The Rise of Donald Trump and Decline of the Golden Age*. New York: Oxford University Press.

⑧ Abramowitz, Alan I. 2018. *The Great Alignment: Race, Party Transformation, and the Rise of Donald Trump*. New Haven: Yale University Press.

⑨ Tate, Kristin. "Why Trumpism Is Here to Stay," https://thehill.com/opinion/white-house/526166-why-trumpism-is-here-to-stay。2021年1月2日查閱。

⑩ Paulson, Arthur. 2018. *Donald Trump and the Prospect for American Democracy: An Unprecedented President in an Age of Polarization*. Lanham, MD: Lexington Books. P. 7.

⑪ Postell, Joseph. 2017. *Bureaucracy in America: The Administrative State's Challenge to Constitutional Government*. Columbia, MO: University of Missouri Press. John Marini. 2019. *Unmasking the Administrative State: The Crisis of American Politics in the Twenty-First Century*. New York: Encounter Books.

⑫ Gerth, H. H., and C. Wright Mills, eds. 1946. *From Max Weber: Essays in Sociology*. New York: Oxford University Press. Pp. 196-244.

⑬ Ostrom, Vincent. 2008. *Intellectual Crisis in American Public Administration*. 3rd ed. Tuscaloosa, AL: The University of Alabama Press.

⑭ Holloway, Carson. 2018. "Aristotle's Account of Factional Conflict and the Rise of Donald Trump," in *Trump and Political Philosophy: Patriotism, Cosmopolitanism, and Civic Virtue*. Eds. Marc Benjamin Sable and Angel Jaramillo Torres. New York: Palgrave Macmillan. P. 32.

⑮ Tocqueville, Alexis de. 1990. *Democracy in America, Vol. I*. The Henry Reeve Text. New York: Vintage Books. P. 57.

⑯ Tate, Kristin. "Why Trumpism Is Here to Stay," https://thehill.com/ opinion/white-house/526166-why-trumpism-is-here-to-stay. 2021年1月 2日查閱。

⑰ Ibid.

⑱ Holloway, Carson. 2018. "Aristotle's Account of Factional Conflict and the Rise of Donald Trump," in *Trump and Political Philosophy: Patriotism, Cosmopolitanism, and Civic Virtue.* Eds. Marc Benjamin Sable and Angel Jaramillo Torres. New York: Palgrave Macmillan. Pp. 30-31.

⑲ Brewer, David J. 1905. *The United States: A Christian Nation.* Philadelphia: The John C. Winston Company. P. 40.

⑳ Brewer, David J. 1905. *The United States: A Christian Nation.* Philadelphia: The John C. Winston Company. P. 46.

㉑ Brewer, David J. 1905. *The United States: A Christian Nation.* Philadelphia: The John C. Winston Company. P. 65.

㉒ Tocqueville, Alexis de. 1990. *Democracy in America.* Vol. I. Trans. Henry Reeve. New York: Vintage Books. Pp. 241-244.

㉓ Tate, Kristin. "Why Trumpism Is Here to Stay," https://thehill.com/ opinion/white-house/526166-why-trumpism-is-here-to-stay。2021年1 月2日查閱。

㉔ Yarbrough, Jean M. 2018. "Tocqueville's Great Party Politics and the Election of Donald Trump," in *Trump and Political Philosophy: Patriotism, Cosmopolitanism, and Civic Virtue.* Eds. Marc Benjamin Sable and Angel Jaramillo Torres. New York: Palgrave Macmillan. P. 239.

㉕ Yarbrough, Jean M. 2018. "Tocqueville's Great Party Politics and the Election of Donald Trump," in *Trump and Political Philosophy: Patriotism, Cosmopolitanism, and Civic Virtue.* Eds. Marc Benjamin Sable and Angel Jaramillo Torres. New York: Palgrave Macmillan. P. 240.

㉖ Holloway, Carson. 2018. "Aristotle's Account of Factional Conflict and the Rise of Donald Trump," in *Trump and Political Philosophy: Patriotism,*

*Cosmopolitanism, and Civic Virtue.* Eds. Marc Benjamin Sable and Angel Jaramillo Torres. New York: Palgrave Macmillan. P. 36.

㉗ Kries, Douglas. 2018. "Thomism and Trumism," in *Trump and Political Philosophy: Patriotism, Cosmopolitanism, and Civic Virtue.* Eds. Marc Benjamin Sable and Angel Jaramillo Torres. New York: Palgrave Macmillan. P. 62.

㉘ Simmons, Cole. 2018. "Preserving Liberty in Mass Society: Locke and the 2016 Presidential Election," in *Trump and Political Philosophy: Patriotism, Cosmopolitanism, and Civic Virtue.* Eds. Marc Benjamin Sable and Angel Jaramillo Torres. New York: Palgrave Macmillan. P. 161.

㉙ Holloway, Carson. 2018. "Aristotle's Account of Factional Conflict and the Rise of Donald Trump," in *Trump and Political Philosophy: Patriotism, Cosmopolitanism, and Civic Virtue.* Eds. Marc Benjamin Sable and Angel Jaramillo Torres. New York: Palgrave Macmillan. P. 29.

㉚ Hazony, Yoram. 2018. *The Virtue of Nationalism.* New York: Basic Books.

㉛ Hanson, Victor Davis. 2019. *The Case for Trump.* New York: Basic Books. Gingrich, Newt. 2018. *Trump's America: The Truth about Our Nation's Great Comeback.* New York: Hachette Book Group.

㉜ O'Sullivan, John. 2017. "Notes towards the Redefinition of a Nation," *National Review.* February 9, 2017, https://www.nationalreview.com/2017/02/american-history-narratives-politics/.

㉝ Marc Benjamin Sable and Angel Jaramillo Torres, eds. 2018. *Trump and Political Philosophy: Patriotism, Cosmopolitanism, and Civic Virtue.* New York: Palgrave Macmillan.

㉞ Kauffman, Bill. 2016. *American First! Its History, Culture, and Politics.* New York: Prometheus Books.

㉟ Paulson, Arthur. 2018. *Donald Trump and the Prospect for American Democracy: An Unprecedented President in an Age of Polarization.* Lanham, MD: Lexington Books. P. 8.

㊱ Burke, Edmund. 1999. *Select Works of Edmund Burke, Vol. IV, Miscellaneous Writings*. Indianapolis, IN: Liberty Fund. P. 77.

㊲ Burke, Edmund. 1999. *Select Works of Edmund Burke, Vol. IV, Miscellaneous Writings*. Indianapolis, IN: Liberty Fund. P. 81.

㊳ Burke, Edmund. 1999. *Select Works of Edmund Burke, Vol. IV, Miscellaneous Writings*. Indianapolis, IN: Liberty Fund. P. 61.

㊴ Burke, Edmund. 1999. *Select Works of Edmund Burke, Vol. IV, Miscellaneous Writings*. Indianapolis, IN: Liberty Fund. P. 90.

㊵ Kristol, Irving. 2011. *The Neoconservative Persuasion: Selected Essays, 1942-2009*. New York: Basic Books. Daniel Bell. 1978. *The Cultural Contradictions of Capitalism*. New York: Basic Books.

㊶ Kristol, Irving. 2011. *The Neoconservative Persuasion: Selected Essays, 1942-2009*. New York: Basic Books. P. 149.

㊷ Burke, Edmund. 1999. *Select Works of Edmund Burke, Vol. II, Reflections on the Revolution in France*. Indianapolis, IN: Liberty Fund. P. 186.

㊸ Burke, Edmund. 1999. *Select Works of Edmund Burke, Vol. II, Reflections on the Revolution in France*. Indianapolis, IN: Liberty Fund. P. 186.

㊹ Tocqueville, Alexis de. 1990. *Democracy in America*. Vol. I. Trans. Henry Reeve. New York: Vintage Books. P. 306.

㊺ Tocqueville, Alexis de. 1990. *Democracy in America*. Vol. I. Trans. Henry Reeve. New York: Vintage Books. P. 305.

㊻ Burke, Edmund. 1999. *Select Works of Edmund Burke, Vol. II, Reflections on the Revolution in France*. Indianapolis, IN: Liberty Fund. Pp. 194-195.

㊼ Burke, Edmund. 1999. *Select Works of Edmund Burke, Vol. II, Reflections on the Revolution in France*. Indianapolis, IN: Liberty Fund. P. 193.

㊽ Burke, Edmund. 1999. *Select Works of Edmund Burke, Vol. II, Reflections on the Revolution in France*. Indianapolis, IN: Liberty Fund. Pp. 187-191.

㊾ Tocqueville, Alexis de. 1990. *Democracy in America, Vol. I*. The Henry Reeve Text. New York: Vintage Books.

(50) Jefferson, Thomas. 1904. *The Works of Thomas Jefferson*. Vol. III. Ed. Paul Leicester Ford. New York: G. P. Putnam's Sons. Pp. 487-488.

(51) Hamilton, Alexander. 1904. *The Works of Alexander Hamilton*. Vol. VIII. Ed. Henry Cabot Lodge. New York: G. P. Putnam's Sons. P. 289.

(52) Elkins, Stanley and Eric McKitrick. 1993. *The Age of Federalism: The Early American Republic, 1788-1800*. Pp. 260-261.

(53) Phillips, Willard. 1850. *Propositions Concerning Protection and Free Trade*. Boston: C.C. Little and J. Brown.

(54) Zuckert, Catherine. 2018. "Trump as a Machiavellian Prince? Reflections on Corruption and American Constitutionalism," in *Trump and Political Philosophy: Patriotism, Cosmopolitanism, and Civic Virtue*. Eds. Marc Benjamin Sable and Angel Jaramillo Torres. New York: Palgrave Macmillan. P. 75.

## 政治泥石流中的共和國砥柱：從格拉古兄弟到川普

① 《辯論》，〔美〕麥迪森著，尹宣譯，譯林出版社2014年版，第698頁。

② 《論美國的民主》（上冊），〔法〕托克維爾著，董果良譯，商務印書館1988年版，第354頁。

③ 同上，第5頁。

④ 《羅馬共和國》，〔英〕格溫著，王忠孝譯，譯林出版社2018年版，亞馬遜kindle版。

⑤ 同上。

⑥ 《羅馬史》第四卷，〔德〕蒙森著，李稼年譯，商務印書館2014年8月版，第77-86頁；《羅馬史》（下冊），〔古羅馬〕阿庇安著，謝德風譯，商務印書館1976年10月版，第13頁；《羅馬共和國的衰落：從格拉古兄弟黨爭、蘇拉獨裁到馬略改革》，〔英〕

比斯利著，黃蘇敏譯，中國畫報出版社2019年1月版，第36-37頁。

⑦　《羅馬共和國的衰落：從格拉古兄弟黨爭、蘇拉獨裁到馬略改革》，〔英〕比斯利著，黃蘇敏譯，中國畫報出版社2019年1月版，第46頁。

⑧　《羅馬史》第四卷，〔德〕蒙森著，李稼年譯，商務印書館2014年8月版，第86頁。

⑨　《羅馬共和國政制》，〔英〕林托特著，晏紹祥譯，商務印書館2014年8月版，第149-157頁。

⑩　《筆鋒勝劍：新聞媒體如何塑造美國歷史》，第15章「報導黑人總統」，〔美〕斯特雷特馬特著，陳繼靜譯，新華出版社2016年版，第245-263頁。

⑪　《美帝國的崩潰：過去、現在和未來》，〔挪威〕加爾通著，阮嶽湘譯，人民出版社2013年版，第28-29頁。

⑫　《一種經濟學，多種藥方——全球化、制度建設和經濟增長》，〔土耳其〕羅德里克著，張軍擴、侯永志譯，中信出版社2016年版，亞馬遜kindle電子書版。

⑬　美國大選：川普兌現4年前的競選承諾了嗎」，https://www.bbc.com/zhongwen/simp/world-53945600。

⑭　蓋洛普民調：川普獲2020美國人心中「最受尊敬男性」，https://finance.sina.com.cn/stock/usstock/c/2020-12-30/doc-iiznezxs9715177.shtml。

# 川普與正統保守主義的回歸

## 引用文獻

①　Renshon, Stanley A. and Suedfeld, Peter, *The Trump Doctrine and the Emerging International System*, p. 18.

②　Ibid., p.4.

③　《保守主義》，〔英〕休·塞西爾（Hugh Cecil）著，杜汝楫譯，商務印書館1986年版，第30頁；《保守主義》，劉軍寧著，東方出版社2014版，第22至25頁；《埃德蒙·柏克》，〔英〕傑西·諾曼（Jesse Norman），田飛龍譯，北京大學出版社2015版，第7至8頁。

④　Renshon and Suedfeld, *The Trump Doctrine and the Emerging International System*, p. 11.

⑤　Ibid., p.22.

⑥　Bremmer, Ian. "Article Commentary: The End of the Free Market: Who Wins the War between States and Corporations?" *European View* 9, no. 2 (December 2010): 249-252, https://doi.org/10.1007/s12290-010-0129-z.

⑦　Bown, Chad P. "The 2018 US-China trade conflict after forty years of special protection," *China Economic Journal* 12, no. 2 (April 2019): 109-136, https://doi.org/ 10.1080/17538963.2019.1608047.

⑧　Sutter, Robert and Lee, Wei-Chin Lee, *Taiwan's Political Re- Alignment and Diplomatic Challenges, Politics and Development of Contemporary China,* p. 211.

⑨　Pompeo, Michael. "Communist China and the Free World's Future," https://www.state.gov/communist-china-and-the-free-worlds- future/.

⑩　Preston, Thomas, "Deterrence, Compellence, and Containment in the Trump Foreign Policy: Comparing Present and Past Strategies of American Leadership," in Renshon and Suedfeld, *The Trump Doctrine and the Emerging International System*, p. 166.

## 其他參考書目

《埃德蒙·柏克：現代保守政治之父》，〔英〕諾曼，田飛龍譯，北京大學出版社2015版。

《保守主義》，〔英〕塞西爾著，杜汝楫譯，商務印書館1986年版。

《保守主義》，劉軍寧著，東方出版社2014版。

Renshon Stanley A., and Suedfeld, Peter, eds. *The Trump Doctrine and the Emerging International System.* London: Palgrave Macmillan, 2020.

Lee, Wei-chin, ed. *Taiwan's Political Re-Alignment and Diplomatic Challenges.* London: Palgrave Macmillan, 2019.

Mollan, Simon and Gessin, Beverly Geesin. "Donald Trump and Trumpism: Leadership, ideology and narrative of the business executive turned politician." *Organization* 27, no. 3 (2020): 405-418.

Sutter, Robert and Lee, Wei-Chin, eds. *Taiwan's Political Re- Alignment and Diplomatic Challenges, Politics and Development of Contemporary China.* London: Palgrave Macmillan, 2020.

# 美國秩序

保守主義華人眼中的川普主義

作者｜王建勳、高全喜、許凱、劉軍寧、劉業進、劉澎、蕭三匝、蕭瀚、叢日雲
主編｜洪源鴻
責任編輯｜柯雅云、穆通安
企劃｜蔡慧華
封面設計｜張巖
內頁排版｜宸遠彩藝

社長｜郭重興
發行人兼出版總監｜曾大福
出版發行｜八旗文化／遠足文化事業股份有限公司
地址｜新北市新店區民權路 108-2 號 9 樓
電話｜02-22181417　傳真｜02-86671065
客服專線｜0800-221029
E-mail｜gusa0601@gmail.com
Facebook｜facebook.com/gusapublishing
Blog｜gusapublishing.blogspot.com
法律顧問｜華洋法律事務所／蘇文生律師
印刷｜前進彩藝有限公司

定價｜480 元
出版｜2021 年 8 月　初版一刷
ISBN｜9789860763249（平裝）
　　　9789860763263（ePub）
　　　9789860763256（PDF）

美國秩序：

保守主義華人眼中的川普主義

王建勳、高全喜、許凱、劉軍寧、劉業進、劉澎、

蕭三匝、蕭瀚、叢日雲等著

一版／新北市／八旗文化／遠足文化事業股份有

限公司／ 2021.08

ISBN：978-986-0763-24-9（平裝）

1. 川普　　2. 保守主義

752.27　　　　　　　　　　　110010586